“一带一路”中小企业（SME）海外投资实务

THE LEGAL GUIDELINES

FOR THE INTERNATIONAL TENDERING & THE INTERNATIONAL COMMERCIAL DISPUTE RESOLUTION MECHANISM

国际招投标及国际商事争端解决机制法律指南

王春晖　黄西平　敬云川

◎

编著

電子工業出版社

Publishing House of Electronics Industry

北京 · BEIJING

内 容 简 介

我国提出的“一带一路”倡议，得到越来越多国家的积极响应和热情参与，在深化供给侧改革和去产能方面取得重大进展，为企业创新和有能力的企业“走出去”创造了良好的机遇，可谓前途光明，任重而道远。本书主要针对中国中小企业“走出去”面临的有关国际招投标及国际商事争端解决等涉外法律实务问题，系统地讲解和论述中小企业“走出去”涉及的海外机构设立、国际招投标活动实践、国际项目总承包合同制作和签署，以及国际合同风险防范和国际商事争端解决机制等国际商事法律问题，具有很强的实践性和可操作性。

本书可作为中小企业参与“一带一路”项目和海外投资的培训教材，也可以作为高等学校相关专业的国际招投标实务教材及参与国际招投标企业的参考用书。

图书在版编目（CIP）数据

国际招投标及国际商事争端解决机制法律指南/王春晖，黄西平，敬云川编著. —北京：电子工业出版社，2019.7

ISBN 978-7-121-34571-5

Ⅰ. ①国… Ⅱ. ①王… ②黄… ③敬… Ⅲ. ①国际贸易－招标－国际争端－法律－指南②国际贸易－投标－国际争端－法律－指南③国际贸易－贸易合同－合同法－指南 Ⅳ. ①D996.4-62

中国版本图书馆 CIP 数据核字（2018）第 137631 号

责任编辑：戴晨辰　　特约编辑：穆丽丽
印　　刷：涿州市京南印刷厂
装　　订：涿州市京南印刷厂
出版发行：电子工业出版社
　　　　　北京市海淀区万寿路 173 信箱　邮编：100036
开　　本：720×1 000　1/16　印张：19　字数：394 千字
版　　次：2019 年 7 月第 1 版
印　　次：2019 年 7 月第 1 次印刷
定　　价：69.00 元

凡所购买电子工业出版社图书有缺损问题，请向购买书店调换。若书店售缺，请与本社发行部联系，联系及邮购电话：（010）88254888，88258888。

质量投诉请发邮件至 zlts@phei.com.cn，盗版侵权举报请发邮件至 dbqq@phei.com.cn。

本书咨询联系方式：dcc@phei.com.cn。

前　言
PREFACE

推进“一带一路”建设，是党中央、国务院根据全球形势变化和我国发展面临的新形势、新任务，统筹国内国际两个大局做出的重大战略决策。我国企业在参与“一带一路”的建设中，面临和涉及诸多国际贸易惯例和国际法律问题，其中“国际招投标”和“国际商事争端解决”问题尤其重要。

国际招投标是一种国际惯例，是一种国际商品和服务的交易行为，这个交易行为的过程涉及两个方面：招标和投标。招投标是市场经济高度发展的产物，也是一种应用技术和经济方法与市场行为相融合的竞争机制，是有组织开展的择优交易方式。

国际招投标是企业通过国际市场竞争机制，有组织开展择优成交的一种重要方式。这种方式在物资、工程和服务的采购行为中，招标人通过事先公布的采购要求，吸引众多的投标人按照同等条件进行平等竞争。本书内容不仅包括国际招标、投标及国际合同争端的解决，还包括企业在海外机构的国际项目总承包合同的制作、签署，以及合同签订、履行中的法律风险的防范与纠纷解决机制。

第 1 章介绍海外机构设立。重点论述如何有效设立海外分支机构，包括前期海外市场调研，不同国别政治、经济、法律等环境评估，具体法律文书准备，公司内部策划准备，决议决策审批流程，各项内部规章制度建立，海外市场推广与营销准备，投资风险管控，人才培养、选拔和使用等，清晰地勾勒出规范设立海外分支机构详尽的路线图，确保其能够高效、有序地开展工作，为开拓海外市场奠定坚实基础。

第 2 章介绍国际招投标。详细论述规范化招投标活动在国际商事环境下的应用情景，从招投标标书的准备、制作，到发标、投标、开标、评标、中标、谈判、签署合同等各个方面，充分展现“公开、公平、公正”的理念，并通过典型案例帮助读者全面理解招投标的完整过程，明确国际招投标活动参与者的权利和义务，把握要害与实质，不失时机地投身到国际项目的建设、经营和管理中。

第 3 章介绍总承包合同。系统阐述重大国际项目总承包合同签订中的各个重要环节，全面梳理合同双方的权利和义务，特别是国际项目的质量管理和工程管理方面的合规操作指引。通过实际案例，对国际合作和重大工程项目管理的一般性规律与原则做了具体分析及概括性总结，突出国际项目合作中商务往来的要点，有助于读者深刻理解枯燥、烦琐的法言、法语及冗长的法律规章制度，从而熟练掌握并快速参与到国际项目的竞争和海外工程承包工作中。

第 4 章介绍国际商事争端解决机制。详细分析如何正确履行合同、防范法律风险，以及如何选择合适的合同争端解决机制。通过翔实的案例剖析，对不同国际商事合同争端解决机制的优缺点进行比较，并对诉讼解决方式的相关注意事项做了完整的阐述和解析。

本书作者长期从事国际经济战略和法律研究，多次参与国际招投标和国际商事争端解决的法律实践，并代表国家参与联合国国际多边条约的审议，具有丰富的国际商事法律实务经验。相信本书的出版将为参与“一带一路”建设的广大企业，特别是具有国际竞争前景的中小企业，提供翔实的国际招投标及国际商事争端解决机制的法律指导。

最后，感谢电子工业出版社为我们提供了良好的服务，使我们的研究成果和实践经验能够早日呈献给广大读者。我们也衷心期待读者可为本书提出宝贵的建议与意见，以便不断改进和充实本书内容，使其成为一本实用价值高的优秀教材和参考书。

编著者

目　录

CONTENTS

第1章 Chapter 1 海外机构设立

主要内容：本章主要介绍海外机构（代表处、子公司等）的设立及法律地位，海外机构设立的步骤与方法，海外机构设立时，哪些服务必须得到及时提供，如何确定咨询服务提供者，国内需要做好哪些准备工作，海外机构应该建立什么样的规章制度。

1.1 海外机构的设立及法律地位

当前，全球贸易蓬勃发展，国与国之间的贸易往来不仅满足了各国不同的市场需求，而且由此推动了科学技术的不断进步和各项社会事业的发展。从人文交流的观念出发，贸易往来可以使不同文明之间产生融合，各民族人民由此不断增进了解，增加相互信任和相互尊重，从而使各民族从贸易往来中获益。

随着我国“一带一路”倡议的提出和不断推进，沿线国家积极参与其中，各行各业都在寻求合作共赢的发展机会。在我国，具有向海外市场提供产品和服务的大公司纷纷在海外设立代表处和分公司，寻求开拓市场的先机。在这一良好的发展势态下，我国许多中小型外向型企业也同样看到了向海外市场拓展业务的商机，它们通过各种方式不断探索发现海外新情况，全面了解最新发展变化，积极为企业长远发展寻求机会，从而确保自己的产品和服务能够占据更加广阔的市场空间，并促进未来的持久增长与发展。

在考虑对外投资发展业务时，一定要认真学习我国对外投资有关政策，并密切关注政策变化和新的规章制度的出台。

2017 年 12 月 26 日，中华人民共和国国家发展和改革委员会（以下简称“国家发展改革委”）第 11 号令发布了《企业境外投资管理办法》，该《办法》于 2018 年 3 月 1 日起施行。

依照《企业境外投资管理办法》，所有中华人民共和国境内企业直接或通过其控制的境外企业，以投入资产、权益或提供融资、担保等方式，获得境外所有权、控制权、经营管理权及其他权益的投资活动，都要遵从本《办法》规定。

企业开展境外投资，应事前做好充分调研，遵纪守法，自主决策，自担风险，自负盈亏。

《企业境外投资管理办法》规定，企业开展境外投资，应当履行境外投资项目核准、备案等手续，报告有关信息，配合监督检查。企业开展境外投资，不得违反我国法律法规，不得威胁或损害我国国家利益和国家安全。

企业境外投资涉及敏感国家和地区、敏感行业的，实行核准管理。企业境外投资非敏感类项目，实行备案管理。

2018 年 2 月 9 日，国家发展改革委发布关于《企业境外投资管理办法配套格式文本（2018 年版）》的通知。该通知要求，为落实《企业境外投资管理办法》推出的系列“放管服”改革举措，指导和便利投资主体履行核准、备案、报告等手续，规范核准、备案机关行政行为，国家发展改革委研究制定了《企业境外投资管理办法配套格式文本（2018 年版）》，自 2018 年 3 月 1 日起施行。

2017 年 1 月 7 日，国务院国有资产监督管理委员会（以下简称“国资委”）第 35 号令发布《中央企业境外投资监督管理办法》，自公布之日起施行。2012 年公布的《中央企业境外投资监督管理暂行办法》（国资委令第 28 号）同时废止。

中央企业应严格遵守《中央企业境外投资监督管理办法》的有关规定，建立健全境外投资管理制度，强化战略规划引领、明确投资决策程序、规范境外经营行为、加强境外风险管控、推动“走出去”模式创新。

中央企业应当建立健全境外投资管理制度，科学编制境外投资计划，研究制定境外投资项目负面清单，切实加强境外项目管理，提高境外投资风险防控能力，组织开展境外检查与审计，对境外违规投资造成国有资产损失及其他严重后果的进行责任追究。

因此，在决策海外投资之前，首先要学好国家有关政策和规定，提前做好各种风险评估并采取相应的风险防范措施。一旦决定启动海外投资，就要认真做好各种相应核准审批申请和备案材料申报工作。

阅读参考 1.1 《企业境外投资管理办法》(2018年)

阅读参考 1.2 《中央企业境外投资监督管理办法》(2017年)

阅读参考 1.3 《关于进一步引导和规范境外投资方向的指导意见》(2017年)

阅读参考 1.4 《民营企业境外投资经营行为规范》(2017年)

阅读参考 1.5 《国家发展改革委关于发布境外投资敏感行业目录(2018年版)的通知》

阅读参考 1.6 《中国对外投资报告》(2017年)

1.1.1 海外机构的设立

为了适应国与国之间不同市场需求的发展趋势,在他国设立法人实体来推动国际贸易发展势在必行。一般情况下,在他国设立法人商贸机构可分为两大类:一类是具有法人资格,主要功能定位在市场调研和建立联络为主要目的的代表处、办事处、联络处等机构;另一类是具有公司性质,能够在他国合法经营的法人单位。

1. 海外代表处类的机构设立

代表处、办事处、联络处等机构的设立需要向驻在国专门管理机关申请、登记、注册,从而获得驻在国管理机关颁发的注册登记证书,之后,才能合法展开工作。

一般情况下,在申请设立代表处、办事处、联络处等机构时,需要提供在驻在国的办公场所的详细情况,包括具体办公地点、办公室面积、通信地址、邮政编码、通信联系方式(如电话号码、传真号码),法人代表个人背景资料,母公司背景资料,法人代表住所(包括联系方式),代表处工作计划、业务范围等。

2. 海外公司类的机构设立

公司类性质的机构设立同样需要向驻在国专门管理机关提出申请。与代表处类机构设立提交申请资料相比,除了提交上述相同的资料,还需向驻在国税务主管机关提交公司注册资本金额、公司经营范围、公司商业发展计划、公司员工人数、员工薪酬待遇等资料。

1.1.2 海外机构的法律地位

1. 代表处类机构的法律地位

代表处类机构设立后，按照驻在国法律法规享有法人地位。在遵守当地法律法规的前提下，可以开展与注册登记内容性质相符合的有关活动，其法律地位与驻在国注册登记的同类性质机构所享有的当地法律法规赋予的权利与义务一致。

2. 公司类机构的法律地位

公司类性质的机构设立后，除了享有驻在国法律法规赋予的权利与义务，还会与当地其他同类性质公司一样，承担部分企业社会责任。

1.2 海外机构设立前的准备工作

1.2.1 海外机构设立前，如何剖析不同国别情况

知己知彼是所有成功企业所坚守的理念。特别是在重大问题决策之前，一定要做到知己知彼。海外机构的设立同样需要对不同国家的整体情况做出细致分析，包括但不限于对该国政治、经济、文化、人口分布、宗教信仰、市场结构、供给体制、现行法律法规等生态环境方面做出细致分析。特别要对该国政治体制、社会形态是否稳定做深入了解，以便对未来一定时期内的政策预期做出合适的评估，从而合理把控投资风险。

了解上述信息的渠道是多方面的，可以通过官方机构，如政府机构、联合国机构、其他国际组织，以及第三方提供的国别形势报告和商业分析报告等。掌握相关资料，对后期选择投资目标国家设立海外机构具有重要意义。

1.2.2 海外机构设立前，如何进行市场动态调研

在国际交往和跨国贸易十分发达的今天，对自己公司产品投向什么样的国际市场必须十分清楚，尽量做到了如指掌。只有这样，才能在复杂多变且竞争异常激烈的国际市场环境中找到推销自己公司拳头产品的最佳途径。

分析市场前景不仅可以看到当前的市场情况，还可以看到未来市场前景发展变化的具体脉络。对得到的任何市场信息资料，必须仔细研究，要重点关注未来

市场需求变化的诸多因素，例如，经济增长的趋势影响、消费市场的主流变化、替代产品的发展潜力、新技术发展和科技进步带来的推动影响力等。

1.2.3 海外机构设立前，如何了解目标投资国的最新动态

历史数据是任何分析研究的基础，但是，当前发展的最新情况决不能忽视。掌握了解信息的渠道决定了取得信息的价值，有价值的信息越多，分析的结果就越可靠。为了得到更多有价值的资料，可以直接向意向投资目标国家驻华使领馆经商处寻求帮助，了解该国的最新情况，获取第一手资料。同时也可以向我国驻外使领馆经商处寻求帮助，了解更多的情况。如果可能，还可以同已经在目标国开展业务的有关公司取得联系，借鉴其过往经验依然十分重要。一定要提前做好功课，才能够牢牢把握时机。只有这样，才可以为后期重大决策提供重要依据。

1.2.4 海外机构设立前，如何选择和确定意向目标投资国

通过对意向目标国总体形势（包括政治制度、经济体制、政策环境、潜在风险评估等方面）的了解和分析，以及对本公司主打产品在全球市场的客观定位和前景预测，通过对走访、谈话交流等方式取得的最新情况进行分析和鉴别，经过反复论证，在几个意向国比较分析的基础上，做出有利于公司产品在未来国际市场上推广的最佳选择。

任何情况下，通过对比分析就可以发现差别优劣。市场机会总是稍纵即逝，选择目标国时必须认真考虑。对于市场优势的评估总是相比较而言的，要牢记任何事物都是在不断变化的。因此，既要看到过往的历史和经验教训，又要看到未来的发展趋势。

选定目标投资国，一定要考虑该国的政治、经济形势稳定情况，通信交通便利情况，是否靠近市场，是否能够起到辐射和带动作用等重要因素，为新设立的公司未来发展和拓展更加广阔的市场空间奠定良好基础。

1.2.5 如何确定派遣人员并迅速展开前期准备工作

首先要考虑选拔有意愿到海外开展工作、业务能力强、思想品德好、工作经验丰富的人才组成海外机构筹备小组。对负责人的要求则更高，不但要求责任心强、事业心强，而且一定要有担当精神，并具备较高的外语使用能力。

筹备组一旦建立，应立即有序开展各项准备工作，重点展开设立海外机构所

需的国别情况调研、市场动态调研、目标投资国状况研究、意向投资国的选定等，上述工作都必须尽快予以落实。同时，筹备组要到目标投资国实地考察，取得第一手资料，了解并验证相关重要信息的可靠性和准确性。

筹备组实地考察要首先选择办公场地，了解办公场所的租赁事宜，海外机构人员住宿问题、生活各项安排等都要统筹考虑。选择办公场所要重点考虑：①便于商业和业务交往；②交通便利和便于与客户交流；③便于未来发展与扩容；④办公场地的面积大小、租赁条件、租金性价比等。在了解对比的基础上提出合适的备选方案，为正式开展设立海外机构提供条件。

同时，筹备组要及时联络我国驻外使领馆经商处，通过我国驻外人员了解驻在国的全面情况，认真听取在海外开展工作的特别注意事项。同时，要联络驻在国行业主管机关、行业协会、外商企业协会、中资企业协会等，了解当地有关行业发展态势，国家政策、行业发展指引，以及对外资企业的具体监管要求。通过加强联络，逐步建立正常的工作关系，为以后开展海外机构工作奠定扎实的基础。

1.3 海外机构设立时，哪些服务必须得到及时提供

为了加快海外机构设立的步伐并提高工作效率，以下服务必须及时得到提供：

① 当地法律法规制度咨询服务；

② 当地不动产租赁、购买的法律咨询服务；

③ 当地税务申报登记事务的咨询服务；

④ 当地薪酬福利、个税合规合法的政策咨询服务；

⑤ 当地银行开户及账户管理方面的咨询服务；

⑥ 当地医疗、保险等方面的咨询服务；

⑦ 当地长期工作签证、访问签证的申请办理咨询服务；

⑧ 其他方面的咨询服务等。

1.4 海外机构设立时，如何确定咨询服务提供者

1.4.1 如何邀请当地有资质的服务机构提供报价

在政治、经济稳定发展的任何国家，有能力提供设立海外机构所需咨询和服

务的提供者很多，如何从中遴选出有资质、有能力且价格合理的专业服务机构是设立海外机构成功与否的关键所在。

为了节省时间和提高工作效率，采取意向邀请招标方式比较妥当。所谓意向邀请，指在事先调研了解的基础上筛选出 3～4 家有资质、信誉好、有能力的服务机构参加竞标。通过竞标，可以公平、公正地选择合适的相关服务提供者。

1.4.2 如何制作规范的咨询服务询价书

根据设立海外机构所需的基本服务内容，需要制定一份具有详细要求的询价书。这些基本服务内容包括：①海外机构（办事处或子公司）工商登记注册工作，目标是获得当地主管机关颁发的营业执照、注册登记证书等官方文件；②办公场所选择、谈判，租赁协议签署等；③外派人员工作签证申请办理；④当地银行建立账户的开户申请事宜、资金往来流程、资金管理和使用等；⑤外包会计事务，选择完全符合当地法律法规要求的有资质的会计师提供服务；⑥税务服务，包括及时申报税务登记（公司税、营业税、增值税等）、员工个人收入所得税申报与缴纳等；⑦养老保险、医疗保险、失业保险、工伤保险、生育保险、雇主责任险等。

询价书要详细列明上述所需服务的具体内容、服务地点、服务方式、服务期限、服务价格、服务终极目标等，以便确保有意向的服务提供者能够在规定时间内按要求提供可以进行分析比较的服务项目报价建议书。

关于国际招投标程序，询价书、建议书的制作，标书评估，问题澄清，合同谈判等，将在第 2 章详细介绍。

阅读参考 1.7 《××公司市场调研与运营可行性研究询价书》

1.4.3 如何正确评估咨询服务机构的建议书

评标必须以招标文件为依据，不得采用招标文件规定以外的标准和方法进行评标，凡是评标中需要考虑的因素都必须写入招标文件中。评标的目的是根据招标文件中确定的标准和方法，对每个投标商的建议书进行评价和比较，以评出各方面最优的投标商。

通俗地讲，有比较，才有鉴别。要对咨询服务机构提供的建议书进行认真研究和对比，重点应从以下几个方面进行评估分析：

① 提供者的资质情况、过往业绩、人员素质、团队能力、服务满足程度等方面；

② 为设立海外机构提供服务的报价的相对合理性；

③ 为完成设立海外机构提供服务的交付条件、风险因素等；

④ 其他需要考虑的因素。

1.4.4 如何对所提交建议书的相关问题进行澄清

正确理解是双方为消除误解必须要做的事前工作。做好澄清问题阶段的工作，看似烦琐，但对于提高效率以达成协议将起到非常重要的作用。通常情况下，投标建议书中往往存在某些重要问题，需要进一步澄清确认，只有疑问得到澄清，才能达到双方互相正确理解的目的。

一般情况下，通过函件询问可以基本澄清所需澄清的问题，但是，有些复杂问题，必须面对面才能予以澄清。在澄清问题阶段，提供者补充提供的澄清材料和答复材料，以及有关承诺信函将视为原投标建议书的一部分，在将来签署的服务合同中需变成书面语言详细体现。

1.4.5 如何确定潜在的咨询服务提供商并及时开展商务谈判

问题澄清阶段之后，内部评定工作即可展开，根据横向对比评标结果，最后就可以确定潜在的咨询服务提供商。

一旦确定潜在咨询服务提供商后，就要及时展开签订提供咨询服务合同的谈判。

谈判工作要基于投标建议书和问题澄清的结果，要把所有的口头承诺都落实到合同中。通常，标准合同都有一项条款这样写道："本合同将替代合同双方在本合同签署之前就本合同主题有关的任何口头表达或书面理解。本合同或其任何章节的修改或条款增加必须经由合同双方授权代表签署的书面文件来确定。"

由此可见，任何口头承诺都必须落实到签署的文件上，以便保证合同约定得到有效执行。

1.4.6 如何做好与咨询服务提供商的合同签约工作

合同是当事人或当事双方之间设立、变更、终止民事关系的协议。为了确定当事方各自的权利和义务而依法订立的合同，将受到法律保护。如果谈判顺利，双方将会正式签订《提供设立海外机构咨询服务合同》。

一定要确认双方合同签字人均得到了本公司的正式签字授权。合同经双方代表正式签字后，标志着该合同的正式成立。

有关总承包合同的主要条款和内容将在第 3 章详细介绍。

1.5 海外机构设立时，国内需要做好哪些准备工作

1.5.1 必须准备完备的材料

设立海外机构时，国内必须准备以下完备的资料：

① 注册登记所需的材料，包括公司概况（公司规模、公司营业执照、税务登记证明、由金融机构出具的资信证明、公司财务报表、审计报告、人员结构、主打产品、经营范围等）、拟设立海外机构的商业计划、市场定位、经营范围、公司责任界定等情况，新设立的公司还需要公司章程（组织法）、公司印章和印模；

② 派驻人员的背景资料、岗位胜任能力证明、公司总部董事长或总经理签署的委任书（授权书）、旅行证件、工作签证所需的个人资料等；

③ 资金预算，包括律师费用、需要缴纳的各种登记费用、员工工资、办公场地租金、办公用品费用、差旅费等；

④ 产品样本、宣传品、广告材料、培训资料等；

⑤ 其他必需的资料。

1.5.2 必须建立必要的规章制度

建立健全规章制度，有助于企业实现科学化管理，稳步提高劳动生产率和经济效益，确保企业生产经营活动在法律的框架下顺利进行。加强企业管理，离不开完善可靠的规章制度。在海外生存发展的企业，尤其要重视企业规章制度建设工作。

所以，为了确保海外机构的正常运营和风险管控，必须制定规范的企业规章制度，例如：

①《海外机构合同管理办法》；

②《海外机构财务管理办法》；

③《海外机构外聘人员及岗位薪酬管理办法》；

④《海外机构印章管理办法》；

⑤《海外机构人员差旅管理办法》；

⑥《海外机构风险管控管理办法》（包括资金调拨权限、开支、入账等）；

⑦《海外机构重大事项报批流程管理办法》；

⑧《海外机构人身安全保障管理办法》；

⑨ 其他需要的规章制度及办法。

1.6 海外机构重要规章制度的要义

1.6.1 《海外机构合同管理办法》的要义

海外机构设立后无论开展任何重大活动，都要订立书面合同，确保海外机构的合同管理风险得到有效管控。

作为海外机构，无论是代表处性质还是子公司性质，都可能涉及租赁、融资租赁、借款、投资、承揽、工程建设、运输、保管、仓储、委托、担保、业务合作、技术开发、转让、咨询与服务等方面的经济活动和其他民事行为。制定完备的《海外机构合同管理办法》对海外机构的高效运营和管理十分重要。

《海外机构合同管理办法》首先要确定所有合同为公司的商业秘密，所有合同文件要按秘密资料予以妥善保管、使用，要明确合同专用章的使用、合同台账的管理等。

《海外机构合同管理办法》要明确一般合同和重要合同的区别。一般合同和重要合同的区别通常以一定金额为界定，如以 10 万元、50 万元为分界，即 10 万元或 50 万元以上为重要合同，其余合同则定义为一般合同。海外机构负责人签署合同金额的权限也要明确界定，如多少金额在授权之内，多少金额以上必须报母公司审批和授权。这样可以确保海外机构负责人在责任范围内履职，既可避免错失良机，又可避免发生越权行为。

《海外机构合同管理办法》要明确规定所有海外合同都要参照母公司规范的合同样本，避免任何重要合同事项的疏漏，确保合同主题及合同内容合法合规、条款齐备，权利义务规定清晰，用语准确，手续完备。合同条款一般应包括当事人名称或姓名、住所，标的，数量，质量，价款或者对价（报酬），履行期限、地点和方式，违约责任，解决争端机制与方法、管辖法律等。

《海外机构合同管理办法》要明确合同专用章的使用条件情况，审批手续、保管方式和管理人员责任。合同专用章的使用可以使合同文本形式更加严谨，合同管理工作流程更加规范。无论是新签署合同还是修订合同都必须使用合同专用章。通常情况下，公司内部合同专用章都由法律部门专人管理。在中国，合同专用章是合同成立的必需要件，所以说合同专用章的使用也为合同管理工作增加了一道关口。

《海外机构合同管理办法》要明确合同的履行职责，明确合同履约执行人和监督人的职责，确保合同在整个履约期间的各个重要环节都有专人负责。如果遇到合同发生变更，如增补内容等，合同执行期间发生纠纷等情况，履约执行人要及时向公司负责人反映履约实际情况，及时纠正偏差。

《海外机构合同管理办法》还要明确在合同生效前，不得实际履行合同，避免额外风险的发生。在合同开始执行期间，要严格按照合同约定履行自己的义务，同时也要确保对方认真履行合约，从而通过双方的紧密合作，顺利实现合同确定的目标，为今后长远合作奠定良好基础。

阅读参考 1.8 《××公司合同管理办法》

1.6.2 《海外机构财务管理办法》的要义

海外机构设立后，为了加强内部财务管理，必须及时制定《海外机构财务管理办法》。

为了加强和规范公司财务管理工作，发挥财务在公司经营管理和提高经济效益中的作用，确保公司各类账务、报表能够及时、准确、完整地记载、反映公司财务经营状况，提供真实、可靠的财务资料，必须及时制定《海外机构财务管理办法》。只有在严格的财务制度管理下，才能更好地维护企业所有者的利益，按企业所有者的要求对企业资产进行有效管理，达到企业资产保值增值的目的。

《海外机构财务管理办法》要首先明确财务岗位职责，确定以总会计师为主要负责的财务岗位职责责任制。总会计师负责编制和执行预算、财务收支计划、信贷计划，拟订资金筹措和使用方案，开辟财源，有效地使用资金；并进行成本费用预测、计划、控制、核算、分析和考核，督促本公司有关部门降低消耗、节约费用、提高经济效益。通过建立健全经济核算制度，才能利用财务会计资料进行经济活动分析，为公司决策者提供财务决策依据。

《海外机构财务管理办法》要明确会计师岗位的主要工作职责，包括：按照我国会计制度的规定并参照驻在国的有关财务规定进行记账、复账、报账，做到手续完备、数字准确、账目清楚、按期报账；按照经济核算原则，定期检查，分析公司财务、成本和利润的执行情况，挖掘增收节支潜力，考核资金使用效果，及时向总经理提出合理化建议，当好公司参谋；妥善保管会计凭证、会计账簿、会计报表和其他会计资料。

《海外机构财务管理办法》要明确出纳岗位的主要工作职责，其中包括：严格执行库存现金限额，超过部分必须及时送存银行，不坐支现金，不认白条抵押现金；建立健全现金出纳各种账目，严格审核现金收付凭证；严格支票管理制度，编制支票使用手续；使用支票须经总经理签字后，方可生效；积极配合银行做好对账、报账工作。

《海外机构财务管理办法》要明确审计岗位的工作职责，包括：认真贯彻执行有关审计管理制度；监督公司财务计划的执行、决算、预算外资金收支与财务收支有关的各项经济活动及其经济效益；详细核对公司的各项与财务有关的数字、金额、期限、手续等是否准确无误；审阅公司的计划资料、合同和其他有关经济资料，以便全面掌握情况，发现问题，积累证据；纠正财务工作中的差错弊端，规范公司的经济行为；针对公司财务工作中出现问题产生的原因提出改进建议和需要采取的措施。

《海外机构财务管理办法》要明确资产管理的内容，其中包括：流动资产和固定资产管理。流动资产包括：现金、各种存款、应收及预付款项、存货等。固定资产是使用期较长，单位价值较高，并且在使用过程中保持原有实物形态的资产，包括：使用期限超过一年的房屋、建筑物、机器、机械、运输工具，以及其他与生产经营有关的设备、器具、工具等。不属于生产经营主要设备的物品，单位价值在 2000 元以上，并且使用期限超过两年的，也应当作为固定资产。

《海外机构财务管理办法》要明确无形资产和其他资产的管理。无形资产指企业为生产商品或提供劳务、出租给其他单位或管理目的而持有的不具备实物形态的非货币性资产，包括专利权、商标权、著作权、土地使用权、非专利技术、商誉，购入的能够单独计价的计算机软件和支付的土地出让金等。

《海外机构财务管理办法》要明确对外投资管理。对外投资指企业根据国家法律法规的规定，用货币资金、实物、无形资产或者以购买股票、债券方式向其他单位的投资。其中持有时间不超过一年的投资为短期投资，包括：股票、债券、基金等；持有时间超过一年的为长期投资，包括：长期股权投资和长期债券投资。

《海外机构财务管理办法》要明确成本和费用管理。成本指企业为生产产品、提供劳务而发生的各种耗费。成本费用核算资料，必须正确、完整、如实地反映生产经营过程中的各种消耗。有关成本、费用核算的原始记录、凭证账簿、费用汇总和分配表、统计资料等，内容必须完整、真实，编制和记载必须及时准确。费用指企业为销售商品、提供劳务等日常活动所发生的经济利益的流出。

《海外机构财务管理办法》要明确支票管理和现金管理。支票由出纳员或总经理指定专人保管。支票使用时须有“支票领用单”，经总经理批准签字，然后将支票按批准金额封头，加盖印章，填写日期、用途，登记号码，领用人在支票领用簿上签字备查。支票付款后凭支票存根，发票由经手人签字、会计核对、总经理审批后报销入账。财务人员从银行提取现金，应当填写“现金领用单”，并写明用途和金额，由总经理批准后提取。财务人员支付现金，可以从公司库存现金限额中支付或从银行存款中提取，不得从现金收入中直接支付（即坐支）。出纳人员应当建立健全现金账目，逐笔记载现金支付情况。账目应当日清月结，每日结算，账款相符。凡是本公司的会计凭证、会计账簿、会计报表、会计文件和其他有保存价值的资料，均应归档。会计报表应分月、季、年报，按时归档，由总经理指定专人保管，并分类填制目录。

《海外机构财务管理办法》要明确收入管理。收入指企业在销售商品、提供劳务及让渡资产使用权等日常活动中所形成的经济利益总流入，包括：主营业务收入和其他业务收入。收入不包括为第三方或客户代收的款项。

《海外机构财务管理办法》要明确利润及其分配管理。利润指企业在一定会计期间的经营成果，包括：营业利润、利润总额和净利润。营业利润指主营业务利润和其他业务利润之和减去资产损失、营业费用、管理费用、财务费用后的净额。

《海外机构财务管理办法》还要明确财务报告和绩效评价。财务报告是反映企业财务状况和经营成果的总结性书面文件，包括：资产负债表、损益表、利润分配表、现金流量表、会计报表附注及财务情况说明书。公司在每一会计年度前六个月结束后三十日以内编制中期财务报告，在每一会计年度结束后六十日内编制年度财务报告。财务报告应报送公司股东及董事会、有关政府部门和其他与公司有关的报表使用者。财务情况说明书主要说明公司经营情况、利润实现和分配、资金增减和周转、财务收支、税金缴纳、各项财产物资变动、对本期或下期财务状况发生重大影响的事项，以及需要说明的其他事项。公司应对财务状况和经营成果进行总结和评价。

阅读参考 1.9 《国有企业境外投资财务管理办法》(2017 年)

阅读参考 1.10 《××公司财务管理办法》

1.6.3 《海外机构人力资源管理办法》的要义

人才是企业的第一资本，管理好人才对于企业的发展影响深远。

加强企业人才管理，实行民主、科学的聘用制度，造就一支高素质、成熟的企业家队伍是每个企业取得成功的根本保证。现如今的国际竞争，实为科技创新能力的竞争，科技的竞争归根到底是人才的竞争。企业要培养、管理好一支高素质的优秀人才群体，制定科学规范的人才管理制度，并在企业贯彻实行，是一个企业健康发展的根本。

《海外机构人力资源管理办法》要明确人力资源的规范化管理对一个公司健康发展的深远意义。制定符合我国劳动合同法精神和驻在国劳动法规定的人才管理办法是企业生存与发展的根本保障。

《海外机构人力资源管理办法》既要保障各级人才创造发明的权利，又要保障各类人才在规范的人才管理制度下为企业创造价值的条件，从而确保在企业人才队伍中形成强大的凝聚力，吸引更多的高素质、高水平的青年加入进来。只有人才队伍健康发展，才能为企业发展创造价值，为企业长远、健康发展提供人才保障。

《海外机构人力资源管理办法》要采取规范的程序招聘和任用广大从业人员。选人用人要坚持“公平、公正、公开”的原则。不仅要重视专业技能水平，还要注重基本素质和道德水平。通过考试、考查、试用等方式从中甄选出各类急需的优秀人才，充实到企业人才队伍中。

《海外机构人力资源管理办法》要明确劳动报酬的合理取得，员工的合理待遇是企业长期发展的重要基础。合理报酬的分配也必须基于对公司成长发展的实际贡献。公司员工薪酬和福利待遇是激励员工发挥积极作用，多为企业创造价值的有效途径。在人才管理方面，企业一定要坚守“用合适的人，把合适的人放在合适的岗位上”的原则，充分发挥人才优势。做到人尽其才，人尽其用，才职相称。

《海外机构人力资源管理办法》要注重公司员工知识技能和岗位技能的培训，使员工的技术水平与公司快速成长相匹配。要把员工的平时考核和年终考核结合起来，使员工的劳动所得与所创造的价值相匹配。通过对人力资源的规范化管理，保障企业长远、健康、稳步发展。

阅读参考 1.11 《××公司人力资源管理办法》

1.6.4 《海外机构印章管理办法》的要义

海外机构在开展业务时，许多情况下要使用公司印章，如海外机构在公文、合同、协议书、报表、便函、介绍信、证明信、请柬、证件、证书及其他材料上用印。因此，制定规范的《海外机构印章管理办法》是公司规范化管理的重要环节之一。

《海外机构印章管理办法》要明确公司印章的使用范围和保管责任，要明确海外机构负责人是公司印章管理的第一责任人。其职责包括：指导、批准用印，并指定专门工作人员（鉴印员）保管好公司印章。《海外机构印章管理办法》要明确严禁在空白的公文纸、合同、协议书、报表、便函、介绍信、证明信、请柬、证件、证书、奖状及其他材料上用印。只有这样，不当使用公司印章的潜在风险才能从源头上得到管控。

《海外机构印章管理办法》要明确公司印章的具体操作规程，如采用合适的审批手续。明确《用印审批单》及经审批的《合同审批表》是使用印章的凭据，经办人须逐项认真填写，经海外机构负责人在相应栏目内签字后生效。这些《用印审批单》和《合同审批表》必须由印章保管部门或鉴印员保管，按用印时间顺序编写序号并存档。

《海外机构印章管理办法》要明确哪些情况下不可以使用公司印章，例如：①用印名义与所要求使用印章的名称不一致；②虽有《用印审批单》或其他批件，但批准权限不当；③用印件内容有错误，格式不规范，文字不通顺或有错别字，字体潦草或有涂改等。

《海外机构印章管理办法》还要明确违反规定使用公司印章必须承担的责任。对于违反印章管理规定，越权用印、私自用印者，必须追究其责任，并给予必要的行政处分。情节严重者，移交司法部门处理，并追究其法律责任。

阅读参考 1.12 《××公司印章管理办法》

1.7 海外机构设立路线图

海外机构设立路线图如图 1.1 所示。

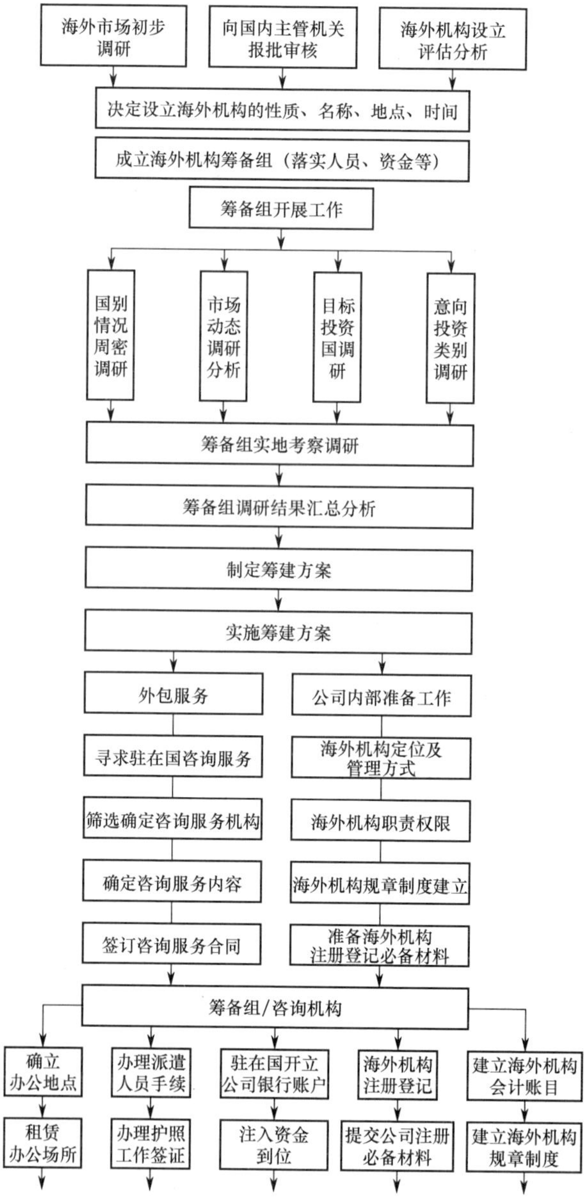

图 1.1　海外机构设立路线图

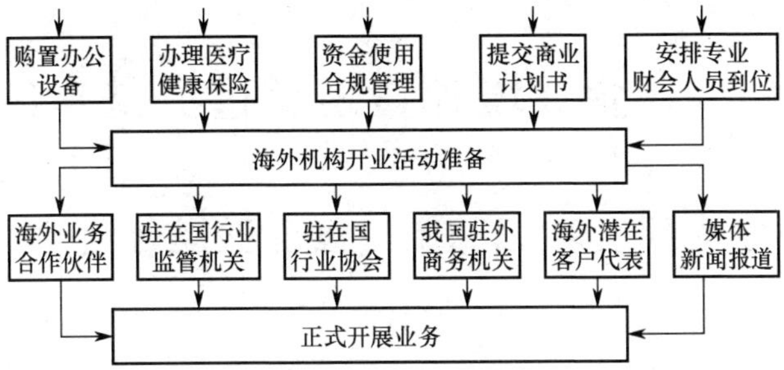

图 1.1　海外机构设立路线图（续）

阅读参考 1.1 《企业境外投资管理办法》（2018 年）

中华人民共和国国家发展和改革委员会令

第 11 号

《企业境外投资管理办法》已经国家发展和改革委员会主任办公会议审议通过，现予公布，自 2018 年 3 月 1 日起施行。

主任：何立峰

2017 年 12 月 26 日

企业境外投资管理办法

第一章 总则

第一条 为加强境外投资宏观指导，优化境外投资综合服务，完善境外投资全程监管，促进境外投资持续健康发展，维护我国国家利益和国家安全，根据《中华人民共和国行政许可法》《国务院关于投资体制改革的决定》《国务院对确需保留的行政审批项目设定行政许可的决定》等法律法规，制定本办法。

第二条 本办法所称境外投资，是指中华人民共和国境内企业（以下称“投资主体”）直接或通过其控制的境外企业，以投入资产、权益或提供融资、担保等方式，获得境外所有权、控制权、经营管理权及其他相关权益的投资活动。

前款所称投资活动，主要包括但不限于下列情形：

（一）获得境外土地所有权、使用权等权益；

（二）获得境外自然资源勘探、开发特许权等权益；

（三）获得境外基础设施所有权、经营管理权等权益；

（四）获得境外企业或资产所有权、经营管理权等权益；

（五）新建或改扩建境外固定资产；

（六）新建境外企业或向既有境外企业增加投资；

（七）新设或参股境外股权投资基金；

（八）通过协议、信托等方式控制境外企业或资产。

本办法所称企业，包括各种类型的非金融企业和金融企业。

本办法所称控制，是指直接或间接拥有企业半数以上表决权，或虽不拥有半数以上表决权，但能够支配企业的经营、财务、人事、技术等重要事项。

第三条　投资主体依法享有境外投资自主权，自主决策、自担风险。

第四条　投资主体开展境外投资，应当履行境外投资项目（以下称“项目”）核准、备案等手续，报告有关信息，配合监督检查。

第五条　投资主体开展境外投资，不得违反我国法律法规，不得威胁或损害我国国家利益和国家安全。

第六条　国家发展和改革委员会（以下称“国家发展改革委”）在国务院规定的职责范围内，履行境外投资主管部门职责，根据维护我国国家利益和国家安全的需要，对境外投资进行宏观指导、综合服务和全程监管。

第七条　国家发展改革委建立境外投资管理和服务网络系统（以下称“网络系统”）。投资主体可以通过网络系统履行核准和备案手续、报告有关信息；涉及国家秘密或不适宜使用网络系统的事项，投资主体可以另行使用纸质材料提交。网络系统操作指南由国家发展改革委发布。

第二章　境外投资指导和服务

第八条　投资主体可以就境外投资向国家发展改革委咨询政策和信息、反映情况和问题、提出意见和建议。

第九条　国家发展改革委在国务院规定的职责范围内，会同有关部门根据国民经济和社会发展需要制定完善相关领域专项规划及产业政策，为投资主体开展境外投资提供宏观指导。

第十条　国家发展改革委在国务院规定的职责范围内，会同有关部门加强国际投资形势分析，发布境外投资有关数据、情况等信息，为投资主体提供信息服务。

第十一条　国家发展改革委在国务院规定的职责范围内，会同有关部门参与国际投资规则制定，建立健全投资合作机制，加强政策交流和协调，推动有关国家和地区为我国企业开展投资提供公平环境。

第十二条　国家发展改革委在国务院规定的职责范围内，推动海外利益安全保护体系和能力建设，指导投资主体防范和应对重大风险，维护我国企业合法权益。

第三章　境外投资项目核准和备案

第一节　核准、备案的范围

第十三条　实行核准管理的范围是投资主体直接或通过其控制的境外企业开展的敏感类项目。核准机关是国家发展改革委。

本办法所称敏感类项目包括：

（一）涉及敏感国家和地区的项目；

（二）涉及敏感行业的项目。

本办法所称敏感国家和地区包括：

（一）与我国未建交的国家和地区；

（二）发生战争、内乱的国家和地区；

（三）根据我国缔结或参加的国际条约、协定等，需要限制企业对其投资的国家和地区；

（四）其他敏感国家和地区。

本办法所称敏感行业包括：

（一）武器装备的研制生产维修；

（二）跨境水资源开发利用；

（三）新闻传媒；

（四）根据我国法律法规和有关调控政策，需要限制企业境外投资的行业。

敏感行业目录由国家发展改革委发布。

第十四条　实行备案管理的范围是投资主体直接开展的非敏感类项目，也即涉及投资主体直接投入资产、权益或提供融资、担保的非敏感类项目。

实行备案管理的项目中，投资主体是中央管理企业（含中央管理金融企业、国务院或国务院所属机构直接管理的企业，下同）的，备案机关是国家发展改革委；投资主体是地方企业，且中方投资额3亿美元及以上的，备案机关是国家发展改革委；投资主体是地方企业，且中方投资额3亿美元以下的，备案机关是投资主体注册地的省级政府发展改革部门。本办法所称非敏感类项目，是指不涉及敏感国家和地区且不涉及敏感行业的项目。本办法所称中方投资额，是指投资主体直接以及通过其控制的境外企业为项目投入的货币、证券、实物、技术、知识产权、股权、债权等资产、权益以及提供融资、担保的总额。

本办法所称省级政府发展改革部门，包括各省、自治区、直辖市及计划单列市人民政府发展改革部门和新疆生产建设兵团发展改革部门。

第十五条　投资主体可以向核准、备案机关咨询拟开展的项目是否属于核准、备案范围，核准、备案机关应当及时予以告知。

第十六条　两个以上投资主体共同开展的项目，应当由投资额较大一方在征求其他投资方书面同意后提出核准、备案申请。如各方投资额相等，应当协商一致后由其中一方提出核准、备案申请。

第十七条　对项目所需前期费用（包括履约保证金、保函手续费、中介服务费、资源勘探费等）规模较大的，投资主体可以参照本办法第十三条、第十四条规定对项目前期费用提出核准、备案申请。经核准或备案的项目前期费用计入项目中方投资额。

第二节　核准的程序和时限

第十八条　实行核准管理的项目，投资主体应当通过网络系统向核准机关提交项目申请报告并附具有关文件。其中，投资主体是中央管理企业的，由其集团公司或总公司向核准机关提交；投资主体是地方企业的，由其直接向核准机关提交。

第十九条　项目申请报告应当包括以下内容：

（一）投资主体情况；

（二）项目情况，包括项目名称、投资目的地、主要内容和规模、中方投资额等；

（三）项目对我国国家利益和国家安全的影响分析；

（四）投资主体关于项目真实性的声明。

项目申请报告的通用文本以及应当附具的文件（以下称“附件”）清单由国家发展改革委

发布。

第二十条　项目申请报告可以由投资主体自行编写，也可以由投资主体自主委托具有相关经验和能力的中介服务机构编写。

第二十一条　项目申请报告和附件齐全、符合法定形式的，核准机关应当予以受理。

项目申请报告或附件不齐全、不符合法定形式的，核准机关应当在收到项目申请报告之日起5个工作日内一次性告知投资主体需要补正的内容。逾期不告知的，自收到项目申请报告之日起即为受理。核准机关受理或不予受理项目申请报告，都应当通过网络系统告知投资主体。投资主体需要受理或不予受理凭证的，可以通过网络系统自行打印或要求核准机关出具。

第二十二条　项目涉及有关部门职责的，核准机关应当商请有关部门在7个工作日内出具书面审查意见。有关部门逾期没有反馈书面审查意见的，视为同意。

第二十三条　核准机关在受理项目申请报告后，如确有必要，应当在4个工作日内委托咨询机构进行评估。除项目情况复杂的，评估时限不得超过 30 个工作日。项目情况复杂的，经核准机关同意，可以延长评估时限，但延长的时限不得超过60个工作日。

核准机关应当将咨询机构进行评估所需的时间告知投资主体。接受委托的咨询机构应当在规定时限内提出评估报告，并对评估结论承担责任。评估费用由核准机关承担，咨询机构及其工作人员不得收取投资主体任何费用。

第二十四条　核准机关可以结合有关单位意见、评估意见等，建议投资主体对项目申请报告有关内容进行调整，或要求投资主体对有关情况或材料作进一步澄清、补充。

第一十五条　核准机关应当在受理项目申请报告后20个工作口内作出是否予以核准的决定。项目情况复杂或需要征求有关单位意见的，经核准机关负责人批准，可以延长核准时限，但延长的核准时限不得超过10个工作日，并应当将延长时限的理由告知投资主体。

前款规定的核准时限，包括征求有关单位意见的时间，不包括咨询机构评估的时间。

第二十六条　核准机关对项目予以核准的条件为：

（一）不违反我国法律法规；

（二）不违反我国有关发展规划、宏观调控政策、产业政策和对外开放政策；

（三）不违反我国缔结或参加的国际条约、协定；

（四）不威胁、不损害我国国家利益和国家安全。

第二十七条　对符合核准条件的项目，核准机关应当予以核准，并向投资主体出具书面核准文件。

对不符合核准条件的项目，核准机关应当出具不予核准书面通知，并说明不予核准的理由。

第二十八条　项目违反有关法律法规、违反有关规划或政策、违反有关国际条约或协定、威胁或损害我国国家利益和国家安全的，核准机关可以不经过征求意见、委托评估等程序，直接作出不予核准的决定。

第三节　备案的程序和时限

第二十九条　实行备案管理的项目，投资主体应当通过网络系统向备案机关提交项目备案表并附具有关文件。其中，投资主体是中央管理企业的，由其集团公司或总公司向备案机关提交；投资主体是地方企业的，由其直接向备案机关提交。

项目备案表格式文本及附件清单由国家发展改革委发布。

第三十条　项目备案表和附件齐全、符合法定形式的，备案机关应当予以受理。

项目备案表或附件不齐全、项目备案表或附件不符合法定形式、项目不属于备案管理范围、项目不属于备案机关管理权限的，备案机关应当在收到项目备案表之日起 5 个工作日内一次性告知投资主体。逾期不告知的，自收到项目备案表之日起即为受理。备案机关受理或不予受理项目备案表，都应当通过网络系统告知投资主体。投资主体需要受理或不予受理凭证的，可以通过网络系统自行打印或要求备案机关出具。

第三十一条　备案机关在受理项目备案表之日起 7 个工作日内向投资主体出具备案通知书。

备案机关发现项目违反有关法律法规、违反有关规划或政策、违反有关国际条约或协定、威胁或损害我国国家利益和国家安全的，应当在受理项目备案表之日起 7 个工作日内向投资主体出具不予备案书面通知，并说明不予备案的理由。

第四节　核准、备案的效力、变更和延期

第三十二条　属于核准、备案管理范围的项目，投资主体应当在项目实施前取得项目核准文件或备案通知书。

本办法所称项目实施前，是指投资主体或其控制的境外企业为项目投入资产、权益（已按照本办法第十七条办理核准、备案的项目前期费用除外）或提供融资、担保之前。

第三十三条　属于核准、备案管理范围的项目，投资主体未取得有效核准文件或备案通知书的，外汇管理、海关等有关部门依法不予办理相关手续，金融企业依法不予办理相关资金结算和融资业务。

第三十四条　已核准、备案的项目，发生下列情形之一的，投资主体应当在有关情形发生前向出具该项目核准文件或备案通知书的机关提出变更申请：

（一）投资主体增加或减少；

（二）投资地点发生重大变化；

（三）主要内容和规模发生重大变化；

（四）中方投资额变化幅度达到或超过原核准、备案金额的 20%，或中方投资额变化 1 亿美元及以上；

（五）需要对项目核准文件或备案通知书有关内容进行重大调整的其他情形。

核准机关应当在受理变更申请之日起 20 个工作日内作出是否同意变更核准的书面决定。备案机关应当在受理变更申请之日起 7 个工作日内作出是否同意变更备案的书面决定。

第三十五条　核准文件、备案通知书有效期 2 年。确需延长有效期的，投资主体应当在有效期届满的 30 个工作日前向出具该项目核准文件或备案通知书的机关提出延长有效期的申请。

核准机关应当在受理延期申请之日起 20 个工作日内作出是否同意延长核准文件有效期的书面决定。备案机关应当在受理延期申请之日起 7 个工作日内作出是否同意延长备案通知书有效期的书面决定。

第三十六条　核准、备案机关应当依法履行职责，严格按照规定权限、程序、时限等要求

实施核准、备案行为，提高行政效能，提供优质服务。

第三十七条　对核准、备案机关实施的核准、备案行为，相关利害关系人有权依法申请行政复议或提起行政诉讼。

第三十八条　对不符合本办法规定条件的项目予以核准、备案，或违反本办法规定权限和程序予以核准、备案的，应当依法予以撤销。

第三十九条　核准、备案机关应当按照《政府信息公开条例》规定将核准、备案有关信息予以公开。

第四章　境外投资监管

第四十条　国家发展改革委和省级政府发展改革部门根据境外投资有关法律法规和政策，按照本办法第十三条、第十四条规定的分工，联合同级政府有关部门建立协同监管机制，通过在线监测、约谈函询、抽查核实等方式对境外投资进行监督检查，对违法违规行为予以处理。

第四十一条　倡导投资主体创新境外投资方式、坚持诚信经营原则、避免不当竞争行为、保障员工合法权益、尊重当地公序良俗、履行必要社会责任、注重生态环境保护、树立中国投资者良好形象。

第四十二条　投资主体通过其控制的境外企业开展大额非敏感类项目的，投资主体应当在项目实施前通过网络系统提交大额非敏感类项目情况报告表，将有关信息告知国家发展改革委。

投资主体提交的大额非敏感类项目情况报告表内容不完整的，国家发展改革委应当在收到之日起 5 个工作日内一次性告知投资主体需要补正的内容。逾期不告知的，视作内容完整。大额非敏感类项目情况报告表格式文本由国家发展改革委发布。本办法所称大额非敏感类项目，是指中方投资额 3 亿美元及以上的非敏感类项目。

第四十三条　境外投资过程中发生外派人员重大伤亡、境外资产重大损失、损害我国与有关国家外交关系等重大不利情况的，投资主体应当在有关情况发生之日起 5 个工作日内通过网络系统提交重大不利情况报告表。重大不利情况报告表格式文本由国家发展改革委发布。

第四十四条　属于核准、备案管理范围的项目，投资主体应当在项目完成之日起 20 个工作日内通过网络系统提交项目完成情况报告表。项目完成情况报告表格式文本由国家发展改革委发布。

前款所称项目完成，是指项目所属的建设工程竣工、投资标的股权或资产交割、中方投资额支出完毕等情形。

第四十五条　国家发展改革委、省级政府发展改革部门可以就境外投资过程中的重大事项向投资主体发出重大事项问询函。投资主体应当按照重大事项问询函载明的问询事项和时限要求提交书面报告。

国家发展改革委、省级政府发展改革部门认为确有必要的，可以公示重大事项问询函及投资主体提交的书面报告。

第四十六条　投资主体按照本办法第四十二条、第四十三条、第四十四条、第四十五条规定提交有关报告表或书面报告后，需要凭证的，可以通过网络系统自行打印提交完成凭证。

第四十七条　国家发展改革委、省级政府发展改革部门可以根据其掌握的国际国内经济社会运行情况和风险状况，向投资主体或利益相关方发出风险提示，供投资主体或利益相关方参考。

第四十八条　投资主体应当对自身通过网络系统和线下提交的各类材料的真实性、合法性、完整性负责，不得有虚假、误导性陈述和重大遗漏。

第四十九条　有关部门和单位、驻外使领馆等发现企业违反本办法规定的，可以告知核准、备案机关。公民、法人或其他组织发现企业违反本办法规定的，可以据实向核准、备案机关举报。

国家发展改革委建立境外投资违法违规行为记录，公布并更新企业违反本办法规定的行为及相应的处罚措施，将有关信息纳入全国信用信息共享平台、国家企业信用信息公示系统、“信用中国”网站等进行公示，会同有关部门和单位实施联合惩戒。

第五章　法律责任

第五十条　国家发展改革委工作人员有下列行为之一的，责令其限期改正，并依法追究有关责任人的行政责任；构成犯罪的，依法追究刑事责任：

（一）滥用职权、玩忽职守、徇私舞弊、索贿受贿的；

（二）违反本办法规定程序和条件办理项目核准、备案的；

（三）其他违反本办法规定的行为。

第五十一条　投资主体通过恶意分拆项目、隐瞒有关情况或提供虚假材料等手段申请核准、备案的，核准、备案机关不予受理或不予核准、备案，对投资主体及主要责任人处以警告。

第五十二条　投资主体通过欺骗、贿赂等不正当手段取得项目核准文件或备案通知书的，核准、备案机关应当撤销该核准文件或备案通知书，对投资主体及主要责任人处以警告；构成犯罪的，依法追究刑事责任。

第五十三条　属于核准、备案管理范围的项目，投资主体有下列行为之一的，由核准、备案机关责令投资主体中止或停止实施该项目并限期改正，对投资主体及有关责任人处以警告；构成犯罪的，依法追究刑事责任：

（一）未取得核准文件或备案通知书而擅自实施的；

（二）应当履行核准、备案变更手续，但未经核准、备案机关同意而擅自实施变更的。

第五十四条　投资主体有下列行为之一的，由国家发展改革委或投资主体注册地的省级政府发展改革部门责令投资主体限期改正；情节严重或逾期不改正的，对投资主体及有关责任人处以警告：

（一）未按本办法第四十二条、第四十三条、第四十四条、第四十五条规定报告有关信息的；

（二）违反本办法第四十八条规定的。

第五十五条　投资主体在境外投资过程中实施不正当竞争行为、扰乱境外投资市场秩序的，由国家发展改革委或投资主体注册地的省级政府发展改革部门责令投资主体中止或停止开展该项目并限期改正，对投资主体及主要责任人处以警告。

第五十六条　境外投资威胁我国国家利益和国家安全的，由国家发展改革委或投资主体注册地的省级政府发展改革部门责令投资主体中止实施项目并限期改正。

境外投资损害我国国家利益和国家安全的，由国家发展改革委或投资主体注册地的省级政府发展改革部门责令投资主体停止实施项目、限期改正并采取补救措施，对投资主体及有关责任人处以警告；构成犯罪的，依法追究刑事责任。投资主体按照本办法第四十三条规定及时提交重大不利情况报告表并主动改正的，可以减轻或免除本条规定的行政处罚。

第五十七条　金融企业为属于核准、备案管理范围但未取得核准文件或备案通知书的项目提供融资、担保的，由国家发展改革委通报该违规行为并商请有关金融监管部门依法依规处罚该金融企业及有关责任人。

第六章　附则

第五十八条　各省级政府发展改革部门要加强对本地企业境外投资的指导、服务和监管，可以按照本办法的规定制定具体实施办法。

第五十九条　国家发展改革委对省级政府发展改革部门的境外投资管理工作进行指导和监督，对发现的问题及时予以纠正。

第六十条　核准、备案机关及其工作人员，以及被核准机关征求意见、受核准机关委托进行评估的单位及其工作人员，依法对投资主体根据本办法提交的材料负有保守商业秘密的义务。

第六十一条　事业单位、社会团体等非企业组织对境外开展投资参照本办法执行。

第六十二条　投资主体直接或通过其控制的企业对香港、澳门、台湾地区开展投资的，参照本办法执行。

投资主体通过其控制的香港、澳门、台湾地区企业对境外开展投资的，参照本办法执行。

第六十三条　境内自然人通过其控制的境外企业或香港、澳门、台湾地区企业对境外开展投资的，参照本办法执行。

境内自然人直接对境外开展投资不适用本办法。境内自然人直接对香港、澳门、台湾地区开展投资不适用本办法。

第六十四条　法律、行政法规对境外投资管理有专门规定的，从其规定。

第六十五条　本办法由国家发展改革委负责解释。

第六十六条　本办法自 2018 年 3 月 1 日起施行。《境外投资项目核准和备案管理办法》（国家发展和改革委员会令第 9 号）同时废止。

阅读参考 1.2 《中央企业境外投资监督管理办法》（2017 年）

国务院国有资产监督管理委员会令

第 35 号

《中央企业境外投资监督管理办法》已经国务院国有资产监督管理委员会主任办公会议审议通过，现予公布，自公布之日起施行。2012 年公布的《中央企业境外投资监督管理暂行办法》（国资委令第 28 号）同时废止。

国务院国有资产监督管理委员会主任　肖亚庆

2017 年 1 月 7 日

中央企业境外投资监督管理办法

第一章　总则

第一条　为加强中央企业境外投资监督管理，推动中央企业提升国际化经营水平，根据《中华人民共和国公司法》《中华人民共和国企业国有资产法》《关于深化国有企业改革的指导意见》（中发〔2015〕22 号）和《关于改革和完善国有资产管理体制的若干意见》（国发〔2015〕63 号）等法律法规和文件，制定本办法。

第二条　本办法所称中央企业是指国务院国有资产监督管理委员会（以下简称国资委）代表国务院履行出资人职责的国家出资企业。本办法所称境外投资是指中央企业在境外从事的固定资产投资与股权投资。本办法所称境外重大投资项目是指中央企业按照本企业章程及投资管理制度规定，由董事会研究决定的境外投资项目。本办法所称主业是指由中央企业发展战略和规划确定并经国资委确认公布的企业主要经营业务；非主业是指主业以外的其他经营业务。

第三条　国资委按照以管资本为主加强监管的原则，以把握投资方向、优化资本布局、严格决策程序、规范资本运作、提高资本回报、维护资本安全为重点，依法建立信息对称、权责对等、运行规范、风险控制有力的中央企业境外投资监督管理体系，推动中央企业强化境外投资行为的全程全面监管。

第四条　国资委指导中央企业建立健全境外投资管理制度，强化战略规划引领、明确投资决策程序、规范境外经营行为、加强境外风险管控、推动走出去模式创新，制定中央企业境外投资项目负面清单，对中央企业境外投资项目进行分类监管，监督检查中央企业境外投资管理制度的执行情况、境外重大投资项目的决策和实施情况，组织开展对境外重大投资项目后评价，对境外违规投资造成国有资产损失以及其他严重不良后果的进行责任追究。

第五条　中央企业是境外投资项目的决策主体、执行主体和责任主体。中央企业应当建立境外投资管理体系，健全境外投资管理制度，科学编制境外投资计划，研究制定境外投资项目负面清单，切实加强境外项目管理，提高境外投资风险防控能力，组织开展境外检查与审计，按职责进行责任追究。

第六条　中央企业境外投资应当遵循以下原则：

（一）战略引领。符合企业发展战略和国际化经营规划，坚持聚焦主业，注重境内外业务协同，提升创新能力和国际竞争力。

（二）依法合规。遵守我国和投资所在国（地区）法律法规、商业规则和文化习俗，合规经营，有序发展。

（三）能力匹配。投资规模与企业资本实力、融资能力、行业经验、管理水平和抗风险能力等相适应。

（四）合理回报。遵循价值创造理念，加强投资项目论证，严格投资过程管理，提高投资收益水平，实现国有资产保值增值。

第二章　境外投资监管体系建设

第七条　中央企业应当根据本办法规定，结合本企业实际，建立健全境外投资管理制度。企业境外投资管理制度应包括以下主要内容：

（一）境外投资应遵循的基本原则；

（二）境外投资管理流程、管理部门及相关职责；

（三）境外投资决策程序、决策机构及其职责；

（四）境外投资项目负面清单制度；

（五）境外投资信息化管理制度；

（六）境外投资风险管控制度；

（七）境外投资项目的完成、中止、终止或退出制度；

（八）境外投资项目后评价制度；

（九）违规投资责任追究制度；

（十）对所属企业境外投资活动的授权、监督与管理制度。

企业境外投资管理制度应经董事会审议通过后报送国资委。

第八条　国资委和中央企业应当建立并优化投资管理信息系统，提升境外投资管理信息化水平，采用信息化手段实现对境外投资项目的全覆盖动态监测、分析与管理，对项目面临的风险实时监控，及时预警，防患于未然。中央企业按本办法规定向国资委报送的有关纸质文件和材料，应同时通过中央企业投资管理信息系统报送电子版信息。

第九条　国资委根据国家有关规定和监管要求，建立发布中央企业境外投资项目负面清单，设定禁止类和特别监管类境外投资项目，实行分类监管。列入负面清单禁止类的境外投资项目，中央企业一律不得投资；列入负面清单特别监管类的境外投资项目，中央企业应当报送国资委履行出资人审核把关程序；负面清单之外的境外投资项目，由中央企业按照企业发展战略和规划自主决策。中央企业境外投资项目负面清单的内容保持相对稳定，并适时动态调整。

中央企业应当在国资委发布的中央企业境外投资项目负面清单基础上，结合企业实际，制定本企业更为严格、具体的境外投资项目负面清单。

第十条　国资委建立完善投资监管联动机制，发挥战略规划、法律合规、财务监督、产权管理、考核分配、资本运营、干部管理、外派监事会监督、纪检监察、审计巡视等相关监管职能合力，实现对中央企业境外投资活动过程监管全覆盖，及时发现投资风险，减少投资损失。

第三章　境外投资事前管理

第十一条　中央企业应当根据国资委制定的中央企业五年发展规划纲要、企业发展战略和规划，制定清晰的国际化经营规划，明确中长期国际化经营的重点区域、重点领域和重点项目。中央企业应当根据企业国际化经营规划编制年度境外投资计划，并纳入企业年度投资计划，按照《中央企业投资监督管理办法》管理。

第十二条　列入中央企业境外投资项目负面清单特别监管类的境外投资项目，中央企业应当在履行企业内部决策程序后、在向国家有关部门首次报送文件前报国资委履行出资人审核把关程序。中央企业应当报送以下材料：

（一）开展项目投资的报告；

（二）企业有关决策文件；

（三）项目可研报告（尽职调查）等相关文件；

（四）项目融资方案；

（五）项目风险防控报告；

（六）其他必要的材料。

国资委依据相关法律、法规和国有资产监管规定等，从项目风险、股权结构、资本实力、收益水平、竞争秩序、退出条件等方面履行出资人审核把关程序，并对有异议的项目在收到相关材料后 20 个工作日内向企业反馈书面意见。国资委认为有必要时，可委托第三方咨询机构对项目进行论证。

第十三条　中央企业应当根据企业发展战略和规划，按照经国资委确认的主业，选择、确定境外投资项目，做好境外投资项目的融资、投资、管理、退出全过程的研究论证。对于境外新投资项目，应当充分借助国内外中介机构的专业服务，深入进行技术、市场、财务和法律等方面的可行性研究与论证，提高境外投资决策质量，其中股权类投资项目应开展必要的尽职调查，并按要求履行资产评估或估值程序。

第十四条　中央企业原则上不得在境外从事非主业投资。有特殊原因确需开展非主业投资的，应当报送国资委审核把关，并通过与具有相关主业优势的中央企业合作的方式开展。

第十五条　中央企业应当明确投资决策机制，对境外投资决策实行统一管理，向下授权境外投资决策的企业管理层级原则上不超过二级。各级境外投资决策机构对境外投资项目做出决策，应当形成决策文件，所有参与决策的人员均应当在决策文件上签字背书，所发表意见应记录存档。

第四章　境外投资事中管理

第十六条　国资委对中央企业实施中的境外重大投资项目进行随机监督检查，重点检查企业境外重大投资项目决策、执行和效果等情况，对发现的问题向企业进行提示。

第十七条　中央企业应当定期对实施、运营中的境外投资项目进行跟踪分析，针对外部环境和项目本身情况变化，及时进行再决策。如出现影响投资目的实现的重大不利变化时，应研究启动中止、终止或退出机制。中央企业因境外重大投资项目再决策涉及年度投资计划调整的，应当将调整后的年度投资计划报送国资委。

第十八条　中央企业应当建立境外投资项目阶段评价和过程问责制度，对境外重大投资项目的阶段性进展情况开展评价，发现问题，及时调整，对违规违纪行为实施全程追责，加强过程管控。

第十九条　中央企业应当按照国资委要求，分别于每年一、二、三季度终了次月 10 日前将季度境外投资完成情况通过中央企业投资管理信息系统报送国资委。季度境外投资完成情况主要包括固定资产投资、股权投资、重大投资项目完成情况，以及需要报告的其他事项等内容。部分重点行业的中央企业应当按要求报送季度境外投资分析情况。

第五章　境外投资事后管理

第二十条　中央企业在年度境外投资完成后，应当编制年度境外投资完成情况报告，并于下一年 1 月 31 日前报送国资委。年度境外投资完成情况报告包括但不限于以下内容：

（一）年度境外投资完成总体情况；

（二）年度境外投资效果分析；

（三）境外重大投资项目进展情况；

（四）年度境外投资后评价工作开展情况；

（五）年度境外投资存在的主要问题及建议。

第二十一条　境外重大投资项目实施完成后，中央企业应当及时开展后评价，形成后评价专项报告。通过项目后评价，完善企业投资决策机制，提高项目成功率和投资收益，总结投资经验，为后续投资活动提供参考，提高投资管理水平。国资委对中央企业境外投资项目后评价工作进行监督和指导，选择部分境外重大投资项目开展后评价，并向企业通报后评价结果，对项目开展的有益经验进行推广。

第二十二条　中央企业应当对境外重大投资项目开展常态化审计，审计的重点包括境外重大投资项目决策、投资方向、资金使用、投资收益、投资风险管理等方面。

第二十三条　国资委建立中央企业国际化经营评价指标体系，组织开展中央企业国际化经营年度评价，将境外投资管理作为经营评价的重要内容，评价结果定期报告和公布。

第六章　境外投资风险管理

第二十四条　中央企业应当将境外投资风险管理作为投资风险管理体系的重要内容。强化境外投资前期风险评估和风控预案制订，做好项目实施过程中的风险监控、预警和处置，防范投资后项目运营、整合风险，做好项目退出的时点与方式安排。

第二十五条　中央企业境外投资项目应当积极引入国有资本投资、运营公司以及民间投资机构、当地投资者、国际投资机构入股，发挥各类投资者熟悉项目情况、具有较强投资风险管控能力和公关协调能力等优势，降低境外投资风险。对于境外特别重大投资项目，中央企业应建立投资决策前风险评估制度，委托独立第三方有资质咨询机构对投资所在国（地区）政治、经济、社会、文化、市场、法律、政策等风险做全面评估。纳入国资委债务风险管控的中央企业不得因境外投资推高企业的负债率水平。

第二十六条　中央企业应当重视境外项目安全风险防范，加强与国家有关部门和我驻外使（领）馆的联系，建立协调统一、科学规范的安全风险评估、监测预警和应急处置体系，有效防范和应对项目面临的系统性风险。

第二十七条　中央企业应当根据自身风险承受能力，充分利用政策性出口信用保险和商业保险，将保险嵌入企业风险管理机制，按照国际通行规则实施联合保险和再保险，减少风险发生时所带来的损失。

第二十八条　中央企业应当树立正确的义利观，坚持互利共赢原则，加强与投资所在国（地区）政府、媒体、企业、社区等社会各界公共关系建设，积极履行社会责任，注重跨文化融合，营造良好的外部环境。

第七章　责任追究

第二十九条　中央企业违反本办法规定，未履行或未正确履行投资管理职责造成国有资产损失以及其他严重不良后果的，依照《中华人民共和国企业国有资产法》《国务院办公厅关于建立国有企业违规经营投资责任追究制度的意见》（国办发〔2016〕63 号）等有关规定，由有关部门追究中央企业经营管理人员的责任。对瞒报、谎报、不及时报送投资信息的中央企业，国资委予以通报批评。

第三十条　国资委相关工作人员违反本办法规定造成不良影响的，由国资委责令其改正；造成国有资产损失的，由有关部门按照干部管理权限给予处分；涉嫌犯罪的，依法移送司法机关处理。

第八章　附则

第三十一条　本办法由国资委负责解释。

第三十二条　本办法自公布之日起施行。国资委于 2012 年公布的《中央企业境外投资监督管理暂行办法》（国资委令第 28 号）同时废止。

阅读参考 1.3 《关于进一步引导和规范境外投资方向的指导意见》（2017 年）

关于进一步引导和规范境外投资方向的指导意见

国家发展改革委　商务部　人民银行　外交部

近年来，我国企业境外投资步伐明显加快，规模和效益显著提升，为带动相关产品、技术、服务“走出去”，促进国内经济转型升级，深化与相关国家互利合作，推进“一带一路”建设和开展国际产能合作发挥了重要作用。当前国际国内环境正在发生深刻变化，我国企业开展境外投资既存在较好机遇，也面临诸多风险和挑战。为加强对境外投资的宏观指导，进一步引导和规范境外投资方向，推动境外投资持续合理有序健康发展，有效防范各类风险，更好地适应国民经济与社会发展需要，现提出以下意见：

一、指导思想

全面贯彻党的十八大和十八届三中、四中、五中、六中全会精神，深入贯彻习近平总书记系列重要讲话精神和治国理政新理念新思想新战略，认真落实党中央、国务院决策部署，统筹推进“五位一体”总体布局和协调推进“四个全面”战略布局，坚持以人民为中心的发展思想，坚持稳中求进工作总基调，牢固树立和贯彻落实创新、协调、绿色、开放、共享的发展理念，坚定奉行互利共赢的开放战略，不断创造更全面、更深入、更多元的对外开放格局，以供给侧结构性改革为主线，以“一带一路”建设为统领，深化境外投资体制机制改革，进一步引导和规范企业境外投资方向，促进企业合理有序开展境外投资活动，防范和应对境外投资风险，推动境外投资持续健康发展，实现与投资目的国互利共赢、共同发展。

二、基本原则

—— 坚持企业主体。在境外投资领域充分发挥市场在资源配置中的决定性作用和更好发挥政府作用，以企业为主体、市场为导向，按照商业原则和国际惯例开展境外投资，企业在政府引导下自主决策、自负盈亏、自担风险。

—— 坚持深化改革。创新体制机制，提高境外投资便利化水平，深入推进简政放权、放管结合、优化服务改革，坚持以备案制为主的境外投资管理方式，在资本项下实行有管理的市场化运行机制，按“鼓励发展+负面清单”模式引导和规范企业境外投资方向。

—— 坚持互利共赢。引导企业充分考虑投资目的国国情和实际需求，注重与当地政府和企业开展互利合作，创造良好的经济社会效益，促进互惠互利、合作共赢。

—— 坚持防范风险。坚持稳中求进工作总基调，统筹国家经济外交整体战略，坚持依法合规，合理把握境外投资重点和节奏，积极做好境外投资事前、事中、事后监管，切实防范各类风险。

三、鼓励开展的境外投资

支持境内有能力、有条件的企业积极稳妥开展境外投资活动，推进“一带一路”建设，深化国际产能合作，带动国内优势产能、优质装备、适用技术输出，提升我国技术研发和生产制造能力，弥补我国能源资源短缺，推动我国相关产业提质升级。

（一）重点推进有利于“一带一路”建设和周边基础设施互联互通的基础设施境外投资。

（二）稳步开展带动优势产能、优质装备和技术标准输出的境外投资。

（三）加强与境外高新技术和先进制造业企业的投资合作，鼓励在境外设立研发中心。

（四）在审慎评估经济效益的基础上稳妥参与境外油气、矿产等能源资源勘探和开发。

（五）着力扩大农业对外合作，开展农林牧副渔等领域互利共赢的投资合作。

（六）有序推进商贸、文化、物流等服务领域境外投资，支持符合条件的金融机构在境外建立分支机构和服务网络，依法合规开展业务。

四、限制开展的境外投资

限制境内企业开展与国家和平发展外交方针、互利共赢开放战略以及宏观调控政策不符的境外投资，包括：

（一）赴与我国未建交、发生战乱或者我国缔结的双多边条约或协议规定需要限制的敏感国家和地区开展境外投资。

（二）房地产、酒店、影城、娱乐业、体育俱乐部等境外投资。

（三）在境外设立无具体实业项目的股权投资基金或投资平台。

（四）使用不符合投资目的国技术标准要求的落后生产设备开展境外投资。

（五）不符合投资目的国环保、能耗、安全标准的境外投资。

其中，前三类须经境外投资主管部门核准。

五、禁止开展的境外投资

禁止境内企业参与危害或可能危害国家利益和国家安全等的境外投资，包括：

（一）涉及未经国家批准的军事工业核心技术和产品输出的境外投资。

（二）运用我国禁止出口的技术、工艺、产品的境外投资。

（三）赌博业、色情业等境外投资。

（四）我国缔结或参加的国际条约规定禁止的境外投资。

（五）其他危害或可能危害国家利益和国家安全的境外投资。

六、保障措施

（一）实施分类指导。对鼓励开展的境外投资，要在税收、外汇、保险、海关、信息等方面进一步提高服务水平，为企业创造更加良好的便利化条件。对限制开展的境外投资，要引导企业审慎参与，并结合实际情况给予必要的指导和提示。对禁止开展的境外投资，要采取切实有效的措施予以严格管控。

（二）完善管理机制。加强境外投资真实性、合规性审查，防范虚假投资行为。建立境外投资黑名单制度，对违规投资行为实施联合惩戒。建立部门间信息共享机制。指导境内企业加强对其控制的境外企业的监督和管理，建立健全境外投资决策、财务管理和违规责任追究制度。建立国有企业境外投资资本金制度。完善国有企业境外投资审计制度，维护境外国有资产安全。

（三）提高服务水平。制定境外投资经营行为规范，引导企业建立健全境外合规经营风险审查、管控和决策体系，深入了解境外投资合作政策法规和国际惯例，遵守当地法律法规，合法经营。加强与有关国家在投资保护、金融、人员往来等方面机制化合作，为企业开展境外投资创造良好外部环境。支持境内资产评估、法律服务、会计服务、税务服务、投资顾问、设计咨询、风险评估、认证、仲裁等相关中介机构发展，为企业境外投资提供市场化、社会化、国际化的商业咨询服务，降低企业境外投资经营风险。

（四）强化安全保障。定期发布《国别投资经营便利化状况报告》，加强对企业赴高风险国家和地区投资的指导和监督，及时警示和通报有关国家政治、经济和社会重大风险，提出应对预案和防范措施，切实维护我国企业境外合法权益。督促企业开展境外项目安全风险评估，做好项目安全风险预测应对，建立完善安保制度，加强安保培训，提升企业境外投资安全风险防范能力。

各地区、各部门要按照本意见要求，合理把握境外投资的方向和重点，切实加强组织领导和统筹协调，落实工作责任，抓紧制定出台配套政策措施，扎实推进相关工作，确保取得实效。

阅读参考 1.4 《民营企业境外投资经营行为规范》（2017 年）

关于发布《民营企业境外投资经营行为规范》的通知

发改外资〔2017〕2050 号

各省、自治区、直辖市及计划单列市、新疆生产建设兵团发展改革委、商务部门、人民银行分行、外事办公室、工商联：

近年来，我国民营企业境外投资步伐明显加快，为促进国民经济持续健康发展，加强我国与世界各国互利友好合作发挥了积极作用。同时，我国民营企业境外投资经验仍然不足，境外经营水平有待提高。

为规范民营企业境外投资经营行为，提高“走出去”的质量和水平，国家发展改革委、商务部、人民银行、外交部、全国工商联联合制定了《民营企业境外投资经营行为规范》，现予以发布，请指导有关民营企业结合自身实际参照执行。

国家发展改革委
商　　务　　部
人　民　银　行
外　　交　　部
全　国　工　商　联

2017 年 12 月 6 日

民营企业境外投资经营行为规范

一、总则

（一）国家支持有条件的民营企业“走出去”，对民营企业“走出去”与国有企业“走出去”一视同仁。

（二）民营企业要根据自身条件和实力有序开展境外投资，参与“一带一路”建设，推进国际产能和装备制造合作，服务于供给侧结构性改革和转型升级。

（三）民营企业开展境外投资应坚持企业主体、市场运作，自主决策、自负盈亏，量力而行、审慎而为，着力提高企业创新能力、核心竞争力和国际化经营能力。

（四）民营企业在境外投资经营活动中应遵守我国和东道国（地区）的法律法规，遵守有关条约规定和其他国际惯例，依法经营、合规发展，加强境外风险防控。

（五）民营企业要以和平合作、开放包容、互学互鉴、互利共赢为指引，按照共商、共建、共享的原则，与东道国（地区）有关机构、企业开展务实合作，实现共同发展。

二、完善经营管理体系

（六）完善境外投资管理规章制度。民营企业要结合本企业实际，明确境外投资管理部门和职责，细化境外投资决策程序，建立健全境外企业设立和授权管理制度及境外投资风险管控制度。

（七）开展绩效管理。民营企业要坚持规模、质量和效益并重，完善境外经营评价、考核和激励办法，提高境外投资绩效水平。

（八）加强财务监督。民营企业要加强对境外分支机构在资金调拨、融资、股权和其他权益转让、再投资及担保等方面的监督和管理，审慎开展高杠杆投资，规范境外金融衍生品投资活动。

（九）加强人才队伍建设。民营企业要加强国际化经营人才培养，选聘境内外优秀管理人员，建立健全派出人员管理制度，对派出人员出国前开展必要教育，帮助派出人员了解当地法律法规、安全环境等知识，增强派出人员遵法守法以及安全风险防范意识和能力。

三、依法合规诚信经营

（十）履行国内申报程序。民营企业境外投资应按照相关规定，主动申请备案或核准。境外投资涉及敏感国家和地区、敏感行业的，须获核准；其他情形的，须申请备案。不得以虚假境外投资非法获取外汇、转移资产和进行洗钱等活动。

（十一）依规承诺对外融资。民营企业在境外跟踪拟使用中国金融机构信贷保险的项目，未取得有关金融机构出具的承贷、承保意向函前不得做出对外融资或保险承诺。

（十二）开展公平竞争。民营企业境外投资经营应坚持公平竞争，坚决抵制商业贿赂，不得向当地公职人员、国际组织官员和关联企业相关人员行贿。不得串通投标，不得诋毁竞争对手，不得虚假宣传业绩或采取其他不正当竞争手段。

（十三）履行合同约定。民营企业及其境外分支机构与境外相关方订立书面合同，须明确双方权利与义务，并严格按照合同履约。不得以欺诈手段订立虚假合同。

（十四）保证项目和产品质量。民营企业境外分支机构应认真执行东道国（地区）有关项目及产品质量管理的标准和规定，加强项目质量管理，严控产品质量。

（十五）保护知识产权。民营企业境外分支机构应根据东道国（地区）法律、相关条约的规定，认真开展知识的创造、运用、管理和知识产权保护工作。应根据境外业务发展需要，适时办理专利申请、商标注册、著作权登记等，明确商业秘密的保护范围、责任主体和保密措施。民营企业境外分支机构开展经营活动，应尊重其他组织和个人知识产权，依法依规获取他方技术和商标使用许可。

（十六）消费者权益保护。民营企业在境外投资经营应依法保护消费者权益，避免侵犯消费者隐私，不得有虚假广告、商业欺诈等行为。

（十七）依法纳税。民营企业境外分支机构应按照东道国（地区）法律纳税，不得偷税漏税。

（十八）维护国家利益。民营企业在境外开展投资和经营活动应有助于维护我国国家主权、安全和社会公共利益，维护我国与有关国家（地区）关系。

（十九）避免卷入别国内政。民营企业境外投资经营应避免卷入当地政治、经济利益集团的纷争，不介入当地政治派别活动。

四、切实履行社会责任

（二十）加强属地化经营。民营企业要根据实际需要确定国内派出人员，依法依规聘用东道国（地区）员工，积极为当地创造就业机会。

（二十一）尊重文化传统。民营企业派驻境外人员要努力适应东道国（地区）社会环境，尊重当地文化、宗教和风俗习惯。民营企业应积极开展中外文化交流，相互借鉴，增进理解。

（二十二）加强社会沟通。民营企业及其境外分支机构要与东道国（地区）政府保持良好关系，注意加强与当地工会组织、媒体、宗教人士、族群首领、非政府组织等社会各界的沟通与交流。

（二十三）热心公益事业。民营企业境外分支机构要坚持义利并重，积极参与当地教育、卫生、社区发展等公益事业，造福当地民众，树立服务社会的良好企业形象。

（二十四）推动技术进步。民营企业境外分支机构要加强与东道国（地区）高等院校、科研机构、有关企业等的合作，共同推动我国和东道国（地区）产业技术交流。

（二十五）完善信息披露。鼓励民营企业境外分支机构建立健全企业社会责任信息披露机制，及时披露社会责任信息和绩效，定期发布社会责任或可持续发展报告。

五、注重资源环境保护

（二十六）保护资源环境。鼓励民营企业在境外坚持资源节约、环境友好的经营方式，将资源环境保护纳入企业发展战略和生产经营计划，建立健全资源环境保护规章制度。

（二十七）开展环境影响评价。民营企业在境外项目建设前，要对拟选址建设区域开展环境监测和评估，掌握项目所在地及其周围区域的环境本底状况。

民营企业在收购境外企业前，要对目标企业开展环境尽职调查，重点评估其在历史经营活动中形成的危险废物、土壤和地下水污染等情况以及目标企业与此相关的环境债务。

民营企业境外分支机构要对其开发建设和生产经营活动开展环境影响评价，并根据环境影响评价结果，采取合理措施降低可能产生的不利影响。

（二十八）申请环保许可。民营企业境外建设和运营的项目，要依照东道国（地区）环保法律法规规定，申请项目建设相关许可。对于暂时没有环保法律的国家或地区，可借鉴国际组织或多边机构的环保标准，采取有利于东道国（地区）生态发展的环保措施。必要时可聘请第三方进行环保评估。

（二十九）制定环境事故应急预案。民营企业境外分支机构要对可能存在的环境事故风险制定应急预案，并建立与当地政府及社会公众的沟通机制。

（三十）开展清洁生产。民营企业境外分支机构要开展清洁生产，推进循环利用，对排放的主要污染物开展监测，减少生产、服务和产品使用过程中污染物的产生和排放。

（三十一）重视生态修复。对于由生产经营活动造成的生态影响，民营企业境外分支机构要根据东道国（地区）法律法规要求或者行业通行做法，做好生态修复。

六、加强境外风险防控

（三十二）加强全面风险防控。民营企业要自觉维护国家经济、产业、技术安全，境外投资经营需加强与国家利益相关风险防范。同时要加强对东道国（地区）政治经济形势、民族宗教矛盾、社会治安、恐怖主义、负面舆情民情、灾害疫情等信息的关注，项目启动前做好全面风险评估，投资经营活动中与我国驻当地使领馆、东道国（地区）政府有关部门建立经常性沟通渠道，最大限度保护企业人员和资产安全。

（三十三）防范法律风险。鼓励民营企业选聘国内外专业的法律、评估、信用评级等相关机构，严格执行重大决策、交易的合规性审核，做好境外投资业务相关的监管规则跟踪分析和合规培训，加强与东道国（地区）监管部门沟通，积极配合监管工作。

（三十四）完善安全保障。民营企业境外分支机构要强化安全风险意识，建立健全安全保障制度。根据不同的安全风险，有针对性地制定安保措施，并把安全防护费用计入投资成本，保障安保工作的人力、物力、财力投入。采用符合国际惯例的合同条款，把安全保障条款纳入项目协议或合同，明确双方安保责任。

（三十五）建立健全应急处置机制。民营企业及其境外分支机构要建立完善境外突发安全事故应急处置机制，制定安全事故应急预案，并通过定期演练不断提高应急处置能力。

（三十六）安全事故处理。境外安全事故发生后，民营企业境外分支机构应在第一时间向当地政府有关部门及我国驻当地使领馆报告，并立即采取必要有效的紧急救助措施，防止事故扩大，减少人员伤亡和财产损失。积极开展事故调查，妥善做好事故处理、赔付和善后工作。

阅读参考 1.5 《境外投资敏感行业目录（2018 年版）》

国家发展改革委关于发布境外投资敏感行业目录（2018 年版）的通知

发改外资〔2018〕251 号

各省、自治区、直辖市及计划单列市、新疆生产建设兵团发展改革委，有关中央企业：

根据境外投资有关法律法规和政策，我委研究制定了《境外投资敏感行业目录（2018 年版）》，现予发布，自 2018 年 3 月 1 日起施行。

附件：境外投资敏感行业目录（2018 年版）

国家发展改革委

2018 年 1 月 31 日

附件

境外投资敏感行业目录（2018 年版）

一、武器装备的研制生产维修

二、跨境水资源开发利用

三、新闻传媒

四、根据《国务院办公厅转发国家发展改革委 商务部 人民银行 外交部关于进一步引导和规范境外投资方向指导意见的通知》（国办发〔2017〕74 号），需要限制企业境外投资的行业：

（一）房地产

（二）酒店

（三）影城

（四）娱乐业

（五）体育俱乐部

（六）在境外设立无具体实业项目的股权投资基金或投资平台

阅读参考 1.6 《中国对外投资报告》（2017 年）

中国对外投资报告

前　言

对外开放是中国的基本国策。改革开放以来，中国顺应经济全球化趋势，在平等互利的基础上积极同世界各国开展投资合作，开放型经济水平不断提高，成为经济全球化的坚定支持者和积极参与者。2000 年，中国提出实施“走出去”战略，鼓励国内有条件的企业“走出去”参与国际经济合作与竞争。中国共产党的十八大以来，以习近平同志为核心的党中央统筹国内国际两个大局，高度重视对外投资工作，鼓励企业利用国际国内两个市场、两种资源，发展更高层次的开放型经济。2013 年，中国提出“一带一路”倡议，鼓励资本、技术、产品、服务和文化“走出去”，对外投资进入全新的发展阶段。目前，中国对外投资规模已稳居世界前列，对外投资管理体制和政策体系更加完善。中国对外投资的快速发展，不仅提高了中国企业的国际竞争力，推动了中国经济的转型升级，而且与世界各国实现互利共赢、共同发展，为建设开放型世界经济做出了积极贡献。面向未来，中国对外投资将在习近平新时代中国特色社会主义思想指引下，以“一带一路”建设为重点，促进国际产能合作，推动形成面向全球的贸易、投融资、生产、服务网络，更好地服务于开放创新、包容互惠的共同发展前景。

一、中国对外投资的现况

本报告所称的对外投资是指中华人民共和国境内（不含中国香港、中国澳门、中国台湾）各类投资主体通过投入货币、有价证券、实物、知识产权或技术、股权、债权等资产和权益或提供担保，获得境外所有权、控制权、经营管理权及其他相关权益的活动。改革开放初期，中国企业开始进行对外投资尝试。1991 年以前，中国对外投资以在对外贸易基础上发展起来的窗口公司、贸易公司或少量初级加工业为主，投资规模较小，年度总投资额不超过 10 亿美元。根据联合国贸发会议统计，截至 1990 年年底，中国对外直接投资存量 44.55 亿美元。该时期对外投资基本上处于自发状态，总体特点是，单个项目规模小、投资领域窄、方式相对单一。20 世纪 90 年代，中国企业第二产业对外投资发展较快，境外装配加工投资增长迅速，并有几项较大规模的境外能源资源投资。

进入 21 世纪以来，经过十多年的发展，中国对外投资规模不断攀升，投资结构进一步优化，投资区位分布更为广泛，投资行业领域更加丰富，投资主体日趋多元，展现出良好的发展态势。

（一）投资规模不断攀升。中国政府有关部门于 2003 年起对外发布中国对外投资数据。十多年来，对外投资规模保持了较快的增长态势，2005 年对外投资流量突破百亿美元，2013 年超越千亿美元，2015 年对外投资额首次超过利用外资额，2016 年达到 1961.5 亿美元，由 2002

年的全球第 26 位跃升至 2016 年的第 2 位，同期占全球比重也由 0.5%提升至 13.5%，首次突破两位数。2002—2016 年间，对外投资流量年均增长率为 35.8%。在投资存量方面，2007 年首次突破千亿美元，2015 年突破万亿美元，2016 年攀升至 13573.9 亿美元，对外投资存量由 2002 年的全球第 25 位上升至 2016 年的第 6 位。

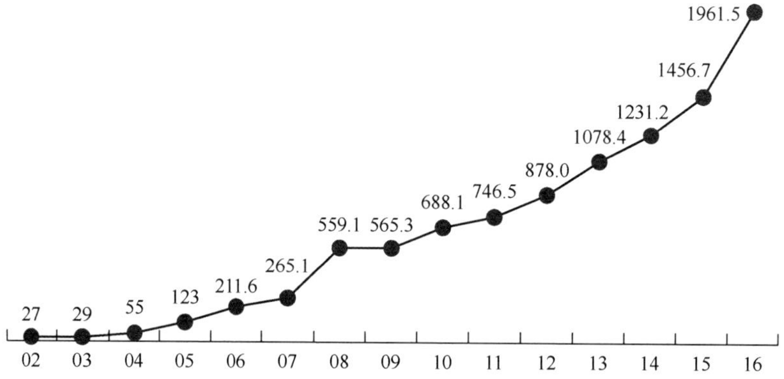

图 1　中国对外直接投资流量，2002—2016 年（单位：亿美元）

（二）投资区位分布广泛。截至 2016 年年末，中国对外直接投资分布在全球 190 个国家（地区），境内投资者设立对外投资企业 3.72 万家，覆盖全球超过 80%的国家（地区），境外企业资产总额达 5 万亿美元。各大洲分布上，对亚洲投资最多，存量为 9094.5 亿美元，占比为 67%，其次拉丁美洲为 2071.5 亿美元，占比为 15.3%；欧洲为 872 亿美元，占比为 6.4%；北美洲为 754.7 亿美元，占比为 5.6%；非洲为 398.8 亿美元，占比为 2.9%；大洋洲为 382.4 亿美元，占比为 2.8%。接受中国对外投资较多的国家（地区）包括中国香港、开曼群岛、英属维尔京群岛、美国、新加坡、澳大利亚、荷兰、英国、俄罗斯和加拿大等。近年来，中国企业对“一带一路”沿线国家的投资合作成为新的亮点。据统计，2014 年以来，对“一带一路”沿线国家的投资已超过 500 亿美元，与相关国家的企业合作共建项目近 2000 个。

表 1　2016 年年末中国对外直接投资重点国家（地区）

序号	流　量			存　量		
	国家（地区）	金额（亿美元）	占比（%）	国家（地区）	金额（亿美元）	占比（%）
1	中国香港	1142.3	58.2	中国香港	7807.45	57.5
2	美国	169.8	8.7	开曼群岛	1042.09	7.7
3	开曼群岛	135.2	6.9	英属维尔京群岛	887.66	6.5
4	英属维尔京群岛	122.9	6.3	美国	605.8	4.4
5	澳大利亚	41.9	2.1	新加坡	334.46	2.5
6	新加坡	31.7	1.6	澳大利亚	333.51	2.5
7	加拿大	28.7	1.5	荷兰	205.88	1.5
8	德国	23.8	1.2	英国	176.12	1.3

（续表）

序号	流量			存量		
	国家（地区）	金额（亿美元）	占比（%）	国家（地区）	金额（亿美元）	占比（%）
9	以色列	18.4	0.9	俄罗斯	129.8	1
10	马来西亚	18.3	0.9	加拿大	127.26	0.9
11	卢森堡	16.0	0.8	印度尼西亚	95.46	0.7
12	法国	15.0	0.8	卢森堡	87.77	0.6
13	英国	14.8	0.7	德国	78.42	0.6
14	印度尼西亚	14.6	0.7	中国澳门	67.83	0.5
15	俄罗斯	12.9	0.7	南非	60.01	0.4
16	越南	12.8	0.7	老挝	55	0.4
17	荷兰	11.7	0.6	法国	51.16	0.4
18	韩国	11.5	0.6	哈萨克斯坦	50.95	0.4
19	泰国	11.2	0.6	越南	49.84	0.4
20	新西兰	9.1	0.5	阿联酋	48.88	0.3
	合计	1862.6	95.0	合计	12295.35	90.5

（三）投资行业领域更加丰富。目前，中国对外投资已涵盖国民经济 18 个行业大类。除租赁和商务服务业、批发和零售业、制造业、交通运输/仓储和邮政业、金融业、农/林/牧/渔业、采矿业等传统产业以外，近年来对科学研究和技术服务业、信息传输/软件和信息技术服务业、教育、医疗、社会公共服务设施等领域的投资增长较快，对外投资产业结构进一步优化。2016 年，中国企业对制造业、信息传输/软件和信息技术服务业的投资额分别为 290.5 亿美元、186.7 亿美元，占中国对外投资的份额依次为 14.8%、9.5%，分别比上一年提高 1.1、4.8 个百分点。其中，流向装备制造业的投资同比增长了 41.4%，在制造业投资总额中占比近一半（49.1%）。

表 2　2016 年年末中国对外直接投资行业分布

序号	行业	流量		存量		
		金额（亿美元）	比重（%）	金额（亿美元）	比重（%）	排名
1	租赁和商务服务业	657.8	33.5	4739.9	34.9	1
2	制造业	290.5	14.8	1081.1	8	5
3	批发和零售业	208.9	10.7	1691.7	12.5	3
4	信息传输/软件和信息技术服务业	186.7	9.5	648.0	4.8	6
5	房地产业	152.5	7.8	461.1	3.4	7
6	金融业	149.2	7.6	1773.4	13.1	2
7	居民服务/修理和其他服务业	54.2	2.8	169.0	1.2	12
8	建筑业	43.9	2.2	324.2	2.4	9
9	科学研究和技术服务业	42.4	2.2	197.2	1.4	11
10	文化/体育和娱乐业	38.7	2.0	79.1	0.6	14

（续表）

序号	行　业	流　量		存　量		
		金额（亿美元）	比重（%）	金额（亿美元）	比重（%）	排名
11	电力/热力/燃气及水的生产和供应业	35.4	1.8	228.2	1.7	10
12	农/林/牧/渔业	32.9	1.7	148.9	1.1	13
13	采矿业	19.3	1.0	1523.7	11.2	4
14	交通运输/仓储和邮政业	16.8	0.9	414.2	3.1	8
15	住宿和餐饮业	16.2	0.8	41.9	0.3	15
16	水利/环境和公共设施管理业	8.4	0.4	35.8	0.2	16
17	卫生和社会工作	4.9	0.2	9.2	0.07	17
18	教育	2.8	0.1	7.3	0.05	18

（四）投资主体日趋多元。目前，从规模上看，国有企业仍然是中国企业“走出去”的主力军，但民营企业发展势头迅猛。从企业数量上看，对外投资的民营企业数量已超过国有企业，占企业总数的六成以上。

从企业来源地看，2006 年中央企业的对外投资占比达 86.4%，地方企业仅为 13.6%，而在 2016 年，中央企业的对外投资占比为 12.6%，地方企业对外投资占比攀升至 87.4%。在地方企业中，长江经济带沿线省市的企业对外投资活跃，占全国对外投资的份额达 35.5%。

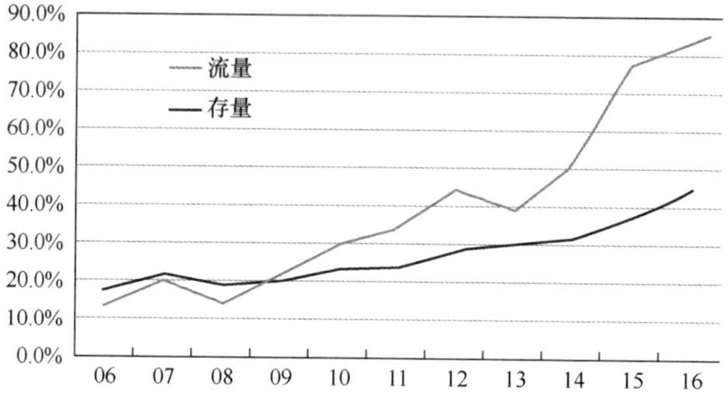

图 2　地方企业在非金融对外直接投资中的占比

（五）国际产能合作积极推进。国际产能和装备制造合作（简称国际产能合作）是指围绕生产能力新建、转移和提升开展的国际投资和经贸合作，以企业为主体，以共赢为导向，以制造业及相关的基础设施建设、资源能源开发为主要领域，以直接投资、工程承包、装备贸易和技术合作为主要形式。国际产能合作顺应开放型经济发展的客观规律，是我国与各国共建“一带一路”的重要抓手，推动世界经济再平衡的重要动力。2015 年 5 月，国务院发布《关于推进国际产能和装备制造合作的指导意见》，明确了中国政府推进国际产能合作的指导思想和政策导向，在此基础上逐步建立起国际产能合作的政策框架。截至报告发布，中国已与 36 个国家建立了产能合作双边机制，与法国、德国、加拿大、澳大利亚等国家建立了第三方市场合作机制，与东盟、非盟、欧盟等区域组织开展了多边产能合作。中国企业开展国际产能合作的领域广泛，既有公路、铁路、桥梁和水坝等传统基建领域，以轻工、家电、纺织服装为主的传统劳动密集型产业，以钢铁、电解铝、水泥、平板玻璃为主的优势产能富余产业，又有以电力设备、工程机械、通信设备、核电、高铁和轨道交通为主的高端装备制造产业。中国企业通过境外投资设厂推动产能“走出去”，积极与行业领先企业开展生产和技术合作，构建国际营销网络，实现跨越式发展。

（六）基础设施互联互通取得重要进展。基础设施互联互通是各国共建“一带一路”的重要方式。近年来，中国企业积极参与境外铁路、港口等重大项目建设，并带动相关基建能力和装备出口。中老铁路、中泰铁路、匈塞铁路、印尼雅万高铁、俄罗斯莫喀高铁、亚吉铁路、肯尼亚蒙内铁路、中欧“三海港区”合作等一批境外铁路、港口重大项目取得积极进展，对改善合作国基础设施，提高工业化和城市化水平，增加就业和税收，推进中国与有关国家互利合作具有积极意义。

总体看，中国企业对外投资规模的迅速增长，反映了中国经济实力的不断壮大和对外开放水平的显著提高，展现出中国与世界各国经济联系日益紧密的良好前景。同时，与全球第二大经济体的经济地位相比，中国对外投资规模仍然相对较低。中国的对外投资存量与 GDP 比率长期低于世界平均水平。2016 年，中国对外直接投资存量与 GDP 的比率为 11.4%，而与世界、发达经济体、发展中经济体、转型经济体的比率分别为 34.6%、44.8%、19.8%、22.6%。这表明，中国对外投资仍然具有较大的增长潜力。

同时也要看到，中国企业对外投资面临不少风险和挑战。一方面，国际投资环境变化影响着中国对外投资的稳定发展。发达国家经济增长乏力，发展中国家经济体系脆弱，以及全球大宗商品价格大幅波动，不利于中国企业对外投资持续发展。近年来，部分国家投资保护主义倾向有所增强，以国家安全为由，对包括中国企业在内的外国投资实行严苛审查，影响了中国企业的正常商业投资。另一方面，中国企业国际竞争力和抗风险能力仍有待提高。与在国际投资市场经营多年的外国跨国公司相比，中国企业是后来者，在技术、品牌、跨国经营和风险应对等方面还存在一定差距，在全球价值链中的地位和影响力相对较弱，对外投资的质量和效益有待进一步提高。此外，中国企业对外投资经营行为还有待规范，如缺乏投资风险评估，投资项目屡屡受挫；对外投资盲目乐观，一哄而上，引发东道国政府和舆论的误解等。

二、中国对外投资的管理体制

改革开放以来，中国对外投资管理体制经历了一个逐步放松的过程。改革开放初期至 20 世纪 90 年代，中国外汇资金短缺严重，企业缺乏国际经营经验，对外投资实行审批制。从 20 世纪 90 年代末期开始，随着中国经济实力的不断增强和外汇储备的快速增长，对企业开展对外投资的管理不断简化。2004 年 7 月，国务院发布《关于投资体制改革的决定》，标志着中国开始正式实施以核准制为主的对外投资管理体制，发展改革部门负责境外投资项目的管理，商务部门负责对境外设立企业的管理。2008 年 8 月，国务院发布《中华人民共和国外汇管理条例》，由强制结售汇转为实行自愿结售汇的外汇管理新体制。2014 年，中华人民共和国国家发展和改革委员会发布的《境外投资项目核准和备案管理办法》和中华人民共和国商务部发布的《境外投资管理办法》，标志着中国对外投资管理由“核准为主”转变为“备案为主，核准为辅”，大幅简化了审核手续，并将更多的权限下放。今后一段时期，中国将积极构建开放型经济新体制，对外投资管理体制改革是其中的重点任务之一。

目前，对外投资管理主要涉及三个部门，即发展改革部门（包括中华人民共和国国家发展和改革委员会及省级发展和改革委员会，以下分别简称“国家发展改革委”和“省级发展改革委”），商务主管部门（包括中华人民共和国商务部和省级商务主管机关，以下简称“商务部”和“省级商务委或商务厅”）以及国家外汇主管部门（包括中华人民共和国国家外汇管理局和省级外汇主管部门，以下分别简称“国家外汇管理局”和“省级外汇管理局”）。

（一）发展改革部门境外投资项目备案核准。根据国家发展改革委2014年颁布的《境外投资项目核准和备案管理办法》和《关于修改〈境外投资项目核准和备案管理办法〉和〈外商投资项目核准和备案管理办法〉有关条款的决定》，国家发展改革委对于境外投资项目实施以备案为主、核准为辅的管理方式。除涉及敏感国家和地区、敏感行业的投资项目需核准外，其他境外投资项目均实行备案管理。

表3　境外投资项目管理简政放权历程

时　　间	方　　式	管理权限
2004年以前	审批制	中方投资额在100万美元以上的项目需报国家发展改革委审批
2004年7月	核准制	1000万美元以上的非资源开发类项目，3000万美元以上资源开发类项目由国家发展改革委核准或报国务院核准
2011年2月	核准制	1亿美元以上的非资源开发类项目，3亿美元以上资源开发类项目由国家发展改革委核准或报国务院核准
2014年4月	备案+核准	10亿美元以上项目和敏感类项目由国家发展改革委核准或报国务院核准，其他项目实行备案制
2014年12月	备案+核准	除敏感类项目需国家发展改革委核准外，其他项目一律实行备案制

（二）商务部门境外投资企业设立备案核准。商务部最新修订的《境外投资管理办法》自2014年10月6日起实施后，商务主管部门对境内企业境外设立企业的管理转变为“备案为主、核准为辅”的模式，即除境内企业境外投资涉及敏感国家和地区或敏感行业的企业设立实行核准管理外，其他境内企业境外设立企业均实施备案管理，相关办理程序也较之前得到了较大的简化。

（三）外汇部门境外投资外汇管理。根据国家外汇管理局2015年2月发布的《关于进一步简化和改进直接投资外汇管理政策的通知》，自2015年6月1日起，取消境内企业境外直接投资的外汇登记核准，改为“银行办理、外管监督”的模式，具体包括：第一，取消直接投资项下外汇登记核准，境外投资主体可直接到银行办理境外直接投资项下相关外汇登记。第二，取消境外再投资外汇备案。境内投资主体设立或控制的境外企业在境外再投资设立或控制新的境外企业时，无须办理外汇备案手续。第三，取消直接投资外汇年检，改为境外直接投资存量权益登记，放宽登记时间，允许企业通过多种渠道报送相关数据。第四，加强事中事后监管。改革后，主要由银行通过外汇局资本项目信息系统办理和完成企业境外直接投资的相关外汇登记手续，而国家外汇管理部门的职能逐步转变为事后监管。

自 2013 年以来，各相关管理部门通过大力推进“简政放权、放管结合、优化服务”改革，对外投资便利化取得实质进展。目前中国对外投资管理总体上已实现从核准制向备案制的转变，投资便利化程度大幅提高。

主要表现在以下方面。

——明确企业主体地位。2013 年 3 月发布的《国务院机构改革和职能转变方案》，明确规定要真正落实企业和个人投资自主权，要求最大限度地缩小审批、核准、备案范围。为充分体现“谁投资、谁决策、谁收益、谁承担风险”的原则，现行对外投资管理制度规定，除涉及敏感国家和地区、敏感行业等特殊情况外，企业境外投资一律实行备案制。政府只进行真实性、合规性审核，企业自主决策，自负盈亏，这对于鼓励企业“走出去”，促进对外投资发展起到了积极作用。

——简化审核管理程序。现行对外投资管理制度对于备案、核准的时间和流程都做了明确规定，体现出了时间短、流程少的特点。例如，大幅度简化了境外投资备案内容，企业仅需填报备案申请表；地方企业可直接向省级相应主管部门申请备案，无须层层上报；相关主管部门在规定工作时限内予以备案，并提供书面证书，对于被否决的申请，要说明理由，而投资主体享有依法申请行政复议或者提起行政诉讼的权利。

——全面实现网上备案。发展改革部门和商务部门均通过电子政务系统进行备案管理，显著提升了对外投资备案的工作效率。98%以上的境外投资项目均已实现网上备案，企业可直接登录项目备案网络系统填报项目备案电子表格，并可实时查询备案办理进度，对外投资管理透明化、便利化水平进一步提升。

三、中国对外投资的政策导向

中国实施互利共赢的开放战略。中国开放的大门不会关闭，只会越开越大。2013 年，习近平总书记提出建设“一带一路”的宏伟倡议，国际社会广泛响应，成为国际合作新模板、新典范。四年来，中国政府以“一带一路”建设为引领，秉持“共商、共建、共享”原则，积极稳妥推进对外投资合作。一方面，中国政府采取了一系列推进境外投资便利化的政策和措施，不断完善“走出去”公共服务平台，积极构建对外投资合作机制，释放了企业对外投资活力。另一方面，中国政府加快完善对外投资风险防范体系，引导和规范企业对外投资方向，加强事前、事中、事后全过程监管，积极应对跨国投资面临的政治、安全、经济、金融和社会等风险，促进对外投资持续健康发展。

（一）对外投资的政策导向。对外投资服务于国民经济和社会发展全局。中国对外投资将贯彻习近平新时代中国特色社会主义思想，按照统筹推进“五位一体”总体布局和协调推进“四个全面”战略布局的要求，牢固树立和贯彻落实新发展理念，坚定奉行互利共赢的开放战略，坚持稳中求进工作总基调，以供给侧结构性改革为主线，以“一带一路”建设为重点，进一步引导和规范企业对外投资方向，促进企业合理有序开展对外投资活动，防范和应对对外投资风险，推动对外投资持续健康发展，实现与东道国互利共赢、共同发展。

中国政府相关部门按照“企业主体、市场导向、商业原则、国际惯例、互利共赢、防范风险”的原则，支持企业开展对外投资活动。

——企业主体。企业是对外投资的主体，应明确自身定位、发挥自身优势，结合自身发展战略和客观条件开展对外投资活动，企业对于其对外投资项目自主决策、自负盈亏、自担风险。

——市场导向。充分发挥市场在资源配置中的决定性作用并更好发挥政府作用，促进要素有序自由流动，资源全球高效配置，国际国内市场深度融合，实行资本项下有管理的市场化运行机制。

——商业原则。企业在对外投资活动中要注重商业可持续性，做好国际化经营规划和投资项目价值评估，在科学分析项目经济技术可行性的基础上，稳妥有序开展对外投资。

——国际惯例。企业在对外投资活动中要遵守国际惯例和通行投资规则，遵守合作国法律法规和监管制度，尊重国别文化差异和宗教习俗，提高境外经营水平。

——互利共赢。引导企业充分考虑东道国国情和实际需求，注重与当地政府和企业开展互利合作，注重承担企业社会责任，创造良好的经济社会效益，促进互惠互利、合作共赢。

——防范风险。坚持稳中求进工作总基调，坚持依法合规，合理把握境外投资重点和节奏，积极做好对外投资事前、事中、事后监管，切实防范各类风险。

（二）对外投资的政策体系。中国政府相关部门致力于对外投资促进体系建设，通过加强规划引导、政策支持、综合服务等手段，鼓励有条件的各类企业积极开展对外投资合作。目前，中国已形成较完善、多层次的对外投资政策体系。

——宏观政策引导体系。为促进国内企业协调、有序和高效“走出去”，国家发展改革委等有关部门推动出台了多项对外投资合作发展规划和政策。2015 年 3 月，国家发展改革委、外交部、商务部联合发布了《推动共建丝绸之路经济带和 21 世纪海上丝绸之路的愿景与行动》，明确了共建“一带一路”的主要内涵，支持有条件的企业按商业原则开展对外投资。2017 年 8 月，国务院办公厅转发了《国家发展改革委 商务部 人民银行 外交部关于进一步引导和规范境外投资方向的指导意见》，按“鼓励发展＋负面清单”模式引导和规范企业境外投资方向，明确了鼓励、限制、禁止三类境外投资活动。一是支持境内有能力、有条件的企业积极稳妥开展境外投资活动，推进“一带一路”建设，深化国际产能合作，带动国内优势产能、优质装备、适用技术输出，提升我国技术研发和生产制造能力，弥补我国能源资源短缺，推动我国相关产业提质升级。二是限制境内企业开展与国家和平发展外交方针、互利共赢开放战略及宏观调控政策不符的境外投资。三是禁止境内企业参与危害或可能危害国家利益和国家安全等的境外投资。

——多层次对外投资促进体系。经过多年发展，中国已初步建立了覆盖全国范围的多层次对外投资促进体系。主要包括：一是政府间签署的双边或多边产能与投资合作机制；二是中国国际贸易促进会、中国海外产业发展协会等全国性综合性的对外投资促进机构；三是从省级到基层的相关地方对外投资促进机构；四是各行业协会成立的国际产能合作企业联盟。各层次间互为补充，共同服务中国企业对外投资。

——金融财税支持体系。截至 2016 年年底，中国设立了中非合作基金、中拉产能合作基金、中非产能合作基金、中阿（联酋）投资合作基金等十余个对外投资合作基金，支持企业降低对外投融资成本。为支持企业获取境外低成本资金，优化债务结构，为“走出去”开辟稳定的境外融资渠道，2015 年 9 月实行了外债备案登记制改革，2016 年全年备案登记企业境外发债规模超过 1900 亿美元。此外，国家开发银行、中国进出口银行及中国出口信用保险公司等开发性、政策性金融机构，以及各商业性金融机构均通过多种方式加强对企业“走出去”的金融支持。截至 2016 年年底，中国与 54 个国家签署了避免双重征税协定，着力为企业创造良好税务环境。

——对外投资综合服务体系。加强境外投资合作信息平台建设。国家发展改革委、商务部、中国出口信用保险公司、中国社会科学院等政府部门、金融机构和智库定期发布对外投资领域的年度报告，如《对外投资合作国别（地区）指南》、《中国对外投资合作发展报告》、《中国对外直接投资统计公报》和《国别投资经营便利化状况报告》等。机制化地举办各类对外投资和国际产能合作论坛和展会，如中国—东盟博览会国际产能合作专题论坛、中部国际产能合作论坛、西部国际产能合作论坛、国际产能合作论坛暨企业对外投资洽谈会等，帮助“走出去”企业搭建合作平台，积极促成与各国企业开展投资合作。

——对外投资风险防范体系。中国政府正在不断改进境外企业和对外投资安全工作，在国家安全体系建设总体框架下，完善统计监测，加强监督管理，健全法律保护，加强国际安全合作。研究制定企业海外经营行为规范。鼓励企业设立海外投资风险评估部门，加强与国际机构、跨国公司、东道国企业和中介组织的合作，对投资地区或国家的政治动向、监管政策、安全形势、各利益相关方诉求等方面进行综合分析，科学评估投资项目收益和风险。加强政府各部门、驻外机构和使领馆的沟通协调，在中国海外投资利益受到损害时，协同运作，互相配合，支持中国企业维护海外权益。

四、中国对外投资推动世界各国共同发展

习近平总书记多次代表中国向世界申明了中国致力于维护开放型世界经济的坚定意志。对外投资是中国参与开放型世界经济建设的重要方式，有利于实现中国与世界各国的合作共赢、共同发展。对于中国企业自身来说，通过对外投资进一步实现企业发展战略和目标，带动产能、装备、技术、品牌和标准“走出去”，在投资合作中提升企业自身技术水平和管理能力，拓展市场网络。对于东道国来说，中国企业投资带来了资本、技术、就业和税收，加快了工业化和城镇化进程，促进了经济发展和民生改善。

（一）中国对外投资是世界经济的重要稳定器。2008 年国际金融危机爆发以后，跨国企业大多倾向于消化过剩产能，巩固资产负债表，而不是进行扩张性投资。全球外商直接投资大幅下滑，2008 年和 2009 年同比降幅分别达到 9.3%和 33%。中国政府在危机后及时采取一系列政策措施，同期对外投资增速不减，2008 年达到 559.1 亿美元，比 2007 年的 265.1 亿美元增长了 111%。来自中国的投资项目帮助许多受危机冲击的国家相关企业免于破产倒闭，

保留了数以万计将被削减的工作岗位，刺激了全球大宗商品市场需求，为世界经济稳定做出了重要贡献。

（二）中国对外投资为投资伙伴进入中国市场提供了潜在机会。中国是世界第二大经济体和最大的生产制造国，中国市场是世界最大、最具发展潜力的市场之一，对于国际投资具有很强的吸引力。同时，通过与国际投资规则的互学互鉴，中国政府正在不断完善法治化、国际化、便利化的营商环境，全面实行准入前国民待遇加负面清单管理制度，有序扩大了制造业和服务业的对外开放。中国对外投资在帮助东道国扩大资源、设备、技术、消费品等出口的同时，帮助东道国投资伙伴建立了与中国市场的联系，使得当地企业进入中国市场更为便利。

（三）中国对外投资促进了东道国产业升级和自主发展。中国投资不仅给东道国带来了资金和技术，还增加了当地就业和税收。2016 年，中国境外企业向投资所在国家（地区）缴纳各种税金总额近 300 亿美元，年末境外企业雇佣外方员工 134.3 万人，较上年年末增加 11.8 万人。通过基础设施建设合作，中国帮助东道国建设交通网线、通信设施，拓展了东道国经济发展新空间，有效发挥了基础设施投资建设对经济增长、民生改善的关键作用。通过开展属地化经营，中国企业在当地培养了大批人才，分享适用技术和管理经验，共建境外产业集聚区，推动建立当地产业体系，帮助东道国企业融入全球价值链。中国还通过资源能源方面的合作，帮助东道国提高资源产品附加值，将资源优势转化为发展动力。

（四）中国对外投资促进了东道国社会发展。中国政府历来倡导中国企业在“走出去”过程中履行企业社会责任，与东道国发挥各自比较优势，在投资合作中促进社会发展。中国企业帮助东道国建设道路、城市轨道交通、给排水管道、电网、通信、学校、医院等民生设施，改善了大量发展中国家人民的生产生活条件，提高了当地医疗教育水平。中国企业积极参与东道国社会公益事业，帮助东道国应对洪水、地震、飓风、泥石流等自然灾害，获得东道国政府和人民的广泛赞誉。

（五）中国对外投资带动了中外人文交流。交流互鉴是人类文明发展进步的强大动力。中国的对外投资不仅为东道国带去了资金、技术、市场、就业、税收，还带去了东方经营理念，以及中国的文化和习俗。中国对外投资的发展带动了人员和社会交往，为不同文明、民族之间汲取丰富养分提供了便利条件，促进了中华文化与世界各国优秀文化的互学互鉴，对于增进相互理解信任、增强人类命运共同体意识具有重要意义。

（六）以投资政策协调合作参与全球经济治理。目前，在国际投资领域，尚未形成一个多边的、全面的、有约束力的投资协定。在全球经济低迷、投资保护主义抬头的背景下，中国作为 2016 年二十国集团（G20）峰会主席国，推动发布了《G20 全球投资政策指导原则》，明确提出反对投资保护主义，外资政策应开放、公平、透明、稳定和内外协调，各国政府应引导外国投资者承担企业社会责任，为国际投资规则的制定提供了新方案。中国倡议建立了亚洲基础设施投资银行，与金砖国家共同组建了金砖国家新开发银行，出资设立了丝路基金等国际投融资平台，为各类投资项目提供融资支持，为建设开放型世界经济提供了公共产品。

当前，世界经济发展步伐仍然缓慢，贸易投资保护主义明显回潮，经济全球化进程遭遇一定阻力，但时代潮流浩浩荡荡，人类命运紧密相连，全球经济必须在互利共赢中实现发展。中国作为深度融入世界经济的主要开放型经济体，正在努力推进供给侧结构性改革，对外投资已从规模扩张型进入质量效益型发展新阶段。

展望未来，中国将在习近平新时代中国特色社会主义思想指引下，以“一带一路”建设为引领，进一步提升开放型经济水平，推动形成全面开放新格局，中国企业将在更大的广度和深度上参与国际投资合作，与各国投资者合作创新、包容互惠、共同发展。中国政府有关部门将继续坚持新发展理念，优化政府职能，做好对外投资引导、支持和综合服务，推动对外投资健康、包容、可持续发展。

阅读参考 1.7 《××公司市场调研与运营可行性研究询价书》

××公司市场调研与运营
可行性研究询价书

建议书应在_____年_____月_____日上午 12:00（以当地标准时间）之前，向以下地址投递（接收文件详细地址）：____________________，并发邮件至：××@××.com。

注意：

1. 建议书须装在密封的包裹或信封中，并注明建议者的公司名称、建议书名称及参考号。
2. 建议书投标截止时间将以上述业主确定的时间为准。
3. 请勿使用传真方式提交建议书。

与本询价书有关的任何疑问请以书面方式向如下联系人询问。

联系人：××先生

联系传真：__________________

联系邮件地址：________________

目　录

1.0　概述

××公司，以生产××产品为主，市场远销__________，年销售额________元人民币。

这份询价书为成功的竞标者提供了一个良好的商业机会，竞标者可以向业主提供一份“市场调研与运营可行性研究”报告，并向业主提供更多的咨询服务。

业主需要竞标者提供一份在目标投资国的“市场调研与运营可行性研究报告”及咨询服务，它包括但不限于，市场调研、监管政策建议、运营可行性研究报告。成功的竞标者应能够以最好的服务水平满足业主的需求。

我们邀请合格的、有经验的竞标者就业主描述的需求提供建议书，业主将审议建议书以确定是否满足所有需求。成功的竞标者能够为业主提供高水准的服务，以及切合实际的商业解决方案。

2.0　询价书的目标

2.1　询价书的目标是选择一家服务提供商，它可以按询价书描述的，提供帮助业主做出正确商业决策，以便在目标投资国尽快开展业务所必须的、可信赖的咨询服务。

2.2　在每项服务需求下，竞标者应能使业主实现如下目标：

（1）以最低的报价提供价值最大的高质量服务；

（2）在业界具有创造性、实践性很强的综合商业表现；

（3）能使业主与自己的潜在客户、相关机构、合作伙伴及相关政府部门建立强有力的合作与互动关系等。

2.3　要求竞标者提交一份建议书，首先要阐明建议书的主要结构，并提交“市场调研与运营可行性研究”报告综合浓缩版，用可靠的数据支撑、深入的分析和独特的见解，突出阐明重要领域和重点方面，以便充分、客观、深刻地反映竞标者能够按照询价书的要求提供相关咨询服务，而无须考虑在业主审慎分析之后是否被选中。与之相反，竞标者应该清楚地了解业主在该行业所具备的丰富经验和评估能力。

必要的内容、深刻的投标书将会使竞标者处于更具竞争力的位置。

3.0　计划

3.1　业主计划在_______年在目标投资国开展销售业务，并计划扩展到周边市场。要求建议书和浓缩版的“市场调研与运营可行性研究”最终报告要在短期和中期（2～3 年）发展规划建议中找到最佳平衡点。在展望之后年份的发展计划中，鼓励竞标者充分阐述业主长远发展的效果预估。

3.2　预计业主将在______年____月底前与成功竞标者签订合同，因此，要求详细的“市场调研与运营可行性研究”最终报告应能够在签订合同后的 60 日内提交。

3.3　在签订合同后，在准备详细的“市场调研与运营可行性研究”最终报告期间，每两周将会安排一次双边会议。成功竞标者将会被要求报告其准备工作的重大进展，以及按照新需求，细化其研究报告的进展。

3.4　在建议书和研究报告中采用的数据必须是最新的，但不早于______年___月___日。

4.0　范围

本询价书和未来的合同内容的范围将包括在目标投资国及周边市场的“市场调研”、“监管政策建议”和“运营可行性研究报告”。这些服务包括但不限于如下内容。

4.1　介绍目标投资国及周边市场的行业指导政策

（1）包括目标投资国现行的行业政策报告，需要申报哪些营业执照、牌照、证照，以及如何申请办理的程序等。

（2）包括详细报告现行行业政策指导的关键问题，以及行业未来导向的前景预测，并尽最大可能指导业主符合行业政策要求，并就如何开发市场及开展业务提出具体建议和意见。

（3）对行业政策和如何开发市场认真调研，并向业主建议如何才能充分利用行业政策取得市场先机。

（4）对目标投资国的行业政策及周边市场的行业政策仔细研究，针对未来如何扩展市场向业主提出合理化建议。

4.2　介绍目标投资国及周边市场的现状

（1）分析审视目前市场的状况（目标投资国及周边国家），罗列出每个细分产品的前 5 家供应商（按市场份额排序），以及其市场地位、总销售额和利润。

（2）分析审视该行业最流行的产品及消费前景，为业主将来逐步介入提供具体建议。

（3）挑选市场上 1～2 个成功案例进行分析，为业主未来跟进市场提供具体建议。

（4）对现有市场主要供应者的竞争战略和策略做出分析研究，为业主将来与之合作或竞争提出具体建议。

4.3　分析业主在目标投资国及其周边国家潜在发展的优缺点、机会和潜在威胁。优缺点、机会和潜在威胁分析应包括各种分类细节。

5.0　询价书——询问与澄清

竞标者有责任全面阅读并理解本询价书，以便提交一份满意的建议书。任何询问必须以书面方式提出，询问联系方式已经在前文载明。

6.0　提交建议书

6.1　要求建议书装在密封的信封或包裹中提交。

6.2　要求竞标者按照本询价书首页描述的时间和地点提交两套密封好的建议书，每套建议书须完整装订且按章节予以显著标识，包括附表、附件等内容。

6.3　建议书必须用中文和英文编写，保持两个版本的一致性是竞标者的责任。

6.4　在闭标时间截止后或在上文规定之外的非指定地点收到的投标建议书可能接受或不接受。闭标时间不会展期。

6.5　在闭标时间截止前任何时间，竞标者可以按本询价书首页给出的联系方式，以书面方式通知撤回投标建议书，书面通知信函必须由竞标者授权人签署。

6.6　涉及投标建议书的准备和交付，包括任何可能产生的费用应由投标者自己承担。

7.0　投标建议书格式

投标建议书要求格式如下。

封面：封面应记载询价书的抬头、闭标日期和时间、竞标者名称及联系方式等。

目录：重点建议书分类及其页码。

概述：具有重点特征的建议书概述，需要明确表示竞标者充分理解询价书的要求范围。

建议书细节：投标建议书应包含询价书要求的各个方面，以便实现询价书第 2.0 和 4.0 中规定的任务。

组织机构：详细描述竞标者的内部组织结构，特别是在行业内取得的卓越成绩，如成功案例等。

团队：简要介绍为准备此投标建议书和后续调研报告的团队成员，包括他们分别在对每个具体负责项目上花费的详细工时安排。

方法：详尽介绍后续调研报告的实施方式和原则。

时间计划：列举完成后续调研报告的详细时间表。

合同草案：竞标者建议的合同条款草案在建议书被接纳后进行讨论并签署。

价格：报价要包括细目。

选择方案：竞标者可以按照要求提供可选择性方案，并在建议书中列明所包含的附录附件。

8.0 利益冲突

8.1 竞标者应确保在建议书中披露可能出现的任何潜在的利益冲突或任何形式的可能冲突。

8.2 如果在建议书中未如实披露可能存在的潜在利益冲突，可能会导致竞标者的建议书、有关合同不被采纳或被终止。

8.3 如果在投标前或投标后，竞标者的负责人、职员、代理、代表向业主的代理、代表、职员、负责人提供或表示提供任何形式的个人收益或利益，业主将自动视该竞标者资格为不合格。

9.0 标书评定

9.1 标书评定将以为业主带来的最大价值为参考，依据以下条件，但又不限于以下条件设定的数量、质量、服务和其他相关标准进行。

（1）竞标者满足要求的能力。

（2）标书质量在准确性、黏合性、创造性和实用性方面的表现。

（3）竞标者的商业声誉、信用、经验、历史业绩，以及现在和以前的客户参考。

（4）竞标者的财务报价应包括但不限于价格、进一步咨询服务及所提供的保证。

（5）采用的方法学细节及其推演结果。

（6）所委派给本项目的人员的称职情况。

（7）合同条款草案。

（8）潜在的冲突。

（9）建议书的质量。

（10）和业主的业务往来记录（如果有的话）。

（11）询价书中提到的其他标准或者合理推断出来的相关标准。

9.2 业主根据需要可能分阶段选择短名单（初步筛选竞标者数量）。进入短名单的竞标者将会被要求提供更多信息或细节的澄清，这可能要求竞标者或其分包商当面澄清、介绍方案、提供样本、提供演示或提供其他额外技术资料等。

9.3 在决定选择竞标者建议书之前，业主一定要确信竞标者排除了任何可能存在的利益冲突。业主可能要求竞标者提供：公司背景信息；排除全部利害冲突，以及任何共谋串通或貌似共谋的任何潜在的利益冲突之保证。

9.4 业主可能要求竞标者的分包商进行上述同样的评估。

10.0 批准建议书

10.1 业主将以书面方式通知成功的竞标者，其建议书原则被接受，并且在正式咨询服务合同签署之后让竞标者立即开展相关工作。

10.2 业主没有义务必须接受任何投标建议书或签署正式咨询服务合同，业主有可能在任何时候选择终止本询价书。

11.0 保密

11.1 竞标者应该注意到，在提交建议书之后，竞标者应从法律上承担保密义务，在征询业主书面同意之前不得泄露业主的任何信息。

11.2 本询价书的所有权归业主所有。在征询业主书面同意之前不得复制或散发本询价书，除非是为准备提交建议书之所需。

12.0 广告

在征询业主书面同意之前，业主接受建议书并签署咨询服务合同并不自动赋予竞标者可以宣传自己与业主之间关系的权利。

13.0 价格

13.1 业主要求对每个项目提供的报价（合同中特别注明的除外）应保持一年价格不变。一年时间的计算将从合同规定的时间开始。价格的任何调整必须在合同满一年前至少提前 60 日提交业主审议并同意。

13.2 根据上述 13.1 条款规定，如果竞标者的价格降低，或者无论什么原因竞标者提供的市场价格降低时，业主有权享受相应的低价。

14.0 合同管理要求

14.1 成功竞标者必须安排一名合同代表尽职尽责地监督合同工作的执行，该合同代表必须：

（1）充分了解合同的时间计划和服务要求；

（2）必须随时可以被联络到；

（3）必须得到成功竞标者的授权进行本合同的联络工作。

14.2 业主代表应有权确定按照合同所提供的服务质量是否合格，以及服务的提供是否按计划及时提供。

14.3 业主将根据以下因素确定成功竞标者的整体履约能力和后续咨询服务的提供与否：信息的准确性、服务的可靠性、咨询意见的创造性、解决方案的可行性，以及业主认可的其他性能指标。

阅读参考 1.8 《××公司合同管理办法》

××公司合同管理办法

第一章　总则

第一条　为规范公司的合同管理工作，实现公司合同管理的制度化，预防和减少合同纠纷的发生，维护公司合法权益，根据《中华人民共和国合同法》（以下简称“《合同法》”）和有关的法律法规，结合公司实际情况制定本办法。

第二条　本办法适用于公司及公司下属单位的一切合同管理活动。包括，但不限于，租赁、融资租赁、借款、投资、承揽、工程建设、运输、保管、仓储、委托、担保、业务合作、技术开发、转让、咨询与服务等方面的经济活动和其他民事行为。

第三条　本办法所称合同，是指公司在经营管理活动中，与其他平等主体的自然人、法人、其他组织之间设立、变更、终止民事权利义务关系的协议。

第四条　本办法所称合同管理，是指公司制定和修改有关合同管理制度，以及对合同的订立、审查批准、履行、变更与解除、纠纷处理等进行监督、检查与考核等全过程的管理活动。

第五条　合同经办部门负责本部门合同的订立和管理工作，实行“谁订立，谁负责”和“谁主管，谁负责”。主要职责如下。

（1）负责组织本部门职责分工范围内的合同谈判，尽量采用公司标准合同模板。如遇特殊情况，在全面把握合同要义的基础上，结合本部门实际情况，可自行拟定合同条款。

（2）对于标准合同模板，要全面、准确地填写合同条款。及时办理合同送审、报批、盖章及送交存档手续。

（3）负责合同履行跟踪，追踪合同标的的内外质量，收集使用单位意见。

（4）及时妥善办理合同的变更或解除事宜，并上报法务部门和公司分管领导审查、批准。

（5）及时向合同管理部门报送合同正本、招投标文件，以及合同有关的各种纪要、变更澄清等资料，及时反映合同履行中出现的法律问题。

（6）参与合同纠纷的调解、仲裁或诉讼，负责提供一切有关资料。

（7）安排专人负责合同管理工作，及时做好本部门合同副本及有关文件的归档工作，建立本部门合同台账。

第二章　合同管理部门

第六条　法务部门为公司合同管理的主管部门，统一管理公司的合同工作。其主要职责如下。

（1）负责拟定、修订合同管理制度，并组织实施。

（2）组织宣传贯彻《合同法》及相关法律法规，组织对各业务部门合同经办人的培训。

（3）参与公司对外订立重大合同的谈判。

（4）参与标书评审和合同评审。

（5）对合同的订立、变更及解除进行审查把关。

（6）负责公司本部及所属各单位的各类合同执行情况的监督检查。

（7）负责公司合同专用章的管理。

（8）负责公司合同台账、合同档案的建立和管理。

（9）协调单位内部和外部合同关系，对合同纠纷依法提出申请仲裁或诉讼。

（10）合同管理中需要解决的其他问题。

第七条　公司财务部是合同财务监督部门，主要职责如下。

（1）负责从财务角度审查和监督合同的订立和履行情况，注重在价格、结算方式、收付款等方面进行审核把关。

（2）负责发票的审查、签收、签发，包括核对发票金额与合同金额、发票内容与合同内容是否一致；合同批准程序是否符合公司规定，报审程序不完备的拒绝付款。

（3）负责按合同约定条款履行收款、付款职责。

第三章　合同的订立

第八条　订立合同应严格按《合同法》的要求及本办法的有关规定，必须遵循“平等、自愿、公平”的原则。

第九条　合同订立的程序。

（1）客户提出要约邀请的合同订立程序

资格预审→接受要约邀请→订立合同文本→审查→批准→签署→启用合同专用章。

（2）我方提出要约邀请的合同订立程序

资格预审→要约邀请→要约信息反馈→订立合同文本→审查→批准→签署→启用合同专用章。

（3）通过招标订立合同的程序

市场调查→标书制作、发放→接收投标→评审→定标→订立合同→审查→批准→签署→启用合同专用章。

（4）设备、材料、买卖合同的订立程序

可行性研究→立项→招投标→资格预审→技术或商务谈判→订立合同文本→审查→批准→签署→启用合同专用章。

第十条　合同签订内容一般包括以下条款。

（1）当事人名称、住所、法人代表姓名及职务、开户银行及账号。

（2）标的或标的物（指货物、劳务、工程项目、技术咨询等）名称、型号、规格等。

（3）数量和质量，包括适用规范、质量标准和检测方式等。

（4）价款或酬金。

（5）履行的期限、地点和方式。

（6）违约责任。

（7）合同争议的解决方法。

（8）合同应用法律。

（9）合同订立的时间、地点。

（10）根据法律规定或合同性质应当具备的其他条款。

（11）对数量、质量、履行期限和方式等有特殊要求的，应当在合同中予以特别明确。

第十一条　合同内容应符合下列要求。

（1）主体合格、标的明确、手续完备。

（2）条款齐全、意思表示真实。

（3）文字清晰、用语规范。

（4）无自相矛盾条款。

第四章　合同的审查

第十二条　合同订立前，合同承办部门应当审查合同对方的资信状况和履约能力，包括如下内容。

（1）审查对方的社会信誉（近三年是否有重大违约，是否涉及重大经济纠纷或经济犯罪案件等）和履约能力（如生产能力、支付能力、运输能力等）。

（2）审查对方的营业执照是否真实、有效。

（3）核实对方的资产（资金）证明。

（4）审查对方的资质等级证书。

（5）审查对方的法人证书及法人委托证书。

（6）根据合同性质需要审查的其他内容。

合同对方当事人的资信、履约能力有瑕疵或其委托代理人无有效授权的，不得与其签订合同。

第十三条　合同经办部门组织对合同进行业务性审查，审查内容如下。

（1）对方当事人是否具有签约主体资格。

（2）是否是各方谈判、协商的一致意见，是否符合决策部门的决策意见。

（3）是否违反公司的规章制度。

（4）是否超越业务权限。

（5）语言是否准确、通顺。

第十四条　合同管理部门对合同进行合法性审查，主要内容如下。

（1）合同签订主体是否符合法律规定。

（2）合同条款是否违反法律法规和司法解释的规定。

（3）合同条款是否有冲突。

（4）合同条款是否有歧义。

（5）合同条款是否有效维护我公司合法权益。

（6）合同条款是否完备。

第十五条　提交法务部门审查的合同应符合下列要求。

（1）经办部门已经对合同进行了业务性审查，涉及财务的事项已经经过财务部门审查。

（2）合同当事人均未在合同上签字盖章。

（3）合同约定的内容尚未实际履行。

（4）需要同时附送的材料完备。

第十六条　合同管理部门审查的期限为在收到合同后的 3～7 个工作日内完成，并视情况提出法律意见或解决问题的方案。

第十七条　合同审查人对合同审查中涉及的商业秘密负有保密义务。

第五章　合同的批准

第十八条　公司总经理受董事会及董事长的委托，全权处理公司的各类业务，代表公司对外签订合同。根据合同管理权限，公司法定代表人可以授权部门负责人代表公司签署合同。

第十九条　以公司名义对外订立合同应当使用合同专用章。违反规定签订合同的要追究有关人员责任。

第六章　合同的履行

第二十条　合同依法成立，即具有法律约束力。一切与合同有关的部门、人员都必须本着“守合同、重信用”的原则，严格执行合同规定的权利义务，确保合同全面履行。

第二十一条　公司合同实行合同履约责任制，部门及单位一把手是合同履约的第一责任人，第一责任人要对合同的全面、正确履行负责。

第二十二条　各签约单位、签约人应随时了解、掌握合同的履行情况，发现问题及时处理或汇报。如遇法律问题，应及时征询法务部门意见，应当积极妥善地行使抗辩权、代位权、撤销权、留置权，否则致使合同不能履行或不能完全履行，给公司造成损失的，要追究有关人员的相应责任。

第二十三条　根据合同性质，合同执行部门应按照合同约定的标的物的数量、质量等进行验收，对不符合合同约定的，应在法定或约定的期限内向对方当事人提出书面异议，并督促合同对方继续履行。

第二十四条　对于公司为付款方的合同，支付合同价款时，须经公司领导审批签字。未经合同主管部门及公司领导签字，财务部门应不予付款。

第二十五条　对于公司为付款方的合同，支付最后一笔合同款项时，合同执行部门应填写合同履行终结报告，送法务部门终止合同。

第七章　合同的变更与解除

第二十六条　在合同履行过程中遇到困难，双方应尽一切努力克服，尽力保障合同的履行。如实际履行或适当履行仍有不可克服的困难而需要变更、解除合同时，应在法律规定或合理期限内与对方当事人进行协商。

第二十七条　对方当事人提出变更、解除合同的，应从维护本企业合法权益出发，从严控制。

第二十八条　合同需要变更、解除，合同执行部门应向合同主管部门提交经本部门负责人签字的书面报告，经法务部门审查、出具意见后，报法人代表或授权代表签字同意后方可变更、解除。经办部门应及时采取补救措施，尽量减少由此造成的损失。

第二十九条　合同变更、解除必须采取书面形式。

第三十条　合同执行部门应将变更、解除合同的各种文件、纪要、信函等原件报送合同主管部门备案。

第八章　合同纠纷的处理

第三十一条　合同发生纠纷时，合同执行部门应在 24 小时内到合同主管部门提交书面报告，并根据实际情况，提出相应的解决及应对办法。

第三十二条　对经协商仍无法解决的合同纠纷，经总经理同意，可提交仲裁部门或人民法院依法处理。

第三十三条　合同一旦出现纠纷，应及时与对方当事人协商处理纠纷的时间，应注意不超过法律规定的时效，并考虑留出仲裁或起诉的足够时间。

第三十四条　合同管理部门处理经济纠纷前，有关签约单位必须提供证据材料（原件或复印件）。

第三十五条　合同纠纷解决方案经双方协商达成一致意见的，应订立书面协议，由双方代表签字并加盖合同专用章。

第三十六条　合同纠纷处理或执行完毕的，应及时通知有关单位，并将有关资料汇总，统一交合同主管部门归档，以备查考。

第九章　合同的管理

第三十七条　公司本部各职能部门订立的合同，正本由合同主管部门保管，副本由各职能部门保管。

第三十八条　以公司名义签订的一切合同，如采购合同、销售合同、租赁合同、保险合同、工程承包合同及其招投标文件的正本由合同主管部门保管，副本由财务部及相关部门保管。

第三十九条　公司对外订立合同的人员，属于职务代理的，按本办法第五章授权权限执行，属于总经理特别授权的，按一事一委托的原则，由总经理在办公会上授权委托，记录人需将内容写入记录。不经授权的人员一律无权对外订立合同。

第四十条　各授权委托人在被授权的范围、期限内，代表公司对外订立合同，不得将代理事项自行转委托他人代理。

第四十一条　发生特殊情况，须外带合同专用章的，须经法定代表人批准，并按规定办理登记手续。

第四十二条　合同专用章的使用应建立台账，合同专用章如遗失或被盗，除应立即通知有关部门外，还应登报挂失。

第四十三条　一般情况下，公司不为其他单位和个人提供担保，特殊情况下，公司需为外单位提供担保的，需经总经理办公会议通过，总经理签字批准，并加盖公司印章。

第四十四条　合同主管部门对公司所属各单位的合同管理情况进行不定期的检查，对合同履行情况进行监督。对合同管理较差，达不到本办法要求，但未造成严重后果的，由公司予以通报批评，并限期改正、改进；由于个人原因造成合同履行困难或造成损失的，由公司追究相应责任，并视情况给予经济处罚；造成重大经济损失的，依法追究法律责任。

第十章　附则

第四十五条　本办法由法务部门负责解释和修订。

第四十六条　本办法没有规定的，以国家现有相关法律法规及本公司其他相关规章制度为依据。

第四十七条　本办法自下发之日起执行。

阅读参考 1.9 《国有企业境外投资财务管理办法》（2017 年）

关于印发《国有企业境外投资财务管理办法》的通知

财资〔2017〕24 号

党中央有关部门，国务院各部委、各直属机构，各省、自治区、直辖市、计划单列市财政厅（局），新疆生产建设兵团财务局，各中央管理企业：

为加强国有企业境外投资财务管理，防范境外投资财务风险，提高投资效益，提升国有资本服务于“一带一路”、“走出去”等国家战略的能力，财政部制定了《国有企业境外投资财务管理办法》。现予印发，请遵照执行。

附件：《国有企业境外投资财务管理办法》

财政部

2017 年 6 月 12 日

国有企业境外投资财务管理办法

第一章　总则

第一条　为加强国有企业境外投资财务管理，防范境外投资财务风险，提高投资效益，根据《中华人民共和国公司法》、《企业财务通则》等有关规定，制定本办法。

第二条　本办法所称国有企业，是指国务院和地方人民政府分别代表国家履行出资人职责的国有独资企业、国有独资公司以及国有资本控股公司，包括中央和地方国有资产监督管理机构和其他部门所监管的企业本级及其逐级投资形成的企业。

国有企业合营的企业以及国有资本参股公司可以参照执行本办法。

第三条　本办法所称境外投资，是指国有企业在香港、澳门特别行政区和台湾地区，以及中华人民共和国以外通过新设、并购、合营、参股及其他方式，取得企业法人和非法人项目［以下统称境外投资企业（项目）］所有权、控制权、经营管理权及其他权益的行为。

未从事具体生产经营、投资、管理活动的境外投资企业（项目），不执行本办法。

第四条　国有企业境外投资财务管理应当贯穿境外投资决策、运营、绩效评价等全过程。

国有企业应当建立责权利相统一、激励和约束相结合的境外投资管理机制，健全境外投资财务管理制度，提升境外投资财务管理水平，提高境外投资决策、组织、控制、分析、监督的有效性。

第五条　国有企业境外投资经营应当遵守境内法律、行政法规和所在国（地区）法律法规，并符合国有企业发展战略和规划。

第二章　境外投资财务管理职责

第六条　国有企业股东（大）会、党委（党组）、董事会、总经理办公会或者其他形式的内部机构（以下统称内部决策机构）按照有关法律法规和企业章程规定，对本企业境外投资企业（项目）履行相应管理职责。内部决策机构应当重点关注以下财务问题：

（一）境外投资计划的财务可行性；

（二）增加、减少、清算境外投资等重大方案涉及的财务收益和风险等问题；

（三）境外投资企业（项目）首席财务官或财务总监（以下统称财务负责人）人选的胜任能力、职业操守和任职时间；

（四）境外投资企业（项目）绩效；

（五）境外投资企业（项目）税务合规及税收风险管理；

（六）其他重大财务问题。

第七条　国有企业应当在董事长、总经理、副总经理、总会计师（财务总监、首席财务官）等企业领导班子成员中确定一名主管境外投资财务工作的负责人。

第八条　国有企业集团公司对境外投资履行以下财务管理职责：

（一）根据国家统一制定的财务制度和国际通行规则制定符合本集团实际的境外投资财务制度，督促所属企业加强境外投资财务管理；

（二）建立健全集团境外投资内部审计监督制度；

（三）汇总形成集团年度境外投资财务情况；

（四）组织所属企业开展境外投资绩效评价工作，汇总形成集团境外投资年度绩效评价报告；

（五）对所属企业财务管理过程中违规决策、失职、渎职等导致境外投资损失的，依法追究相关责任人员的责任。

各级人民政府有关部门和事业单位所监管企业，由该部门和事业单位履行上述职责。

第九条　各级人民政府财政部门（以下统称主管财政机关）对国有企业境外投资履行以下财务管理职责：

（一）国务院财政部门负责制定境外投资财务管理制度和内部控制制度，主管财政机关负责组织实施；

（二）汇总国有企业境外投资年度财务情况，分析监测境外投资财务运行状况；

（三）本级人民政府授予的其他财务管理职责。

第三章　境外投资决策财务管理

第十条　国有企业应当按照《中共中央办公厅 国务院办公厅印发〈关于进一步推进国有企业贯彻落实“三重一大”决策制度的意见〉的通知》等有关要求，建立健全境外投资决策制度，明确决策规则、程序、主体、权限和责任等。

第十一条　国有企业以并购、合营、参股方式进行境外投资，应当组建包括行业、财务、税收、法律、国际政治等领域专家在内的团队或者委托具有能力并与委托方无利害关系的中介机构开展尽职调查并形成书面报告。其中，财务尽职调查应当重点关注以下财务风险：

（一）目标企业（项目）所在国（地区）的宏观经济风险，包括经济增长前景、金融环境、外商投资和税收政策稳定性、物价波动等。

（二）目标企业（项目）存在的财务风险，包括收入和盈利大幅波动或不可持续、大额资产减值风险、或有负债、大额营运资金补充需求、高负债投资项目等。

第十二条　国有企业应当组织内部团队或者委托具有能力并与委托方无利害关系的外部机构对境外投资开展财务可行性研究。

对投资规模较大或者对企业发展战略具有重要意义的境外投资，国有企业应当分别组织开展内部和外部财务可行性研究，并要求承担可研的团队和机构独立出具书面报告；对投资标的的价值，应当依法委托具有能力的资产评估机构进行评估。

第十三条　国有企业开展财务可行性研究，应当结合企业发展战略和财务战略，对关键商品价格、利率、汇率、税率等因素变动影响境外投资企业（项目）盈利情况进行敏感性分析，评估相关财务风险，并提出应对方案。

第十四条　国有企业内部决策机构应当在尽职调查、可行性研究等前期工作基础上进行决策。

第十五条　国有企业内部决策机构履行决策职责，应当形成书面纪要，并由参与决策的全体成员签名。内部决策机构组成人员在相关事项表决时表明异议或者提示重大风险的，应当在书面纪要中进行记录。

第十六条　国有企业境外投资决策事项涉及内部决策机构组成人员个人或者其直系亲属、重大利害关系人利益的，相关人员应当主动申请回避。

第四章　境外投资运营财务管理

第十七条　国有企业应当将境外投资企业（项目）纳入全面预算管理体系，明确年度预算目标，加强对其重大财务事项的预算控制。

第十八条　国有企业应当督促境外投资企业（项目）通过企业章程等符合境外国家（地区）法律法规规定的方式，界定重大财务事项范围，明确财务授权审批和财务风险管控要求。

对投资规模较大或者对企业发展战略具有重要意义的境外投资企业（项目），国有企业还应当事先在投资协议中作出约定，向其选派具备相应资格的财务负责人或者财务人员，定期分析财务状况和经营成果，及时向国有企业报送财务信息，按规定报告重大财务事项；必要时，国有企业可以对境外投资企业（项目）进行专项审计。

第十九条　国有企业应当建立健全境外投资企业（项目）台账，反映境外投资目的、投资金额、持股比例（控制权情况）、融资构成、所属行业、关键资源或产能、重大财务事项等情况。

本办法所称境外投资企业（项目）重大财务事项，包括但不限于合并、分立、终止、清算，资本变更，重大融资，对外投资、对外担保，重大资产处置，重大资产损失，利润分配，重大税务事项，从事金融产品交易等高风险业务。

上述重大财务事项涉及资产评估的，应当按照《中华人民共和国资产评估法》等有关规定执行，境外国家（地区）法律法规另有规定的除外。

第二十条　境外国家（地区）法律法规无禁止性规定的，国有企业应当对境外投资企业（项目）加强资金管控，有条件的可实行资金集中统一管理。

第二十一条　国有企业应当督促境外投资企业（项目）建立健全银行账户管理制度。

国有企业应当掌握境外投资企业（项目）银行账户设立、撤销、重大异动等情况。

第二十二条　国有企业应当督促境外投资企业（项目）建立健全资金往来联签制度。

一般资金往来应当由境外投资企业（项目）经办人和经授权的管理人员签字授权。重大资金往来应当由境外投资企业（项目）董事长、总经理、财务负责人中的二人或多人签字授权，且其中一人须为财务负责人。

联签人之间不得存在直系亲属或者重大利害关系。

第二十三条　国有企业应当督促境外投资企业（项目）建立健全成本费用管理制度，强化预算控制。

国有企业应当重点关注境外投资企业（项目）佣金、回扣、手续费、劳务费、提成、返利、进场费、业务奖励等费用的开支范围、标准和报销审批制度的合法合规性。

第二十四条　国有企业应当督促境外投资企业（项目）建立健全合法、合理的薪酬制度。

第二十五条　国有企业应当通过企业章程、投资协议、董事会决议等符合境外国家（地区）法律法规规定的方式，要求境外投资企业（项目）按时足额向其分配股利（项目收益），并按照相关税收法律规定申报纳税。

境内国有企业应收股利（项目收益）按照有关外汇管理规定要汇回境内的，应当及时汇回。

第二十六条　国有企业开展境外投资，应当按照有关外汇管理规定办理境外投资外汇登记，并办理境外投资购付汇、外汇资金划转、结汇及存量权益登记等手续。

第二十七条　境外国家（地区）法律法规无禁止性规定的，国有企业应当将境外投资企业（项目）纳入本企业财务管理信息化系统管理。

国有企业应当要求境外投资企业（项目）妥善保存各种凭证、账簿、报表等会计资料，并定期归档。年度财务报告、审计报告、重大决策纪要以及其他重要的档案应当永久保存，并以书面或电子数据形式向境内国有企业报送备份，境外国家（地区）法律法规有禁止性规定的除外。不属于永久保存的档案应当按我国和境外国家（地区）存档规定中较长的期限保存。

第五章　境外投资财务监督

第二十八条　国有企业应当建立健全对境外投资的内部财务监督制度。

第二十九条　国有企业应当对连续三年累计亏损金额较大或者当年发生严重亏损等重大风险事件的境外投资企业（项目）进行实地监督检查或者委托中介机构进行审计，并根据审计监督情况采取相应措施。

境外投资企业（项目）因投资回收期长、仅承担研发业务等合理原因出现上述亏损情形的，经国有企业内部决策机构批准，可以不进行实地监督检查和审计。

第三十条　国有企业应当发挥内部审计作用，建立健全境外投资企业（项目）负责人离任审计和清算审计制度。

国有企业对境外投资企业（项目）负责人、财务负责人任职时间没有明确要求且相关人员任职满 5 年的，应当对境外投资企业（项目）财务管理情况进行实地监督检查。

第三十一条　国有企业应当依法接受主管财政机关的财务监督检查和国家审计机关的审计监督。

上述监督结果应当作为同级人民政府相关部门对国有企业境外投资开展管理的重要参考。

第三十二条　主管财政机关及其工作人员在财务监督检查工作中，存在滥用职权、玩忽职守、徇私舞弊或者泄露国家机密、企业商业秘密的，按照《中华人民共和国公务员法》、《中华人民共和国行政监察法》等国家有关规定追究相应责任；涉嫌犯罪的，移交司法机关处理。

第三十三条　国有企业集团公司应当汇总形成本集团年度境外投资财务情况，于下一年度 4 月底前随集团年度财务报告一并报送主管财政机关。

第三十四条　主管财政机关建立国有企业境外投资财务报告数据库，分析监测境外投资财务运行状况，制定完善相关政策措施。

第六章　境外投资绩效评价

第三十五条　国有企业应当建立健全境外投资绩效评价制度，定期对境外投资企业（项目）的管理水平和效益情况开展评价。

第三十六条　国有企业应当根据不同类型境外投资企业（项目）特点设置合理的评价指标体系。

第三十七条　国有企业对境外投资企业（项目）设立短期与中长期相结合的绩效评价周期。

对于符合国家战略要求、投资周期长的境外投资企业（项目），应当合理设定差异化的绩效评价周期。

第三十八条　国有企业应当组织开展境外投资企业（项目）绩效评价，形成绩效评价报告。必要时可以委托资产评估等中介机构开展相关工作。

第三十九条　绩效评价报告应当作为国有企业内部优化配置资源的重要依据。

对绩效评价结果长期不理想的境外投资企业（项目），国有企业应当通过关闭清算、转让股权等方式及时进行处置。

第四十条　国有企业集团公司应当汇总形成本集团境外投资年度绩效评价报告，单独或者一并随集团年度财务报告报送主管财政机关。

第四十一条　国有企业集团境外投资年度绩效评价报告应当综合反映境外投资成效，可以作为同级人民政府相关部门评估“走出去”政策实施效果、制定完善相关政策、进行国有资本注资等行为的重要参考。

第七章　附则

第四十二条　非国有企业开展境外投资可以参照本办法执行。

金融企业境外投资财务管理办法另行制定。

第四十三条　国有企业集团公司应当依据本办法，建立健全符合本集团实际的境外投资财务管理制度体系，并加强境外投资财务管理人才内部培训、内部选拔和外部聘用管理。

第四十四条　本办法自2017年8月1日起实施。

阅读参考 1.10 《××公司财务管理办法》

××公司财务管理办法

第一章 总则

第一条 为加强××公司财务管理和经济核算，根据国家财政部颁发的《企业会计制度》、《企业会计准则》和国家有关法律法规，结合公司特点和管理要求，特制定本办法。

第二条 公司按照国家有关规定办理工商登记、领取营业执照、办理税务登记，依法纳税，合法经营，主动接受财税部门对本企业的监督。

第三条 公司财务管理的基本任务是：做好各项财务收支的预算、控制、核算、分析和考核，依法合理筹集、使用资金，努力以最小的成本取得最大的效益，保证公司健康、稳定、持续发展，以实现公司价值和股东利益最大化的企业目标。

第四条 公司财务核算体制实行独立核算，自负盈亏。

第五条 本办法经董事会审定生效，并由公司总经理、总会计师组织实施。对集团公司及所属各子、分公司均有效。

第二章 财务工作岗位职责

第六条 总会计师负责组织本公司的下列工作：编制和执行预算、财务收支计划、信贷计划，拟订资金筹措和使用方案，开辟财源，有效地使用资金；进行成本费用预测、计划、控制、核算、分析和考核，督促本公司有关部门降低消耗、节约费用、提高经济效益；建立健全经济核算制度，利用财务会计资料进行经济活动分析；承办公司领导交办的其他工作。

第七条 会计的主要工作职责是：按照国家会计制度的规定，记账、复账、报账做到手续完备、数字准确、账目清楚、按期报账。按照经济核算原则，定期检查，分析公司财务、成本和利润的执行情况，挖掘增收节支潜力，考核资金使用效果，及时向总经理提出合理化建议，当好公司参谋。妥善保管会计凭证、会计账簿、会计报表和其他会计资料。完成总经理或副总经理、主管交付的其他工作。

第八条 出纳的主要工作职责是：认真执行现金管理制度。严格执行库存现金限额，超过部分必须及时送存银行，不坐支现金，不认白条抵押现金。建立健全现金出纳各种账目，严格审核现金收付凭证。严格支票管理制度，编制支票使用手续，使用支票须经总经理签字后，方可生效。积极配合银行做好对账、报账工作。配合会计做好各种账务处理。完成总经理或副总经理、主管交付的其他工作。

第九条 审计的主要工作职责是：认真贯彻执行有关审计管理制度。监督公司财务计划的执行、决算、预算外资金收支与财务收支有关的各项经济活动及其经济效益。详细核对公司的各项与财务有关的数字、金额、期限、手续等是否准确无误。审阅公司的计划资料、合同和其他有关经济资料，以便掌握情况，发现问题，积累证据。纠正财务工作中的差错弊端，规范公司的经济行为。针对公司财务工作中出现问题产生的原因提出改进建议和措施。完成总经理或副总经理、主管交付的其他工作。

第三章　筹资管理

第十条　公司的筹资来源包括两部分：投资者投入公司形成的资本金、公司的负债资金。

第十一条　公司的投资各方必须按照法律法规和合同、章程的规定及时足额缴付资本金。筹集的资本金，须聘请中国注册会计师进行验资并出具验资报告。在经营期内，投资者除依法转让外，不得以任何方式抽走资本金，法律另有规定的从其规定。

第十二条　公司吸收的实物、工业产权、非专利技术或土地使用权，必须进行评估作价，核实财产，并依法办理其财产权的转移手续。其中吸收的工业产权、非专利技术的投资金额不得超过公司注册资本的 20%，国家对采用高新技术成果有特殊规定的从其规定。不得吸收投资者已设立有担保物权资产及租赁资产的出资。

第十三条　负债分为流动负债、预计负债和长期负债。流动负债和长期负债应以实际发生额入账，预计负债应按估计的金额入账。公司以负债的形式筹资可根据批准的现金流量预算，报董事会同意后方可实施。

第四章　流动资产管理

第十四条　流动资产包括现金、各种存款、应收及预付款项、存货等。

第十五条　货币资金的管理。

1. 公司设置现金和银行存款日记账，按照发生顺序逐笔登记。银行存款按银行机构名称和账户进行明细核算。

2. 现金的收支要严格按照国务院颁发的《现金管理暂行条例》中的有关规定执行。

3. 为便利公司业务的开展，应付随机事项，实行“备用金制度”。各部门在年初提出备用金额度预算，经总经理办公会批准后，按照“前账不清，后账不借”的原则执行，合理使用，严格控制。

4. 公司严格控制支票的领用。因经济业务需要领用的支票，必须填写领用支票审批单，注明用途、金额；如果金额不能确定，必须注明限额，经总经理批准后，并持合同或协议到财务部领用支票。支票付款后，领用人在 7 日内必须到财务部办理报销手续。支票必须妥善保管，如果发现丢失、被盗应及时采取措施，声明作废。如造成经济损失，一律由丢失者本人负责。

5. 公司各部门或员工的预支款（无论是现金还是支票）均需及时到财务部办理结算冲账，逾期未办理的，将从经办员工工资里扣款处理。

6. 各部门必须在每月月底提出下一个月资金使用计划，报送财务部，纳入现金流量预算表，经总经理办公会同意后，确定资金的合理使用。

第十六条　存货的管理

1. 存货包括各种材料、燃料、包装物、低值易耗品、在产品、外购商品、自制半成品、产成品、周转材料等。

2. 常规材料的采购实行招标制，并将经济合同报财务部一份，以供办理付款时使用。

3. 存货均按归口管理原则，必须由专业人员检验、登记，并交由专人过磅、保管，取得供货单位的合格证，办理验收入库并录入计算机，生成入库单。入库单必须由采购、检验、验收、保管等人员签字确认，并报送给财务一份入账。存货的领用必须附领用单，领用单需由领用人和主管及保管员签字，保管员凭领用单录入计算机，领用单需报送给财务一份入账。

4. 存货按照实际成本核算，应当采用加权平均法确定其发出的实际成本。存货采取永续盘存制和实地盘存制相结合的原则，定期进行盘点。年度终了，必须对存货进行一次全面的清查。对于库存材料、库存设备、低值易耗品、周转材料等存货实行定期清查和不定期抽查相结合的方式，做到账账相符、账物相符。

5. 清查中的盘盈、盘亏、毁损、报废，应查明原因，分清责任，经公司总经理办公会批准，分别视情况进行处理。

6. 对于因毁损、全部或部分陈旧过时而导致的销售价格低于成本的存货应计提存货跌价准备。

第十七条　应收及预付款的管理

1. 任何销售必须按合同规定及时办理收款，销售款及工程款的结算应通过银行转账的方式进行结算，业务部门和业务人员不得挪用货款。采用赊销方式销售时，财务部门应根据销售合同约定的收款日期进行跟踪，并建立相关的资信档案（包括购买单位或个人的资信、业务部门资信、业务人员资信等）。

2. 财务部门编制各种应收（预付）款项账龄分析表。对已到期的债权，应分别视情况及时催收。

3. 建立坏账准备金制度。年度终了，预计各项应收款项收回的可能性，对预计可能发生的坏账损失，计提坏账准备。

4. 计提坏账准备的范围包括：应收账款和其他应收款（含因供货单位破产、撤销等原因已无望再收到所购货物的预付账款）。

5. 计提坏账准备采用金额百分比法，提取比例如下：

（1）逾期满半年以上一年以下的，按 5%提取；

（2）逾期满一年以上二年以下的，按 20%提取；

（3）逾期满二年以上三年以下的，按 50%提取；

（4）逾期三年以上，以及债务人破产、资不抵债和其他足以证明应收款项可能发生损失的，证明证据的，全额提取。

第五章　固定资产管理

第十八条　固定资产管理

1. 固定资产是使用期较长，单位价值较高，并且在使用过程中保持原有实物形态的资产，包括使用期限超过一年的房屋建筑物、机器、机械、运输工具，以及其他与生产经营有关的设备、仪表、器具、工具等。不属于生产经营主要设备的物品，单位价值在 2000 元以上，并且使用期限超过两年的，也应视为固定资产。

2. 分类

固定资产按不同使用状态、自然属性和生产过程的性能进行分类，可分为：

（1）生产及经营用固定资产；

（2）非生产及经营用固定资产；

（3）出租固定资产；

（4）未使用固定资产；

（5）不需用固定资产；

（6）土地；

（7）融资租入固定资产。

3. 固定资产购置与建造需报经董事会批准。

4. 固定资产按取得时的实际成本入账。

（1）购入的，按照买价加上支付的运输费、保险费、包装费、安装成本和缴纳的税金计价；

（2）自行建造的，按照建造过程中该项资产达到预定可使用状态前所发生的全部支出计价；

（3）投资者投入的，按照投资双方确认的价值计价；

（4）融资租入的，按照租赁开始日租赁资产的价值与最低租赁付款额的现值，两者中较低者计价；

（5）在原有固定资产基础上进行改建、扩建的，按照固定资产的原价，加上改扩建而使该项资产达到预定可使用状态前发生的支出，减去改扩建过程中发生的变价收入后的余额计价；

（6）以债务重组方式取得的，按原债权的账面价值加上所发生的相关税费计价；

（7）盘盈的，按照重置完全价值减去按该项资产的新旧程度估计的价值损耗后的余额计价。

5. 固定资产折旧一般采用平均年限法，分类固定资产的折旧年限及预计净残值率如下。

固定资产类别	预计使用年限	预计净残值率
房屋、建筑物	40	5%
机器、机械和其他生产设备	5～10	5%
火车、轮船以外的运输工具	5～8	5%
器具、工具、家具	5～8	5%
电子设备	5～8	5%
其他设备	5～8	5%

6. 固定资产的保管与使用。办公用固定资产由使用部门负责保管和维护，生产设备等固定资产由器材部负责保管和维护。财务部门建立固定资产台账，采用永续盘存制核算，每年至少盘点一次。清查中的盘盈、盘亏、毁损、报废，应查明原因，分清责任，经公司总经理办公会批准，分别视情况进行处理。

7. 对于因市价持续下跌、技术陈旧、损坏、长期闲置等原因导致其可收回金额低于账面价值的固定资产应计提固定资产减值准备。

第六章　无形资产和其他资产的管理

第十九条　无形资产是指企业为生产商品或者提供劳务、出租给其他单位或以管理为目的而持有的不具备实物形态的非货币性资产，包括专利权、商标权、著作权、土地使用权、非专利技术、商誉，购入的能够单独计价的计算机软件和支付的土地出让金。

第二十条　无形资产按照取得时的实际成本计价，自开始使用之日起，在有效期内平均摊销。无形资产的摊销期限按照下列原则执行。

1. 法律规定有效期限，合同没有规定受益年限的，按不超过法律规定的有效年限摊销。

2. 法律没有规定有效期限，合同规定了受益年限的，按不超过规定的受益年限确定。

3. 法律和合同均未规定法定有效期限或者受益年限的，且经营期长于 10 年的，按照不超过 10 年的期限摊销。

4. 经营期少于有效年限的，按不超过经营期的年限摊销。

第二十一条　年度终了，检查各项无形资产预计给公司带来未来经济利益的能力，对预计可收回金额低于其账面余额的，应当计提减值准备。无形资产减值准备按单项项目计提。有下列一项或若干项情形的，应当全额计提无形资产减值准备。

1. 某项无形资产已被其他新技术所替代，且该项无形资产已无使用价值和转让价值。

2. 某项无形资产已超过法律保护期，且已不能为企业带来经济利益。

第二十二条　企业筹建期间内发生的费用，在长期待摊费用科目核算，并应当在开始生产经营的当月一次性计入当期损益。

第二十三条　长期待摊费用是指企业已经支出，但摊销期限在一年以上（不含一年）的各项费用，主要包括固定资产大修理支出和租入固定资产的改良支出等。固定资产大修理支出按固定资产管理的有关规定执行。租入固定资产的改良支出应在租赁期限与预计可使用年限中较短的期限内平均摊销。

第二十四条　银行冻结存款、冻结物资、涉及诉讼中财产等资产由经办部门、财务部门咨询法律顾问后按照有关法律程序办理。

第七章　对外投资管理

第二十五条　对外投资是指企业根据国家法律法规的规定，用货币资金、实物、无形资产或者以购买股票、债券方式对其他单位的投资。其中持有时间不超过一年的投资为短期投资，包括股票、债券、基金等；持有时间超过一年的为长期投资，包括长期股权投资和长期债券投资。

第二十六条　公司对外投资需由经办部门提出项目建议书，经董事会批准后方可实行。

第二十七条　长期股权投资，根据不同情况，分别采用成本法或权益法核算。其中，投资额占被投资方有表决权资本总额 20%及其以上，或虽投资不足 20%，但有重大影响的，采用权益法核算；投资额占被投资单位有表决权资本总额 20%以下（不含 20%），或投资额虽占其有表决权资本总额 20%及其以上，但不具有重大影响的，采用成本法核算。

第二十八条　年度终了，对投资项目逐项进行检查，对市价低于成本的短期投资，计提短期投资跌价准备；对预计收回金额低于其账面余额的长期投资，计提长期投资减值准备。存在下列情况之一的，应当全额计提该项长期投资的减值准备。

1. 该项投资已暂停交易，且预计今后也不可能再交易。

2. 被投资方已资不抵债，并且预计今后也无望盈利。

3. 被投资方已经进行清理整顿、清算或出现其他不能持续经营的迹象。

4. 被投资方从事产业的生产技术或竞争者数量等发生变化，其已失去竞争能力，从而导致财务状况、现金流量等严重恶化，并且在短时间内难以恢复。

5. 影响被投资单位经营的政治或法律环境的变化，如税收、贸易等法规的颁布或修订，可能导致被投资单位出现重大亏损，并且在短时间内难以恢复。

6. 有证据表明该项投资实际上已不能再给企业带来经济利益的情形。

第八章　成本和费用管理

第二十九条　费用是指企业为销售商品、提供劳务等日常活动发生的经济利益的流出。成本是指企业为生产产品、提供劳务而发生的各种耗费。

第三十条　成本费用核算资料，必须正确、完整，如实地反映生产经营过程中的各种消耗。有关成本、费用核算的原始记录、凭证账簿、费用汇总和分配表、统计资料等，内容必须完整、真实，编制和记载必须及时。

第三十一条　采用实际成本法核算成本，在产品生产过程及工程施工过程中实际消耗的直接材料费、直接人工费、其他直接支出和其他相关间接费用，计入成本。原材料的消耗按加权平均法核算，周转材料的摊销按周转次数分期摊销。

第三十二条　期间费用包括管理费用、财务费用、营业费用。期间费用不计入生产成本，直接计入当期损益。

第三十三条　成本的控制实行预算管理体制，将实际情况与预算相对比，分析成本增减变动的原因。

第三十四条　费用的控制实行预算管理、一支笔审批制度。凡属费用性支出的，各部门均应于每年年初提出预算，经财务部汇总、报总经理办公会讨论通过后方可实施，各部门按预算进行报销。费用的报销程序如下。

费用发生后，经办人必须取得合法、有效的原始凭证，并按以下程序报销。

1. 经办人应在原始凭证背面签字并填制费用报销凭证，在经办人栏签名，注明费用应归集的部门或项目。如有实物还需验收人签字，有进仓的还应附有效的进仓单。物资采购应附经批准的有效采购合同。

2. 交部门或项目主管领导审核签字。

3. 交财务经理审核原始凭证是否合法有效、是否超出开支范围。无效凭证及超出开支范围的不予报销。

4. 交总经理或总经理授权审批人签批。

5. 审批手续完成后，交主管会计填制记账凭证。会计填制凭证时应复核手续是否齐全、金额是否正确、原始凭证是否合法、是否超出开支范围。

6. 到出纳处领款。出纳付款前应认真复核手续是否齐全、金额是否正确、原始凭证是否合法，出纳付款后应在原始凭证及报销凭证上加盖“现金付讫”章，并按记账凭证及时登记日记账。

第九章　收入管理

第三十五条　收入是指企业在销售商品、提供劳务及让渡资产使用权等日常活动中所形成的经济利益总流入，包括主营业务收入和其他业务收入。收入不包括为第三方或客户代收的款项。

第三十六条　销售商品的收入，应在下列条件均能满足时予以确认。

1. 已将商品所有权上的主要风险和报酬转移给购货方。

2. 既没有保留通常与所有权相联系的继续管理权，也没有对已售出的商品实施控制。

3. 与交易相关的经济利益能够流入本企业。

4. 相关的收入和成本能够可靠计量。

第三十七条　在同一会计年度内开始并完成的劳务，应当在完成劳务时确认收入。

如劳务的开始和完成分属不同的会计年度，在提供劳务交易的结果能够可靠估计的情况下，应当在资产负债表日按完工百分比法确认相关的劳务收入。

在提供劳务交易的结果不能可靠估计的情况下，应当在资产负债表日对收入按以下情况予以确认和计量。

1. 如果已经发生的劳务成本预计能够得到补偿，应按已经发生的劳务成本金额确认收入，并按相同金额结转成本。

2. 如果已经发生的劳务成本预计不能全部得到补偿，应按能够得到补偿的劳务成本金额确认收入，并按已经发生的劳务成本，作为当期费用，确认的金额小于已经发生的劳务成本的差额，作为当期损失。

3. 如果已经发生的劳务成本全部不能得到补偿，应按已经发生的劳务成本作为当期费用，不确认收入。

第三十八条　销售商品的收入按企业与购货方签订的合同或协议金额或双方接受的金额确定。

第三十九条　建立收入的预测、分析制度。每月月底由销售部门或经营部门对下月收入情况进行预测，并报财务部，纳入公司预算。

第十章　利润及其分配管理

第四十条　利润是指企业在一定会计期间的经营成果，包括营业利润、利润总额和净利润。

第四十一条　营业利润是指主营业务利润和其他业务利润之和减去资产损失、营业费用、管理费用、财务费用后的净额。

第四十二条　净利润是指利润总额减去所得税后的余额。

第四十三条　缴纳所得税后的净利润，按下列顺序分配。

1. 弥补以前年度亏损（指超过用所得税前的利润抵补亏损的期限后仍未补足的部分）。

2. 提取法定盈余公积金的 10%。

3. 提取法定公益金的 5%。

4. 向投资者分配利润。

第十一章　财务报告与效绩评价

第四十四条　财务报告是反映企业财务状况和经营成果的总结性书面文件，包括：资产负债表、损益表、利润分配表、现金流量表、会计报表附注及财务情况说明书。

第四十五条　公司在每一会计年度前 6 个月结束后的 30 日内编制中期财务报告，在每一会计年度结束后的 60 日内编制年度财务报告。

第四十六条　财务报告应报送至公司股东及董事会、有关政府部门和其他与公司有关的报表使用者。

第四十七条　财务情况说明书主要说明公司经营情况、利润实现和分配、资金增减和周转、财务收支、税金缴纳、各项财产物资变动、对本期或下期财务状况发生重大影响的事项，以及需要说明的其他事项。公司应对财务状况和经营成果进行总结和评价。

第十二章　外地分公司、项目部财务管理规定

第四十八条　本规定适用于集团公司所属各外地分公司、项目部。

第四十九条　各外地分公司、项目部的财务负责人及会计人员由集团公司财务部派出，对集团公司财务部负责，服务于分公司、项目部。出纳人员可以由各分公司、项目部招聘。

第五十条　各分公司、项目部应在当地银行开立支出账户。所有支出经过集团公司审批或报备后由支出账户支付。所有收入均应直接打入集团公司本部账户，由集团公司统一控制和管理，不得通过当地支出账户。支出账户的印鉴由集团公司统一制作，由各分公司、项目部负责人和财务负责人分别保管使用。

第五十一条　审批权限：各外地分公司的办公费用、差旅费、管理人员工资、应交税款、招待费等由各分公司负责人或项目经理在资金使用计划内审批，财务负责人或会计负责审核。但每周及每月要报集团公司总经理审批及财务部备案，财务部将经集团总经理批准的报备单回传给分公司、项目部作为费用报销凭证之一。

第五十二条　各分公司、项目部应在每周五和每月 25 日向集团公司总经理及财务部报送下周及下月资金使用计划。资金使用计划应包括使用用途，并与劳务工资计划、材料计划一起报送。

第五十三条　劳务及材料款的支付办法：各项目部在每月 20 日向集团公司报送应付款明细，由集团公司总经理会同财务部、材料公司安排具体付款计划，并于 25 日前批出并拨款。各分公司、项目部可以根据生产需要在次月 5 日前提出调整计划，经集团公司总经理批准后，于 10 日前拨款。

第五十四条　各分公司的会计核算系统应与集团公司统一，每月及时报送报表，并合并纳入集团公司报表核算。

第五十五条　差旅费报销标准：员工在所在地外出办事，原则上应使用公司车辆，无车辆的可在进驻所在地两个月内乘坐出租车，超过两个月，除负责人外一律不得报销出租车费。其他市内交通费用报销按集团公司的有关规定执行。

第五十六条　各分公司、项目部除备用金或用于日常报销的经费可以现金支付外，其他支付项目一律通过银行转账。

第五十七条　其他费用报销制度按集团公司的有关规定执行。

第十三章　附则

第五十八条　本办法由集团公司财务部负责起草、修订、完善。解释权归总经理办公会。

第五十九条　本制度自发布之日起执行。

阅读参考 1.11 《××公司人力资源管理办法》

××公司人力资源管理办法

第一章 总则

第一条 为进一步加强公司人力资源管理，使公司人力资源管理规范化、制度化和统一化，更好地促进公司业务健康发展，并使公司员工有章可循，提高工作效率和责任感、归属感，依据《中华人民共和国公司法》、《中华人民共和国劳动合同法》（以下简称“《劳动合同法》”），以及国家有关规定，并结合公司实际情况，特制定本办法。

第二条 适用范围。

1. 本公司员工的管理，除遵照国家和地方有关法令外，都应依据本办法办理。

2. 本办法所称员工，系指本公司聘用的全体从业人员。

3. 本公司如有临时性、短期性、季节性或特定性工作，可聘用临时员工，临时员工的管理依照合同或其他相应规定，或参照本办法办理。

4. 关于试用、实习人员、新进员工的管理参照本办法办理。

第三条 公司主管人力资源部门负责公司所有人事管理方面的具体工作。员工档案应包括员工在本公司所有人事经历事项。员工档案不得随意对外泄露。

第二章 聘用

第四条 本公司全部从业人员均采用聘用制。各部门如因工作需要，必须增加人员时，应先依据人员甄选流程提出申请，经本公司总经理批准后，由行政部门统一纳入招聘计划并办理甄选事宜。

第五条 本公司员工的甄选，以学识、能力、品德、体格及适合工作所需要条件为准。采用考试和面试两种方式，依实际需要任择其中一种实施或两种并用。

第六条 新进人员经考试或面试合格和审查批准后，由行政部门办理试用手续。原则上员工试用期 3 个月，期满合格后，方得正式聘用；但成绩优秀者，可适当缩短其试用时间。

第七条 试用人员报到时，应向行政部门送交以下证件。

1. 毕业证书、学位证书原件及复印件。

2. 身份证原件及复印件。

3. 其他必要的证件。

第八条 凡有下列情形者，不予聘用。

1. 被剥夺政治权利尚未恢复者。

2. 被判有期徒刑或被通缉，尚未结案者。

3. 吸食毒品或有其他严重不良嗜好者。

4. 贪污、拖欠公款，有记录在案者。

5. 患有精神病或传染病者。

6. 因品行恶劣，曾被政府行政机关惩罚者。

7. 体格检查不合格者。特许者不在此列。

8. 其他经本公司认定不适合者。

第九条　员工如系临时性、短期性、季节性或特定性工作，视情况与本公司签订“定期工作协议书”，双方共同遵守。

第十条　试用人员如因品行不良、工作欠佳或无故旷职者，可随时停止试用，予以辞退。

第三章　工作

第十一条　员工应遵守本公司一切规章、通告及公告。

第十二条　员工应遵守下列事项。

1. 忠于职守，服从领导，不得有敷衍塞责的行为。

2. 不得经营与本公司类似或职务上有关的业务，不得兼任其他公司的职务。

3. 全体员工必须不断提高自己的工作技能，强化品质意识，圆满完成各级领导交付的工作任务。

4. 不得携带违禁品、危险品或公司规定的其他不得带入生产、工作场所的物品进入公司工作场所。

5. 爱护公物，未经许可不得私自将公司财物携带出公司。

6. 工作时间不得中途任意离开岗位，如需离开应向主管人员请准后方可离开。

7. 员工应随时注意保持公司所有场所的环境卫生。

8. 员工在工作时不得怠慢拖延，不得干与本职工作无关的事情。

9. 员工应团结协作，同舟共济，不得有吵闹、斗殴、搭讪攀谈、搬弄是非或其他扰乱公共秩序的行为。

10. 不得假借职权贪污舞弊，收受贿赂，或以公司名义在外招摇撞骗。

11. 员工对外接洽业务，应坚持有理、有利、有节的原则，不得有损害本公司名誉的行为。

12. 各级主管应加强自身修养，领导所属员工，同舟共济，提高工作情绪和满意程度，加强员工安全感和归属感。

13. 按规定时间上下班，不得无故迟到早退。

第十三条　公司实行每日8小时工作制。上班时间为上午8:30～12:00，下午13:00～17:30，以后如有调整，以新公布的工作时间为准。

第十四条　实行弹性工作制的，采取由各部门主管记录工作人员的工作时间（含加班时间），本人确认，部门备案的考勤方法。

第十五条　员工如有迟到、早退或旷工等情形，依《考勤制度》和《考核奖惩办法》规定处理。

第四章　薪酬及福利

第十六条　本公司依照兼顾企业的维持与发展和工作人员生活安定及逐步改善的原则，以国家和地方法律法规为准绳，以贡献定报酬、凭责任定待遇，给予员工合理的报酬和待遇。

公司薪酬和福利以激励员工发挥积极作用为出发点，对员工的奖励包括货币和实物，也包括其他方式，如带薪休假、旅游、出境考察、家属福利等。

第十七条　员工的基本待遇有基本工资、绩效、奖金和补贴等。公司给予员工一定的交通、话费等补贴，并根据员工业绩情况发放奖金。

试用人员试用期间不享受医疗保险和养老保险，由其自理。

本公司依据有关《劳动合同法》的规定，发给员工年终奖金，年终奖金的评定方法及额度由公司根据经营情况确定。

第十八条　员工薪酬福利的考核管理依照公司制定的“薪酬管理实施细则”执行。

第五章　考勤及出差

第十九条　员工各项考勤的管理按《考勤制度》有关规定执行。

第二十条　公司根据需要安排员工出差，受派遣的员工，无特殊理由应服从安排。

第二十一条　员工出差在外，应注意人身及财物安全，遵章守法，按公司规定的标准使用交通工具，合理降低出差费用。

第二十二条　公司对出差的员工按规定标准报销停车费用和交通费用，并给予一定的生活补贴，具体标准依公司单项规定办理。

第二十三条　出差人员返回公司后，应及时向主管述职，并按《费用报销制度》的有关规定报销或核销相关费用。

第六章　培训

第二十四条　为提高公司员工的知识技能及发挥其潜在能力，使公司人力资源能适应本公司日益迅速发展的需要，公司将举行各种教育培训活动，被指定员工，不得无故缺席，确有特殊原因，应按有关请假制度执行。

第二十五条　新员工进入公司后，需要接受公司概况与发展的培训，以及不同层次、不同类别的岗前专业培训，培训时间应不少于 20 小时，合格者方可上岗。新员工培训由公司根据人员聘用的情况安排，在新进公司的前 3 个月内进行，培训不合格者不再继续留用。

第二十六条　员工调职前，必须接受将要调往岗位的岗前专业性培训，直到能满足该岗位的上岗要求。特殊情况经调往部门负责人同意，可在适当的时间另行安排培训。

第二十七条　对于培训中成绩优秀者，除通报表彰外，可根据情况给予适当物质奖励，未能达到者，可适当延长其培训期。

第二十八条　公司所有员工的培训情况均应登记在相应的员工培训登记卡上，员工培训登记卡由人力资源管理部门保存在员工档案中。

第二十九条　公司对员工在业余时间（不影响本职工作和任务的完成）内，在公司外接受的教育和培训予以鼓励，并视不同情况给予全额报销学杂费、部分报销学杂费、承认其教育和培训后的学历等支持。

第七章　岗位调整

第三十条　公司基于业务上的需要，可随时调动员工的职务或工作地点，被调员工不得借故拖延或拒不到职。

第三十一条　各部门主管在调动员工时，应充分考虑其个性、学识、能力，使“人尽其才，才尽其用，才职相称”。

第三十二条　对关键岗位员工，按照特殊岗位管理的要求，应当定期进行岗位轮换。

第三十三条　员工接到调动通知书后，限在 1 个月内办妥移交手续，前往新职单位报到。

第八章　考核

第三十四条　员工考核分为以下几方面。

1. 试用考核：员工试用期间（3 个月）由试用部门主管负责考核，期满考核合格者，经总经理批准后正式聘用。

2. 平时考核：由各部门依照通用的考核标准和具体的工作指标考核标准进行，通用的考核标准和考核表由行政部门协助总经理拟制及修订，具体的工作指标考核标准由部门负责人负责拟制及修订。部门负责人及其以上人员每 6 个月考核一次，其他人员每 3 个月考核一次，特殊人员可由总经理决定其考核的频率。

3. 考试：对技能要求较高的岗位员工实行考试考评，考试考评结果作为对员工晋级、奖励的依据之一。

第三十五条　所有员工的考核结果由行政部门保存，作为确定薪酬、培养晋升的重要依据。

第三十六条　考核人员应严格遵守公司考核办法的规定严守秘密，不得有营私舞弊或贻误行为。

第九章　解除劳动合同

第三十七条　按照《劳动合同法》的规定，若有下列情形之一的，公司可对员工予以解除劳动合同。

1. 在试用期间被证明不符合录用条件的。

2. 严重违反用人单位的规章制度的。

3. 严重失职，营私舞弊，给用人单位造成重大损害的。

4. 劳动者同时与其他单位建立劳动关系，经公司提出，拒不改正的。

5. 因劳动者违反诚信原则致使劳动合同无效的。

6. 被依法追究刑事责任的。

第三十八条　有下列情形之一的，公司将提前 30 日以书面形式通知劳动者本人或者在额外支付劳动者一个月工资后，解除劳动合同。

1. 劳动者患病或者非因工负伤，在规定的医疗期满后不能从事原工作，也不能从事由公司另行安排的工作的。

2. 劳动者不能胜任工作，经过培训或者调整工作岗位，仍不能胜任工作的。

3. 劳动合同订立时所依据的客观情况发生重大变化，致使劳动合同无法履行，经用人单位与劳动者协商，未能就变更劳动合同内容达成协议的。

第三十九条　有下列情形之一的，公司需要裁减人员，经履行相关程序后，公司按照裁减人员的规定对员工解除劳动合同。

1. 依照《中华人民共和国企业破产法》规定进行重整的。

2. 公司经营发生严重困难的。

3. 公司经营方式发生重大变化调整，经变更劳动合同后，仍需裁减人员的。

4. 其他因劳动合同订立时所依据的客观经济情况发生重大变化，致使劳动合同无法履行的。

第四十条　解除劳动合同的员工的待遇按照国家法律法规规定执行。员工自行辞职或受处罚被除名者，不按公司主动辞退处理。

第十章　辞职

第四十一条　员工因故不能继续工作时，应填写辞职申请，经主管报公司批准后，办理辞职手续。

第四十二条　员工辞职，需提前一个月提出申请。试用期间辞职，需提前3日提出。

第四十三条　辞职的手续和费用结算，按《劳动合同法》有关规定办理。

第十一章　附则

第四十四条　公司人力资源主管部门为行政综合部门。公司员工有权对本办法提出意见和建议，以使本办法不断完善。凡是合理的建议经公司相关部门研究并报总经理批准后，可由公司对本办法予以修订，修订后的办法由总经理公布实施。

第四十五条　员工与公司签订劳动合同之后，应仔细阅读本办法，并严格执行本办法的有关规定。

第四十六条　本办法的规定与有关法规不一致时，以有关法规的规定为准。

第四十七条　本办法修订及解释权属于公司。

第四十八条　本办法自颁布之日起执行。

阅读参考1.12 《××公司海外机构印章管理办法》

××公司海外机构印章管理办法

第一条　为规范和加强海外公司印章的使用和保管，根据《××公司印章管理办法》和《××公司合同管理办法》，制定本办法。

第二条　海外机构仅在经集团公司及相关部门授权执行业务合作任务，以及在集团公司核定职责范围内开展日常业务时方可使用公章。

第三条　海外机构负责人是公章管理负责人，负责指导、批准用印并指定专门工作人员（鉴印员）保管公章。

第四条　海外机构在公文、合同、协议书、报表、便函、介绍信、证明信、请柬、证件、证书及其他所有材料上用印，必须经海外机构负责人批准。

第五条　严禁在空白的公文纸、合同、协议书、报表、便函、介绍信、证明信、请柬、证件、证书、奖状及其他材料上用印。

第六条　《××公司海外机构用印审批单》（以下简称"《用印审批单》"）及经审批的《合同审批表》是使用印章的凭据，经办人须逐项认真填写，经海外机构负责人在相应栏目内签字后生效。

凡海外机构负责人已在介绍信存根、便函底稿上签字，介绍信、便函用印可不填《用印审批单》，但介绍信存根、便函底稿须交鉴印员收存。

《用印审批单》和《合同审批表》由印章保管单位或鉴印员，按用印时间顺序编写序号并存档。《用印审批单》、介绍信存根、便函底稿保存期限为2年。《合同审批表》应同合同文本一并存档。

第七条　有下列情况之一者不予用印。

1. 用印名义与所要求使用印章的名称不一致的。
2. 虽有《用印审批单》或其他批件，但批准权限不当的。
3. 用印件内容有错误，格式不规范，文字不通顺或有错别字，字体潦草或有涂改的。
4. 经办人无特殊理由，不允许鉴印员审核用印件内容的。
5. 其他情况不宜用印的。

第八条　凡内容的确不宜鉴印员审核的用印件，可经用印批准人或其委托人在用印现场审核后，在鉴印员的监督下，由经办人用印，并在《用印审批单》上详细填写除用印事由之外的各项内容。当用印件内容解密后，经办人必须在原《用印审批单》补添用印事由。

第九条　海外机构印章由海外机构负责人指定专人（鉴印员）进行保管并在海外机构办公室保险柜内存放。

鉴印员应从上班起认真检查存放印章的保险柜和印章有无异常，下班前要认真检查印章是否已在保险柜内锁好。印章每次使用完毕，应立即存放到保险柜内。

印章原则上不允许离开保管地点，如有特殊情况需外出会印，必须由鉴印员亲自乘坐海外机构车辆护送印章到使用现场，在现场监督使用印章。印章使用完毕，必须立即送回保管地点，不允许在外过夜。鉴印员外出会印时，不得出入其他无关场所。

第十条　印章要保持清洁，以保证用印时印迹清晰。盖印时务必仔细，印章名称要与用印名义相一致（代用章除外）；位置恰当，印迹端正、清晰；不漏盖，不多盖。

第十一条　鉴印员要严格遵守国家及企业有关保密规定，对印件内容严守秘密。

第十二条　套印文件使用的电子印章或印模，其规格、式样及管理与正式印章等同。制发证书、奖状等，因量大而需要套印的，按用印程序审批。使用印模时，鉴印员必须在现场进行监督。

第十三条　凡违反印章管理规定越权用印、私自用印者，必须追究其责任，并给予必要的行政处分。情节严重者，移交司法部门处理，并追究其法律责任。

第十四条　本办法由海外机构负责解释，自批准之日起执行。

第2章 Chapter 2 国际招投标

主要内容：本章主要介绍国际招投标概论、国际招投标方式、国际招投标程序、招标书制作、投标书制作、开标工作要求、评标工作要求、投标标书澄清问题、中标通知书、与中标人谈判相关内容。

2.1 国际招投标概论

实现市场公平竞争是保证社会经济发展的重要手段。伴随着各国经济发展和国际贸易的全球化推进，招标采购在国际贸易中的比例迅速上升，特别是在规范政府采购行为方面，起到了重要作用。招投标制度也逐渐成为一项国际惯例，在实践中形成了一整套系统的、完善的，为各国政府和企业所共同遵循的国际规则。

关税及贸易组织于1979年签订了第一个《政府采购协议》（GPA）。作为“东京回合”所制定的一项附属协议，1987年对它进行了小幅修改。1994年在马拉喀什又签署了新的《政府采购协议》，这次将协议范围扩大到服务合同。世界贸组织成立后，对关税及贸易总协定做了必要的扬弃和继承。

后来，各国政府也相继加强和完善了本国相应的法律制度和规范体系，对促进国家间贸易和经济合作的发展发挥了重大作用。

从20世纪80年代至今，我国招投标制度建设走过了30多个年头。我国的第一部《中华人民共和国招标投标法》（以下简称“《招标投标法》”）于2000年1月1日起正式实施，它为我国招投标实践起到积极的推动作用，也为相关法律法规制度建设和完善提供了重要保证。

除了《招标投标法》规定了招投标的基本原则和程序，我国还先后出台了《中华人民共和国政府采购法》、《中华人民共和国合同法》（以下简称“《合同法》”）、《中华人民共和国民法通则》、《中华人民共和国担保法》、《中华人民共和国建筑法》、《中华人民共和国招标投标法实施条例》（以下简称“《招标投标法实施条例》”）等法律法规，为招投标行为提供了完善的法律制度。

阅读参考 2.1 《中华人民共和国招标投标法》（2017 年）

2.2 国际招投标方式

招投标是以订立合同为目的的民事活动。

从《合同法》上讲，招标人发出的招标公告或者投标邀请书，是吸引法人或者其他组织向自己投标的意思表示，属于要约邀请；投标人向招标人送达的投标文件，是投标人希望与招标人就招标项目订立合同的意思表示，属于要约。

国际招投标方式一般可分为公告招标和邀请招标两种。

公告招标的优点在于能够在最大限度内选择投标商，竞争性更强，择优率更高，同时也可以在较大程度上避免招标活动中的贿标行为，因此，国际上政府采购通常采用这种方式。

公告招标即公开招标，也称无限竞争性招标，是一种由招标人按照法定程序，在公开出版物上发布招标公告，所有符合条件的供应商或承包商都可以平等参加投标竞争，从中择优选择中标者的招标方式。

公告招标通常应刊登在国家或地方指定的报刊、信息网或其他媒介上。为了便于国际投标人参与竞标，国际招标公告要在官方中国日报（英文）上刊登。

当然，公告招标由于投标人众多，一般耗时较长，需花费的成本也较大，对于采购标的较小的招标来说，不宜采用公开招标的方式；另外还有些专业性较强的项目，由于有资格承接的潜在投标人较少，或者需要在较短时间内完成采购任务等，最好采用邀请招标的方式。

邀请招标指招标人以投标邀请书的方式邀请特定的法人或者其他组织投标。

实行邀请招标的应向三个以上符合资质条件且信誉良好的投标人发送投标邀请书。

按我国现行《招标投标法》规定，招标人具有编制招标文件和组织评标能力的，可以自行办理招标事宜，任何单位和个人不得强制其委托招标代理机构办理招标事宜。

招标人自行办理招标事宜，应当具有编制招标文件和组织评标的能力，具体包括：①具有项目法人资格；②具有与招标项目规模和复杂程度相适应的工程技术、概预算、财务和工程管理等方面专业技术力量；③有从事同类工程建设项目招标的经验；④设有专门的招标机构或者拥有三名以上专职招标业务人员；⑤熟悉和掌握《招标投标法》及有关法规规章。

依法必须进行招标的项目，招标人自行办理招标事宜的，应当向有关行政监督部门备案。

招标人委托招标代理机构办理招标事宜的，招标人要与招标代理机构签订正式委托招标代理合同。

阅读参考 2.2 《招标文件备案表》(样本)

阅读参考 2.3 《委托招标代理合同》(样本)

2.3 国际招投标程序

招标与投标，是有组织、符合一定程序、规范化的市场交易行为，是商品、技术和劳务的买卖方法。

国际招投标指涉及两国或两国以上的招标人或投标商参与其中的招投标活动。由于招投标人来自不同国家和地区，所以他们使用的工作语言、货币、时差等方面存在显著差异，而这些差异都会反映在整个招投标活动的过程中。除上述国际化差异之外，国际招投标程序与国内招投标程序基本类似。

招标，是众多采购方式当中最重要的一种。招标是业主选择最合理的商品和服务，包括供货商、承建商、劳务提供者等的一种最佳手段，也是实施资源合理配置的前提。由于招标全过程是选择实质响应标的的过程，因此招标也是实现各方面利益比较均衡的过程。

投标，则是供货商、承建商或劳务提供者对招标的响应，是其为了获得货物、工程或劳务合同而向业主发出的实盘。招投标本身就是一个追求双赢的过程，了解和把握好招投标程序和技巧对达到理想的双赢效果至关重要。

从时间顺序上看，国际招投标程序可以大概分为以下三个阶段。

第一阶段：招标准备阶段

(1) 招标人

对招标人而言，首先要成立招标机构，或者委托专业招标代理公司，按照业主的意图，在国家法律法规规定的范围内，完成规范的公平、公正、公开的招标任务。

业主要与招标机构专业人员或委托的专业招标代理公司做好招标内容的沟通工作，使之充分了解招标标的具体要求，在制作招标文件时能够使用准确的语言向投标人转达明确的招标要求。

招标机构确定后，需要到政府监管机构办理正式的登记手续，之后就要联系媒体以便发布公开招标信息。招标通告应在国家或地方政府监管机构指定的报刊、信息网或其他媒介发布。

（2）投标人

对投标人而言，要时刻关注市场变化，动态了解潜在的任何投标机会，包括经常阅读刊登招标公告的各类媒介，如报纸、刊物、网络平台等方面的信息。

对投标人而言，不仅要紧密跟踪政府监管机关的最新政策变化，而且要及时了解掌握本行业的最新技术发展并努力提高自身的竞争能力。一旦有合适的投标方向，应当立即组织力量参与市场竞争。

第二阶段：招投标阶段

（1）招标人

对招标人而言，招标人需要对潜在投标人进行资格预审的，应当在招标公告或者招标邀请书中载明资格预审条件、预审方法和获取预审文件的途径，并通知投标人购买资格预审文件。

招标机构在编制招标文件的同时，可以通过媒体发布投标人资格预审通告，安排有意向的投标人进行资格预审报名登记，参加投标人资格预审筛选工作。

在对投标人资格筛选之后，按照公开发布的招标公告中约定的时间和地点，向通过资格预审的投标人出售全套招标文件。

招标人或委托招标代理机构在发布招标公告或发出邀请书之前，需要到国家或地方行政主管部门招投标管理机构备案。

为了确保投标人充分理解招标人的招标意图，在投标人准备标书期间（即开标前数周），除书面解答投标人提出的问题外，招标人还可能需要安排一次由所有投标人参加的公开解答疑问的会议。对于有些招标标的物，还需要组织所有投标人到现场进行勘察，以帮助投标人充分了解招标项目的真正要求和其他相关背景。

招标人要按招标书规定的时间和地点接受投标人按时递交的投标书，并举行开标仪式，公开开标。

开标之后，就是内部评标工作。

（2）投标人

对投标人而言，在媒体上了解到招标预告之后，要按照公告要求向招标机构表达投标意向，报名登记参加资格预审并购买资格预审文件。然后，投标人要按要求认真准备资格预审材料，并按时向招标人或招标代理机构提交资格预审材料。

投标人在获得投标机构资格认可之后，要及时购买招标文件，并认真准备编制投标文件。

如果对标书中的关键内容存在任何疑问，投标人要通过书面方式向招标代理机构提出。必要时，还要参加招标人或招标代理机构统一安排的面对面解惑答疑。对于有些招标标的物，还需要参加由招标人组织的现场勘探活动，以便充分了解项目背景。

投标人在完成投标文件编制之后，要在招标公告规定的投标截止时间之前，将密封的投标文件送到指定的地点，参加开标活动。

第三阶段：定标签约阶段

（1）招标人

对招标人而言，评标委员会完成评标后，应当向招标人提出由评标委员会全体成员共同签字的书面评标报告，推荐前三名合格的中标候选人，并标明排名顺序。招标人确定最优投标人之后，应以书面方式向其发出中标通知书，约定商谈具体合同条款，包括商务条款、价格条款、技术条款等，招标人和中标人应该按照招标文件和中标人的投标文件订立书面合同。招标人和中标人不得订立背离合同实质性内容的其他协议。

对于未中标的投标人，招标人应向其发出未中标通知书。

（2）投标人

对投标人而言，如果被选为中标人，应积极配合招标人的要求，珍惜机会，认真做好合同的谈判和签约工作。中标人不得将中标项目转让他人，也不得将中标项目肢解后分别向他人转让。

如果没有被选为中标人，应当认真分析失败原因，总结经验教训，通过不断提高自身能力，在未来投标中取得胜利。

2.4 招标书制作

招标书制作，也就是所谓的编写“标书”，通常按照一定规程进行。在这个环节中，招标人（业主）最重要的就是按照自己的实质性要求和条件认真编制招标文件。

招标书主要包括投标邀请函、投标人须知、合同主要条款、技术规范书、投标文件格式要求、工程量清单、图纸及设计说明书等文件。

2.4.1 投标邀请函

投标邀请函是招标书的开篇之作，要求简明扼要，条理清晰，能够使投标人一目了然，准确无误地理解招标意图，按照招标具体要求，制作合格的投标建议书。

投标邀请函主要包括招标说明、项目编号、项目名称、购买招标文件必须携带的相关资质文件证书（如营业执照副本原件、某产品生产许可证、施工资质证书等）、购买招标文件的具体时间、地点。

投标邀请函还要载明投标的截止日期、具体时间、地点（详细地址包括门牌号、楼层、房间号等）、联系人姓名、联系电话，以及开标的具体时间、地点。

通常情况下，开标往往安排在投标截止时间后马上开始，以便于所有投标人亲自见证开标现场的情况。当然，投标人都会在投标截止时间之前提前到达投标现场，以防发生任何意外导致错失投标截止的最后时限。

按照招投标惯例，在投标截止时间后提交的任何投标建议书都将被视作废标。

阅读参考 2.4 《投标邀请函》（样本）

2.4.2 投标人须知

投标人须知中要明确说明投标人应当仔细阅读招标文件的全部内容，如有疑问应及时以书面方式提出，在什么情况下可能会导致投标建议书被招标人拒绝等提示性语言，例如，投标人未按招标文件的具体要求提交投标建议书等。

投标人须知中要明确对投标人资格的要求，例如，投标人必须具备生产某产品的资质或何种类型的施工资质证书，以及完全履行合同的能力或售后服务能力等。

投标人须知中应明确投标人应具备履行合同所需的财务、技术和生产能力或供货业绩，投标人须提供最近三年的审计财务报表，以及最近三年与本次招标标的物同类产品销售业绩的合同复印件等。

投标人须知中应明确投标人必须向招标人购买招标文件并登记备案，未向招标人购买招标文件并登记备案的潜在投标人均无资格参加投标。

投标人须知中应明确投标截止日期的具体时间和地点、联系人姓名和联系电话，并明确规定当面送达（通常禁止使用邮寄方式，以避免产生送达时效争议）。

投标人须知中应明确说明招标人在何种情况下对投标文件的保管责任的免责情况，例如，发生不可抗力的特殊情况等。

投标人须知中应明确投标人撤回投标文件的时间和条件，例如，在开标之前，投标人随时可以撤回投标，但在开标之后，投标人不得随意撤回投标，以维护投标开标程序的严肃性。换言之，若投标人在开标后仍提出撤回投标，则投标人将面临所提供的投标保证金被招标人留置的风险。

投标人须知中应明确招标人何时何地举行开标仪式，邀请所有投标人届时出席，以见证开标的公开性和公正性。

投标人须知中应明确表示无论中标与否，投标人为此次投标所投入的人力、物力、财力等均由投标人承担。

投标人须知中应明确开标后，招标人将随时邀请投标人就其投标文件中的某些内容进行澄清，澄清问题的要求及答复均须以书面形式表达，并应有各自的法定代表或其授权代表签字。若投标人拒绝澄清问题，则按撤回投标处理。

投标人须知中应明确自开标之日起至发出中标通知期间，投标人不得与招标人工作人员私下接触。在招标期间，投标人企图影响招标人的任何活动，将导致其投标被拒绝，并承担相应的后果。

投标人须知中应明确招标人将严格按照投标文件的要求和条件进行评标。以下因素将作为重点考虑因素：

① 产品或服务的质量和性能；

② 产品或服务的价格；

③ 产品或服务的售后承诺等。

投标人须知中应明确招标人负责对评标过程和投标文件保密。根据评标原则，结合对投标文件的初审及投标情况，选取最佳投标人为中标者。

投标人须知中应明确中标通知书的发放条件，即在对所有投标人的建议书完成评比之后，其满足所有招标要求的最优者将会有机会收到招标人发出的中标通知书。对落标者，招标人应适时向其发出书面落标通知书，招标人不负责解释落标原因，也不退还投标文件。

投标人须知中应明确投标文件使用的纸张规格和装帧方式，明确什么情况下的内容涂改会导致投标文件的作废，或者明确规定任何内容的涂改处必须由投标人授权代表签字后方能被认可等内容。

投标人须知中应明确投标人应编制投标书一式三份（一份正本，两份副本），投标标书应装入档案袋内密封后加盖公章。

最后，投标人须知中应明确投标人须提供投标人保密承诺书，包括投标人应遵守的投标操守，并进一步明确不遵守投标承诺所要承担的有关责任。

阅读参考 2.5 《投标人须知》（样本）

阅读参考 2.6 《投标人保密承诺书》（样本）

2.4.3 投标人资格要求

对投标人提出资格要求是确保招标目标能够按预期实现的前提条件。投标人须知中应明确对投标人资格的具体要求。

通常能够证明投标人资格的有效文件应该包含以下内容：

① 法人营业执照副本原件或正本复印件（加盖原登记机关有效印章，如加注日期和注明“供投标使用”或“与原件一致”等字样）；

② 企业税务登记证（影印件）；

③ 企业资质证书（影印件）；

④ 安全生产许可证（影印件）；

⑤ 资信等级证书（影印件）；

⑥ 组织机构代码证（影印件）；

⑦ 质量体系认证证书（影印件）；

⑧ 由公司出具的法人代表授权书或委托书（正本）、所代理产品的授权书（正本或复印件）；

⑨ 其他有效合法文件证书。

2.4.4 招标标的描述

招标文本使用语言要规范，标的物描述一定要详尽，以确保投标人能够正确理解招标人的意图。

在编制标书时要秉持严肃认真和一丝不苟的态度，对标的物的要求不能有特指，要清晰描述标的物的性能和具体规格、兼容性等特点，而不能指定特定品牌和特有型号，否则就会造成不公平竞争，引起不必要的纠纷，或引发投标人的质疑和投诉。同时，也要注意避免使用霸王条款和歧视性语言。

招标人对招标标的物描述要清晰准确，重点项目要明确，并逐一列出，如设备性能指标要达到的国际和国内标准、质量认证体系等，做到内容与标准相统一，使投标人具有可操作性，也便于招标人开展后续评标工作。

2.4.5 招标标的物规格、品种、数量要求

对于招标标的物规格、品种、数量要求，要做到具体化，使投标人有据可依。对于关键性的内容，要明文列出，如工程总量、设备需求总量、设备性能指标要求、质量保证措施等。

2.4.6 招标书报价要求

对于较大的项目标的或重大工程项目，涉及价格的内容很多，特别对于零备件的订购和未来数量的续订，清晰、统一的，分门别类的报价要求对于后期评比意义重大。

必要时招标人要提供报价样本，以便于所有投标人正确理解。

编写标书时，要做到清晰描述，正确表达，使投标人容易理解，能够据此提供既符合招标人要求又便于评比的投标建议书。只有这样，才能使招标人后期评标工作变得容易，从而提高评标工作的效率。

2.4.7 招标标的交付期、交付方式要求

投标人在招标书中一定要明确投标书的最后交付期限，以及投标标的的有效期。投标标的的有效期主要针对所报价格的有效承诺，因为影响市场价格的因素是多方面的，也是动态的和不断变化的。在规定的时段保持价格的相对稳定对于招标人和投标人来说都是合理的。

对于投标文件的交付方式也要明确规定。通常情况下，招标人只接受当面递交标书，而不接受邮寄投递。这样，就可以避免由于邮寄投递送达时点的不确定性而造成的不必要争议。

一般而言，市场上的产品和服务的供应者比较多，招标人的选择余地较大。而对于投标人而言，每次投标行为都事关重大，这不仅涉及本次投标的成败得失，而且关系到其未来市场份额的占有率，以及对其在市场上的声誉也会产生不同影响。

因此，招标人在编写招标标的交付期和交付方式时，一定要为投标人着想，正确顾及投标人的利益，这最终也将关系到招标人的根本利益。培育和发展公平的招投标市场环境，将使招标人最终得到最优、最满意的产品和服务。

2.4.8 投标书送达时间和地点规定

招标人在招标文件中要明确规定投标书的送达时间和地点，特别是地点描述要清晰准确，包括具体街道名称和门牌号，公共场所（如酒店）的楼层和具体房间号等，招标联系人姓名、电话等，以便于投标人及时赶到现场。

阅读参考 2.7 《国际招标程序范例》(中美海底光缆网络)

2.5 投标书制作

在收到招标书以后，投标人要精心组织人力，包括商务、财务、技术、工程、管理、法律等方面的专家，合理分工，互相配合。专业人员要对非专业人员进行专业知识的培训，以便使其了解必要的专业知识。法律人员要对相关人员进行法律法规、流程方面的培训；财务、审计人员要对相关人员进行财务规定等方面的培训，做到专业人员与非专业人员相互补充，互相学习，取长补短，共同提高投标能力与综合业务水平。只有这样，才能做到同心协力，共同完成投标建议书的编制工作，以便能够及时按计划、按步骤参与投标。

投标书主要包括投标总体概述、投标人须知应答书、投标商务标书应答书、投标技术标书应答书、投标书报价详细说明文件、工程量清单说明书、配套图纸及设计说明书等文件。

2.5.1 投标总体概述及投标人保密承诺书

投标总体概述是投标文件的开篇之作，要求主题明确，条理清晰，简明扼要，以有限的篇幅充分表达投标人的能力和竞标优势，能够使招标人一目了然，准确无误地理解投标人的真实意图和合理建议。

投标总体概述的书写要像书写一般文书一样，首先要感谢招标人给予的良好投标机会，表明投标人愿竭尽全力按照招标文件要求提交高质量的投标建议书。

投标总体概述要对投标邀请函的内容逐一予以应答，决不可以漏项，要简要阐明投标人对招标标的物的供应和服务能力。投标人要严格按照招标人的要求提供有关资质文件证书（如营业执照副本原件、某产品生产许可证、施工资质证书等）。

投标总体概述要明确投标人对此次投标的积极态度，表明如何竭尽全力做好问题澄清和应答，努力配合完成此次招标任务。

投标总体概述要明确表明投标人能够满足投标人要求，对所报价格的有效期做出明确承诺。

投标总体概述要明确表示投标人承诺遵守招投标行业道德操守，要求和约束所有参与投标的人员做到严守纪律，保守商业秘密，并对违反规定的情况承担相应后果。

投标人还应按照招标要求提供正式法人代表或法人代表授权签署的投标人保密承诺书。

2.5.2 投标人须知应答书

投标人须知应答书是针对招标文件中投标人须知部分的逐一对应答复。

在编制投标人须知应答书之前，投标人要仔细阅读招标人在投标人须知中的内容和要求，对于不完全理解的内容和条目要通过书面方式及时向招标人提出询问，以便制作完全有针对性的、合格的投标人须知应答书。

投标人在制作投标应答书时要牢记一条原则，即对招标人在招标书中的每一项要求必须逐一做出回应，以表明投标人的态度和立场，也便于招标人评标时做出公平合理的横向对比。

在投标应答书中，通常使用的应答语言为："满足要求"、"部分满足要求"或"不满足要求"。在应答"部分满足要求"或"不满足要求"时必须补充说明不能完全满足要求的原因或不能满足要求的原因，以便招标人能够正确理解投标人的真实意图或能力。

在制作投标人须知应答书时，要严格按照招标人在招标书中的具体要求进行，严禁涂改乱写，以防影响投标文件质量和投标人形象。

在投标人须知应答书中，应表明投标人同意无论中标与否，此次投标产生的一切费用由投标人自己负担。

在投标人须知应答书中，应表明投标人在招标人评标期间会竭力配合对投标书中有关疑问的澄清，协助招标人正确理解投标建议书的全部内容。

投标人应按照投标人须知中的具体要求提供能够证明投标人资质的有效文件，通常包括：法人营业执照副本原件或正本复印件（加盖原登记机关有效印章，如加注日期和注明“供投标使用”或“与原件一致”等字样）；企业税务登记证（影印件）；企业资质证书（影印件）；安全生产许可证（影印件）；资信等级证书（影印件）；组织机构代码证（影印件）；质量体系认证证书（影印件）；由公司出具的法人代表授权书或委托书（正本）、所代理产品的授权书（正本或复印件）；其他有效合法文件证书。

2.5.3 投标商务标书应答书

通常情况下，投标商务标书应答书包括对招标程序有关问题的所有应答和对商务合同条款的逐一应答。

在编制投标商务标书应答书之前，投标人要仔细阅读招标人在招标文件中的具体要求和规定，对于不理解的内容和条款要通过书面方式及时向招标人提出询问，以便制作完全有针对性的、合格的、商务标书应答书。

投标商务标书应答书的编写格式要严格按照招标人的要求进行，以便招标人后期进行评标。

编写时，除对招标人所有列出的项目一一做出回应外，还要特别关注招标实质性的内容。对于复杂问题，需要不惜篇幅仔细阐明投标人的理解和最优方案推荐，要多从招标人的角度思考问题，这样就能在充分挖掘自身能力的基础上，提交一份能够满足投标人需要的、理想的建议书。

2.5.4 投标技术标书应答书

在编制投标技术标书应答书之前，投标人要仔细阅读招标人在招标文件中的具体要求和技术规范，理解招标人意图。准确理解是编制应答书最为重要的前提。对于不理解的内容和条款要通过书面方式及时向招标人提出询问，以便制作完全有针对性的、合格的投标技术标书应答书。

投标技术标书应答书的编写格式要严格按照招标人的要求进行，以便招标人后期进行评标。

按照我国《招标投标法》第三章第二十七条规定：投标人应当按照招标文件的要求编制投标文件。投标文件应当对招标文件提出的实质性要求和条件作出响应。这意味着投标人只要对招标文件中提出的实质性要求和条件中的某一条款未进行响应，都将会导致废标。因此，投标人应认真研究招标文件中的商务和技术等条款，逐条进行分析和判断，根据所投标的具体情况，在投标技术标书应答书中必须逐一进行响应。

在进行投标技术标书应答书编写时，要根据自己公司的实际能力，考虑是否提交备选技术方案。如果标的物在市场上是较为成熟的产品，创新理念及其产品的推广往往被忽视。但是，如果标的物在市场上处于发展的初期阶段，其发展空间甚为广阔，创新思维及其产品推广则往往受到业界的高度重视。因此，要结合投标人的实际能力，根据行业发展水平和市场需求变化，审慎决策是否提供备选技术方案。

在进行投标技术标书应答书编写时，要系统阐明总体技术方案及具体实施措施，并对技术方案和实施措施进行合理性、科学性方面的论证，对总体技术方案的安全性也要充分说明。

投标技术标书应答书要对所采用工艺的先进性和可靠性予以说明，使招标人比较容易了解和掌握所建议的技术方案实现的合理性和科学性，从而使招标人在理性分析、比较之后合理判断出谁的技术方案在当前市场上更具优势地位。这样，投标人的技术实力将在评标阶段得到招标人的足够重视和充分认可。

投标技术标书应答书应阐述投标人对所提供的产品及服务的质量保证。投标人应保证所提供的全部产品在使用期间不会出现材料、设计和制造工艺等方面的缺陷。如果在使用期间有任何上述缺陷，投标人将免费进行必要的更换和维修。例如，设备在安装、调试、试运行、验收合格并投入运行的一年之内，投标人将对因质量问题引起的所有设备及其部件的损坏或故障提供免费维修或更换。

投标技术标书应答书应明确投标人保证所有货物（含备品备件）是全新的、未曾使用过的合格优质产品，其技术性能和指标最大限度满足招标文件的要求，并应能达到设计使用年限（寿命）。

投标技术标书应答书应明确质量保证期过后，投标人可以提供有偿的技术服务和支撑。如果发生常用备品备件的损坏，将按投标文件清单中的单价据实结算。

投标技术标书应答书应包括为保证所提供设备的正常可靠运行，投标人将提供完善的维护保养计划和措施，时间周期将分别按每周、每月、每年的顺序列出，以便于招标人进行对比分析，并做出合适的选择。

投标技术标书应答书应包括对所提供设备的验收计划，如工厂验收、中间验收、到货验收、最终验收等详细安排和费用报价。投标技术标书应答书一定要明确招标人的任何验收行为都不能减轻或解除投标人对所提供的所有设备的质量保证责任。

投标技术标书应答书还应包括向招标人提供技术培训的详细计划，包含培训地点（现场或工厂，或两者都有）、培训时长、接受培训人员最低技能要求、培训人数、培训材料、培训费用等。

2.5.5 投标书报价详细说明文件

投标书报价格式要按照招标文件的具体要求编制。通常情况下，总纲纲目条例要清晰易辨，分册项目要具体细化，做到能够使招标人一目了然，容易掌握重点要害，顺利展开合理对比与分析。

对于较大的项目标的物或较大的工程项目，涉及价格的内容繁多，名目复杂，投标人一定要认真组织力量，精心编制每一项价格文件。特别是对于常用零备件的单独订购和未来数量的续订，都要予以清楚的说明。在容易引起误解的地方，要增加说明文字，一定要做到上下对照，前后呼应，清晰易懂，不漏项，不重复，没有错误。总价和单价算术要准确无误。

切记，任何算术差错都会给招标人留下不严谨的印象，进而对整个投标书的质量进行质疑，乃至对投标人公司文化及公司整体能力、市场竞争力进行质疑。

2.5.6 投标标的交付期限及交付方式应答书

投标标的交付期限及交付方式应答书应明确是否满足招标文件要求。

投标人在阅读招标文件时首先关注的是交付期限，因为招标人对于合理的交付期限要求往往十分看重。一般来说，招标人对于标的物的交付期限要求和交付方式都是经过测算的，投标人经过努力按期交付不存在大问题。如果投标人不能满足标的物交付的时限要求，投标人有可能就会错失这次投标机会。标的物的交付方式也是按时交付的必要条件。

因此，投标人要对自己的生产供应能力和整体协调能力进行全面分析和评估，做出既切合实际又不会错失良机的正确决策。

2.5.7 投标书送达注意事项

投标人要十分重视投标活动的各个环节，特别是标书送达环节。

投标书送达本身看似简单，但在招投标实践中，也时常出现出人意料的、错失良机的事例。例如，投标人标书送达人员迟到几分钟，错失投标机会；送达标书文件不齐全，在开标现场发现投标重要文件短缺等情况，自然失去投标人资格。

因此，投标人标书送达人员要选择既有责任担当又有丰富社交经验的人。只有事先把影响成功投标的各种因素考虑清楚并努力将它们排除在外，在距离实现成功投标的目标上才会越来越近。

2.6 开标工作要求

开标工作是招投标工作中十分重要的一个环节。

招标人应在行政主管部门的监督下按程序组织开标工作。招投标工作的实质是要体现公平、公正和公开。开标环节就是在所有投标人出席并见证的情况下，由招标人将收到的所有投标文件公开，主要是公布核准的投标文件的正本、副本套数，确认投保标书的完整性。

一般情况下，招标人还要在现场公布所有投标人的总报价（当然，在详细评标之前，投标人的书面总价格表述未必是精确的）。

2.6.1 开标场地选择

开标场地通常选择在公众场所，例如，酒店、宾馆等地，也可以选择在招标人的办公地点，但决不可以选择在投标人的办公地点或与投标人有隶属关系的任何公共场所，以避免有不公之嫌。

2.6.2 开标出席人员

出席开标的人员有招标人（包括业主）代表、所有参与投标的投标人代表、行政主管部门的工作人员，其他无关人员不得参加开标活动。

参加开标的人员要有预约，到达现场参加开标仪式时要进行签到。

2.6.3 开标过程记录

招标人要确保整个开标活动过程有完整记录，包括出席人员要现场签到并登记在册，开标重要环节应有录音、录像或照相，会议过程要有详细记录。

开标仪式之后，招标人要对开标过程记录资料妥善保存，以备将来对招投标环节进行合规性检查时查验。

2.6.4 开标结果公布

在开标仪式上，招标人要依次拆封投标人送达的投标建议书，当场公布投标文件的正本、副本套数，逐一确认投标文件的完整性。然后，招标人当场公布投标人提供的总报价。

开标仪式之后，招标人将有序开展评标工作。

2.7 评标工作要求

评标工作是招投标工作的重要环节之一。

依法进行的招投标活动受国家法律保护，任何单位和个人不得非法干预或者影响评标过程和结果。评标活动及其当事人应当接受有关行政监督部门依法实施的监督。

招标人应当采取必要保密措施，保证评标活动在严格保密的情况下进行。参与评标的任何人都必须遵守保密规定，任何关于投标文件和招标人的意图信息都不得泄露。对于违反保密规定的人员，要追究责任，构成犯罪的，依法追究刑事责任。

2013 年 3 月 11 日国家发展改革委等九部门发布第 23 号令，重新修订了《评标委员会和评标方法暂行规定》。因此，此规定将是指导所有评标工作的指南。

阅读参考 2.8 《评标委员会和评标方法暂行规定》

2.7.1 评标标准的制定（开标前完成制定）

为公平起见，评标标准和评标委员会成员名单应于开标前确定。招标文件中应明确评标标准和评标方法。招标人制定的评标标准和方法应当合理，不得含有倾向或者排斥某些潜在投标人的内容，也不得妨碍或者限制投标人之间的竞争。

对于标的物简单的招标项目，通常采用经评审的最低投标价法。最低投标价法指：在满足招标文件实质性要求的前提下，将投标价格由低到高顺序排列，从而得到最低、最优的投标书。采用最低投标价法时，评标委员会首先对投标价格进行仔细比较分析，然后对于价格之外的所有条件，按一定方法进行统一量化，然后，加权到每个投标价格中去。这样，评标委员会就可以按照投标人的总标价由低到高排列出优先顺序。

对于标的物复杂的招标项目，通常采用综合评估法。综合评估法指：采取评分的方法，选出最大限度满足各项综合评审标准的投标人。采用综合评估法时，评标委员会首先对商务条款、融资条款（如融资年限不同、融资额不同等情况，还要采用净现值法等进行比较）、技术条件、专利转让等重要方面进行重大偏差分析比较，按照事先确定的量化标准对每一个关键项目进行评价对比，然后，结合对投标价格的仔细分析，得到总评估的分值。这样，评标委员会可以按照投标人的总评估分值由高到低排列出优先顺序。

2.7.2 评标委员会的成立

评标委员会由招标人负责组建。

评标委员会成员名单一般应在开标之前确定。为减少评标期间对评标委员会成员的干扰，评标委员会成员名单在中标结果确定之前应当严格保密。评标委员会成员应由商务、技术、经济等方面的专家（从事相关专业 8 年以上且有高级职称或同等专业水平的人员）组成，成员人数为 5 人以上的单数，其中，技术、经济等方面的专家不得少于成员总数的三分之二。

评标委员会成员不得是投标人的利害关系人，也不能与投标人或投标人主要负责人有亲属关系，更不能有违纪、违法或刑事处罚的记录。

评标委员会成员应当客观、公正地履行职责，遵守职业道德，对所提出的评审意见承担个人责任。

评标委员会评标时，要采用招标文件规定的评标标准和方法。招标文件中没有规定的标准和方法不得作为评标的依据。

2.7.3 导致投标文件被否决的重大因素

导致投标文件被评标委员会否决的重大因素有以下几种：

① 投标文件未经投标单位盖章和单位负责人签字；

② 投标联合体没有提交共同投标协议；

③ 投标人不符合国家或者招标文件规定的资格条件；

④ 同一投标人提交两个以上不同的投标文件或者投标报价，但招标文件要求提交备选投标的除外；

⑤ 投标报价低于成本或者高于招标文件设定的最高投标限价；

⑥ 投标文件没有对招标文件的实质性要求和条件进行响应，或者无法满足投

标文件实质性要求，以及明显不符合技术规格、技术标准要求；

⑦ 投标人具有串通投标或以不正当行为影响评标工作行为，例如，采用弄虚作假、行贿等手段谋取中标等违法行为。

上述任何一种情况都会导致评标委员会对投标标书的否决。

2.7.4 综合评标结果

评标委员会应按照招标文件规定的评标标准和方法对所有投标文件进行认真分析评议。评标委员会通过对各个评审因素进行量化（当然应确保量化指标建立在同一基础或同一标准上），从而使各投标文件具有可比性。

对技术部分和商务部分进行量化之后，评标委员会应对这两部分的量化进行加权，计算出每一个投标的综合评分。结合投标价格的分析对比，评标委员会可以对投标书进行优先顺序排序，向招标人提出推荐的中标人。

评标委员会推荐的中标候选人应当限定在一至三人，并标明排列顺序。

2.8 投标标书澄清问题

2.8.1 具体操作

根据《招标投标法实施条例》第五十二条规定：投标文件中有含义不明确的内容、明显文字或者计算错误，评标委员会认为需要投标人作出必要澄清、说明的，应当书面通知该投标人。投标人的澄清、说明应当采用书面形式，并不得超出投标文件的范围或者改变投标文件的实质性内容。

评标委员会不得暗示或者诱导投标人进行澄清、说明，不得接受投标人主动提出的澄清、说明。

2.8.2 注意事项

按照我国《招标投标法》第四十三条规定：在确定中标人前，招标人不得与投标人就投标价格、投标方案等实质性内容进行谈判。

评标委员会成员不得私下接触投标人，不得收受投标人的财物或者其他好处。

评标委员会成员和参与评标的有关工作人员不得透露对投标文件的评审和比较、中标候选人的推荐情况及与评标有关的其他情况。

2.9 中标通知书

2.9.1 中标通知书编写要点

中标人确定之后，招标人应当向中标人发出中标通知书。所谓中标通知书指：招标人在确定中标人后，向中标人发出的，通知其中标的书面凭证。《招标投标法》第四十五条规定：中标人确定后，招标人应当向中标人发出中标通知书，并同时将中标结果通知所有未中标的投标人。

中标通知书的编写要言简意赅，主题鲜明。主要内容包括：招标人决定、中标人、中标项目、中标价格、后续合同谈判邀请、无故拖延后续合同谈判可能造成的后果、中标通知书不可转让性质、中标通知书报备主管监管机构等情况。

2.9.2 中标通知书的法律责任

招标人向中标的投标人发出的中标通知书是招标人同意接受中标人的投标条件，即同意接受该投标人要约的意思表示，在法律意义上属于承诺。中标人无正当理由不与招标人签订合同，或订立合同时中标人向招标人提出附加条件的，应取消其中标资格。

《招标投标法》第四十五条规定：中标通知书对招标人和中标人具有法律效力。中标通知书发出后，招标人改变中标结果的，或者中标人放弃中标项目的，应当依法承担法律责任。

招标人应当与中标人按照招标文件和中标人的投标文件订立书面合同。招标人与中标人不得另行订立背离合同实质性内容的其他协议。

招标人与中标人签订合同后 5 日内，应当向中标人和未中标的投标人退还投标保证金。

阅读参考 2.9 《中标通知书》（样本）

2.10 与中标人谈判

在向中标人发出中标通知书后，招标人要与中标人约定合同谈判的具体时间和地点。

合同谈判要基于招标文件的要求和投标人的应答与承诺，双方要按制作合同的标准把招标内容和投标内容全部规范地写进合同文本。

合同签署后，招投标过程文件不再发挥作用，招标项目的实施完全依靠双方最后签署的合同文件。一般规范的合同文件中都有这样的条款：本合同将替代双方之前所有口头的或书面的承诺和理解。换言之，除招标程序性文件以外，招标要求和投标应答，包括澄清过程中的应答，都要反映到最后签署的合同文件中。

2.10.1 具体操作

一般情况下，合同分为商务部分、技术部分、价格部分、重要图纸、表格、附录文件等。

商务部分是双方协商一致的合同具体条款，涵盖合同的方方面面，包括双方权利、义务、合同主题、合同标的物的交付方式和时间、质量保证、安装调测、割接验收、运营维护、争端解决方式、法律应用、合同文件组成及其之间的效力关系等。

技术部分通常由两部分构成，一部分是招标人的技术规范书文件，包括规格、型号、性能指标等技术指标要求，另一部分是投标人的技术应答书文件，包括方案设计、系统集成、工作原理、操作维护、测试验收等。

其他文件包括但不限于图纸、表格、附录文件等。

招标人或业主要精心组织人力，包括商务、财务、技术、工程、管理、法律等方面的专家，与中标人分专业同时展开合同最后的谈判工作，尽快取得一致性意见，制作双方都满意的、可以签署的全部合同文件。

2.10.2 注意事项

按照我国《招标投标法》，招标人和中标人应当自中标通知书发出之日起 30 日内，按照招标文件和中标人的投标文件订立书面合同。从时间要求来看，招标人和中标人都应该抓紧时机，认真履行招投标过程中各自应尽的义务，为达成最终合同而共同努力。

同时，在合同谈判期间，招标人和中标人不得再行订立背离合同实质性内容的其他协议。也就是说，招标人和中标人不能依此次招投标活动的形式，经共同磋商达成本次招标内容和范围以外的任何合同。

2.11 国际招投标流程图

国际招投标流程图如图 2.1 所示。

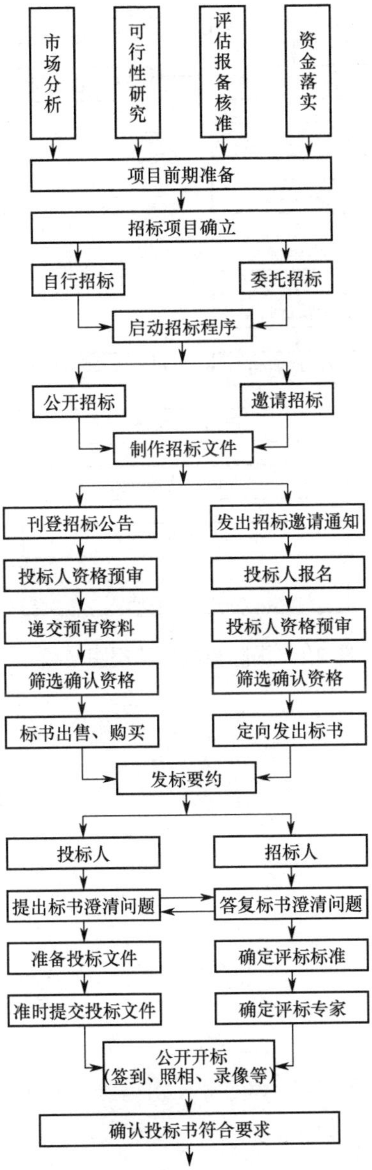

图 2.1　国际招投标流程图

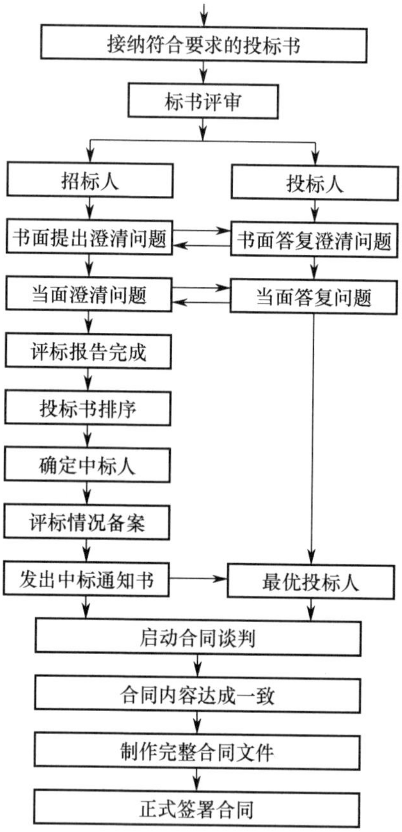

图 2.1　国际招投标流程图（续）

阅读参考 2.1 《中华人民共和国招标投标法》（2017 年）

中华人民共和国主席令

第八十六号

《全国人民代表大会常务委员会关于修改〈中华人民共和国招标投标法〉、〈中华人民共和国计量法〉的决定》已由中华人民共和国第十二届全国人民代表大会常务委员会第三十一次会议于 2017 年 12 月 27 日通过，现予公布，自 2017 年 12 月 28 日起施行。

中华人民共和国主席　习近平

2017 年 12 月 27 日

全国人民代表大会常务委员会关于修改《中华人民共和国招标投标法》、《中华人民共和国计量法》的决定

（2017 年 12 月 27 日第十二届全国人民代表大会常务委员会第三十一次会议通过）

第十二届全国人民代表大会常务委员会第三十一次会议决定：

一、对《中华人民共和国招标投标法》作出修改

（一）删去第十三条第二款第三项。

（二）删去第十四条第一款。

（三）将第五十条第一款中的“情节严重的，暂停直至取消招标代理资格”修改为“情节严重的，禁止其一年至二年内代理依法必须进行招标的项目并予以公告，直至由工商行政管理机关吊销营业执照”。

二、对《中华人民共和国计量法》作出修改

……

本决定自 2017 年 12 月 28 日起施行。

《中华人民共和国招标投标法》、《中华人民共和国计量法》根据本决定作相应修改，重新公布。

中华人民共和国招标投标法

目　录

第一章　总则

第一条　为了规范招标投标活动，保护国家利益、社会公共利益和招标投标活动当事人的合法权益，提高经济效益，保证项目质量，制定本法。

第二条　在中华人民共和国境内进行招标投标活动，适用本法。

第三条　在中华人民共和国境内进行下列工程建设项目包括项目的勘察、设计、施工、监理以及与工程建设有关的重要设备、材料等的采购，必须进行招标：

（一）大型基础设施、公用事业等关系社会公共利益、公众安全的项目；

（二）全部或者部分使用国有资金投资或者国家融资的项目；

（三）使用国际组织或者外国政府贷款、援助资金的项目。

前款所列项目的具体范围和规模标准，由国务院发展计划部门会同国务院有关部门制订，报国务院批准。

法律或者国务院对必须进行招标的其他项目的范围有规定的，依照其规定。

第四条　任何单位和个人不得将依法必须进行招标的项目化整为零或者以其他任何方式规避招标。

第五条　招标投标活动应当遵循公开、公平、公正和诚实信用的原则。

第六条　依法必须进行招标的项目，其招标投标活动不受地区或者部门的限制。任何单位和个人不得违法限制或者排斥本地区、本系统以外的法人或者其他组织参加投标，不得以任何方式非法干涉招标投标活动。

第七条　招标投标活动及其当事人应当接受依法实施的监督。

有关行政监督部门依法对招标投标活动实施监督，依法查处招标投标活动中的违法行为。

对招标投标活动的行政监督及有关部门的具体职权划分，由国务院规定。

第二章　招标

第八条　招标人是依照本法规定提出招标项目、进行招标的法人或者其他组织。

第九条　招标项目按照国家有关规定需要履行项目审批手续的，应当先履行审批手续，取得批准。

招标人应当有进行招标项目的相应资金或者资金来源已经落实，并应当在招标文件中如实载明。

第十条　招标分为公开招标和邀请招标。

公开招标，是指招标人以招标公告的方式邀请不特定的法人或者其他组织投标。

邀请招标，是指招标人以投标邀请书的方式邀请特定的法人或者其他组织投标。

第十一条　国务院发展计划部门确定的国家重点项目和省、自治区、直辖市人民政府确定的地方重点项目不适宜公开招标的，经国务院发展计划部门或者省、自治区、直辖市人民政府批准，可以进行邀请招标。

第十二条　招标人有权自行选择招标代理机构，委托其办理招标事宜。任何单位和个人不得以任何方式为招标人指定招标代理机构。

招标人具有编制招标文件和组织评标能力的，可以自行办理招标事宜。任何单位和个人不得强制其委托招标代理机构办理招标事宜。

依法必须进行招标的项目，招标人自行办理招标事宜的，应当向有关行政监督部门备案。

第十三条　招标代理机构是依法设立、从事招标代理业务并提供相关服务的社会中介组织。

招标代理机构应当具备下列条件：

（一）有从事招标代理业务的营业场所和相应资金；

（二）有能够编制招标文件和组织评标的相应专业力量。

第十四条　招标代理机构与行政机关和其他国家机关不得存在隶属关系或者其他利益关系。

第十五条　招标代理机构应当在招标人委托的范围内办理招标事宜，并遵守本法关于招标人的规定。

第十六条　招标人采用公开招标方式的，应当发布招标公告。依法必须进行招标的项目的招标公告，应当通过国家指定的报刊、信息网络或者其他媒介发布。

招标公告应当载明招标人的名称和地址、招标项目的性质、数量、实施地点和时间以及获取招标文件的办法等事项。

第十七条　招标人采用邀请招标方式的，应当向三个以上具备承担招标项目的能力、资信良好的特定的法人或者其他组织发出投标邀请书。

投标邀请书应当载明本法第十六条第二款规定的事项。

第十八条　招标人可以根据招标项目本身的要求，在招标公告或者投标邀请书中，要求潜在投标人提供有关资质证明文件和业绩情况，并对潜在投标人进行资格审查；国家对投标人的资格条件有规定的，依照其规定。

招标人不得以不合理的条件限制或者排斥潜在投标人，不得对潜在投标人实行歧视待遇。

第十九条　招标人应当根据招标项目的特点和需要编制招标文件。招标文件应当包括招标项目的技术要求、对投标人资格审查的标准、投标报价要求和评标标准等所有实质性要求和条件以及拟签订合同的主要条款。

国家对招标项目的技术、标准有规定的，招标人应当按照其规定在招标文件中提出相应要求。

招标项目需要划分标段、确定工期的，招标人应当合理划分标段、确定工期，并在招标文件中载明。

第二十条　招标文件不得要求或者标明特定的生产供应者以及含有倾向或者排斥潜在投标人的其他内容。

第二十一条　招标人根据招标项目的具体情况，可以组织潜在投标人踏勘项目现场。

第二十二条　招标人不得向他人透露已获取招标文件的潜在投标人的名称、数量以及可能影响公平竞争的有关招标投标的其他情况。

招标人设有标底的，标底必须保密。

第二十三条　招标人对已发出的招标文件进行必要的澄清或者修改的，应当在招标文件要求提交投标文件截止时间至少十五日前，以书面形式通知所有招标文件收受人。该澄清或者修改的内容为招标文件的组成部分。

第二十四条　招标人应当确定投标人编制投标文件所需要的合理时间；但是，依法必须进行招标的项目，自招标文件开始发出之日起至投标人提交投标文件截止之日止，最短不得少于二十日。

第三章　投标

第二十五条　投标人是响应招标、参加投标竞争的法人或者其他组织。

依法招标的科研项目允许个人参加投标的，投标的个人适用本法有关投标人的规定。

第二十六条　投标人应当具备承担招标项目的能力；国家有关规定对投标人资格条件或者招标文件对投标人资格条件有规定的，投标人应当具备规定的资格条件。

第二十七条　投标人应当按照招标文件的要求编制投标文件。投标文件应当对招标文件提出的实质性要求和条件作出响应。

招标项目属于建设施工的，投标文件的内容应当包括拟派出的项目负责人与主要技术人员的简历、业绩和拟用于完成招标项目的机械设备等。

第二十八条　投标人应当在招标文件要求提交投标文件的截止时间前，将投标文件送达投标地点。招标人收到投标文件后，应当签收保存，不得开启。投标人少于三个的，招标人应当依照本法重新招标。

在招标文件要求提交投标文件的截止时间后送达的投标文件，招标人应当拒收。

第二十九条　投标人在招标文件要求提交投标文件的截止时间前，可以补充、修改或者撤回已提交的投标文件，并书面通知招标人。补充、修改的内容为投标文件的组成部分。

第三十条　投标人根据招标文件载明的项目实际情况，拟在中标后将中标项目的部分非主体、非关键性工作进行分包的，应当在投标文件中载明。

第三十一条　两个以上法人或者其他组织可以组成一个联合体，以一个投标人的身份共同投标。

联合体各方均应当具备承担招标项目的相应能力；国家有关规定或者招标文件对投标人资格条件有规定的，联合体各方均应当具备规定的相应资格条件。由同一专业的单位组成的联合体，按照资质等级较低的单位确定资质等级。

联合体各方应当签订共同投标协议，明确约定各方拟承担的工作和责任，并将共同投标协议连同投标文件一并提交招标人。联合体中标的，联合体各方应当共同与招标人签订合同，就中标项目向招标人承担连带责任。

招标人不得强制投标人组成联合体共同投标，不得限制投标人之间的竞争。

第三十二条　投标人不得相互串通投标报价，不得排挤其他投标人的公平竞争，损害招标人或者其他投标人的合法权益。

投标人不得与招标人串通投标，损害国家利益、社会公共利益或者他人的合法权益。

禁止投标人以向招标人或者评标委员会成员行贿的手段谋取中标。

第三十三条　投标人不得以低于成本的报价竞标，也不得以他人名义投标或者以其他方式弄虚作假，骗取中标。

第四章　开标、评标和中标

第三十四条　开标应当在招标文件确定的提交投标文件截止时间的同一时间公开进行；开标地点应当为招标文件中预先确定的地点。

第三十五条　开标由招标人主持，邀请所有投标人参加。

第二十六条　开标时，由投标人或者其推选的代表检查投标文件的密封情况，也可以由招标人委托的公证机构检查并公证；经确认无误后，由工作人员当众拆封，宣读投标人名称、投标价格和投标文件的其他主要内容。

招标人在招标文件要求提交投标文件的截止时间前收到的所有投标文件，开标时都应当当众予以拆封、宣读。

开标过程应当记录，并存档备查。

第三十七条　评标由招标人依法组建的评标委员会负责。

依法必须进行招标的项目，其评标委员会由招标人的代表和有关技术、经济等方面的专家组成，成员人数为五人以上单数，其中技术、经济等方面的专家不得少于成员总数的三分之二。

前款专家应当从事相关领域工作满八年并具有高级职称或者具有同等专业水平，由招标人从国务院有关部门或者省、自治区、直辖市人民政府有关部门提供的专家名册或者招标代理机构的专家库内的相关专业的专家名单中确定；一般招标项目可以采取随机抽取方式，特殊招标项目可以由招标人直接确定。

与投标人有利害关系的人不得进入相关项目的评标委员会；已经进入的应当更换。

评标委员会成员的名单在中标结果确定前应当保密。

第三十八条　招标人应当采取必要的措施，保证评标在严格保密的情况下进行。

任何单位和个人不得非法干预、影响评标的过程和结果。

第三十九条　评标委员会可以要求投标人对投标文件中含义不明确的内容作必要的澄清

或者说明，但是澄清或者说明不得超出投标文件的范围或者改变投标文件的实质性内容。

第四十条　评标委员会应当按照招标文件确定的评标标准和方法，对投标文件进行评审和比较；设有标底的，应当参考标底。评标委员会完成评标后，应当向招标人提出书面评标报告，并推荐合格的中标候选人。

招标人根据评标委员会提出的书面评标报告和推荐的中标候选人确定中标人。招标人也可以授权评标委员会直接确定中标人。

国务院对特定招标项目的评标有特别规定的，从其规定。

第四十一条　中标人的投标应当符合下列条件之一：

（一）能够最大限度地满足招标文件中规定的各项综合评价标准；

（二）能够满足招标文件的实质性要求，并且经评审的投标价格最低；但是投标价格低于成本的除外。

第四十二条　评标委员会经评审，认为所有投标都不符合招标文件要求的，可以否决所有投标。

依法必须进行招标的项目的所有投标被否决的，招标人应当依照本法重新招标。

第四十三条　在确定中标人前，招标人不得与投标人就投标价格、投标方案等实质性内容进行谈判。

第四十四条　评标委员会成员应当客观、公正地履行职务，遵守职业道德，对所提出的评审意见承担个人责任。

评标委员会成员不得私下接触投标人，不得收受投标人的财物或者其他好处。

评标委员会成员和参与评标的有关工作人员不得透露对投标文件的评审和比较、中标候选人的推荐情况以及与评标有关的其他情况。

第四十五条　中标人确定后，招标人应当向中标人发出中标通知书，并同时将中标结果通知所有未中标的投标人。

中标通知书对招标人和中标人具有法律效力。中标通知书发出后，招标人改变中标结果的，或者中标人放弃中标项目的，应当依法承担法律责任。

第四十六条　招标人和中标人应当自中标通知书发出之日起三十日内，按照招标文件和中标人的投标文件订立书面合同。招标人和中标人不得再行订立背离合同实质性内容的其他协议。

招标文件要求中标人提交履约保证金的，中标人应当提交。

第四十七条　依法必须进行招标的项目，招标人应当自确定中标人之日起十五日内，向有关行政监督部门提交招标投标情况的书面报告。

第四十八条　中标人应当按照合同约定履行义务，完成中标项目。中标人不得向他人转让中标项目，也不得将中标项目肢解后分别向他人转让。

中标人按照合同约定或者经招标人同意，可以将中标项目的部分非主体、非关键性工作分包给他人完成。接受分包的人应当具备相应的资格条件，并不得再次分包。

中标人应当就分包项目向招标人负责，接受分包的人就分包项目承担连带责任。

第五章 法律责任

第四十九条 违反本法规定，必须进行招标的项目而不招标的，将必须进行招标的项目化整为零或者以其他任何方式规避招标的，责令限期改正，可以处项目合同金额千分之五以上千分之十以下的罚款；对全部或者部分使用国有资金的项目，可以暂停项目执行或者暂停资金拨付；对单位直接负责的主管人员和其他直接责任人员依法给予处分。

第五十条 招标代理机构违反本法规定，泄露应当保密的与招标投标活动有关的情况和资料的，或者与招标人、投标人串通损害国家利益、社会公共利益或者他人合法权益的，处五万元以上二十五万元以下的罚款；对单位直接负责的主管人员和其他直接责任人员处单位罚款数额百分之五以上百分之十以下的罚款；有违法所得的，并处没收违法所得；情节严重的，禁止其一年至二年内代理依法必须进行招标的项目并予以公告，直至由工商行政管理机关吊销营业执照；构成犯罪的，依法追究刑事责任。给他人造成损失的，依法承担赔偿责任。

前款所列行为影响中标结果的，中标无效。

第五十一条 招标人以不合理的条件限制或者排斥潜在投标人的，对潜在投标人实行歧视待遇的，强制要求投标人组成联合体共同投标的，或者限制投标人之间竞争的，责令改正，可以处一万元以上五万元以下的罚款。

第五十二条 依法必须进行招标的项目的招标人向他人透露已获取招标文件的潜在投标人的名称、数量或者可能影响公平竞争的有关招标投标的其他情况的，或者泄露标底的，给予警告，可以并处一万元以上十万元以下的罚款；对单位直接负责的主管人员和其他直接责任人员依法给予处分；构成犯罪的，依法追究刑事责任。

前款所列行为影响中标结果的，中标无效。

第五十三条 投标人相互串通投标或者与招标人串通投标的，投标人以向招标人或者评标委员会成员行贿的手段谋取中标的，中标无效，处中标项目金额千分之五以上千分之十以下的罚款，对单位直接负责的主管人员和其他直接责任人员处单位罚款数额百分之五以上百分之十以下的罚款；有违法所得的，并处没收违法所得；情节严重的，取消其一年至二年内参加依法必须进行招标的项目的投标资格并予以公告，直至由工商行政管理机关吊销营业执照；构成犯罪的，依法追究刑事责任。给他人造成损失的，依法承担赔偿责任。

第五十四条 投标人以他人名义投标或者以其他方式弄虚作假，骗取中标的，中标无效，给招标人造成损失的，依法承担赔偿责任；构成犯罪的，依法追究刑事责任。

依法必须进行招标的项目的投标人有前款所列行为尚未构成犯罪的，处中标项目金额千分之五以上千分之十以下的罚款，对单位直接负责的主管人员和其他直接责任人员处单位罚款数额百分之五以上百分之十以下的罚款；有违法所得的，并处没收违法所得；情节严重的，取消其一年至三年内参加依法必须进行招标的项目的投标资格并予以公告，直至由工商行政管理机关吊销营业执照。

第五十五条 依法必须进行招标的项目，招标人违反本法规定，与投标人就投标价格、投标方案等实质性内容进行谈判的，给予警告，对单位直接负责的主管人员和其他直接责任人员依法给予处分。

前款所列行为影响中标结果的，中标无效。

第五十六条 评标委员会成员收受投标人的财物或者其他好处的，评标委员会成员或者参加评标的有关工作人员向他人透露对投标文件的评审和比较、中标候选人的推荐以及与评标有关的其他情况的，给予警告，没收收受的财物，可以并处三千元以上五万元以下的罚款，对有所列违法行为的评标委员会成员取消担任评标委员会成员的资格，不得再参加任何依法必须进行招标的项目的评标；构成犯罪的，依法追究刑事责任。

第五十七条 招标人在评标委员会依法推荐的中标候选人以外确定中标人的，依法必须进行招标的项目在所有投标被评标委员会否决后自行确定中标人的，中标无效，责令改正，可以处中标项目金额千分之五以上千分之十以下的罚款；对单位直接负责的主管人员和其他直接责任人员依法给予处分。

第五十八条 中标人将中标项目转让给他人的，将中标项目肢解后分别转让给他人的，违反本法规定将中标项目的部分主体、关键性工作分包给他人的，或者分包人再次分包的，转让、分包无效，处转让、分包项目金额千分之五以上千分之十以下的罚款；有违法所得的，并处没收违法所得；可以责令停业整顿；情节严重的，由工商行政管理机关吊销营业执照。

第五十九条 招标人与中标人不按照招标文件和中标人的投标文件订立合同的，或者招标人、中标人订立背离合同实质性内容的协议的，责令改正；可以处中标项目金额千分之五以上千分之十以下的罚款。

第六十条 中标人不履行与招标人订立的合同的，履约保证金不予退还，给招标人造成的损失超过履约保证金数额的，还应当对超过部分予以赔偿；没有提交履约保证金的，应当对招标人的损失承担赔偿责任。

中标人不按照与招标人订立的合同履行义务，情节严重的，取消其二年至五年内参加依法必须进行招标的项目的投标资格并予以公告，直至由工商行政管理机关吊销营业执照。

因不可抗力不能履行合同的，不适用前两款规定。

第六十一条 本章规定的行政处罚，由国务院规定的有关行政监督部门决定。本法已对实施行政处罚的机关作出规定的除外。

第六十二条 任何单位违反本法规定，限制或者排斥本地区、本系统以外的法人或者其他组织参加投标的，为招标人指定招标代理机构的，强制招标人委托招标代理机构办理招标事宜的，或者以其他方式干涉招标投标活动的，责令改正；对单位直接负责的主管人员和其他直接责任人员依法给予警告、记过、记大过的处分，情节较重的，依法给予降级、撤职、开除的处分。

个人利用职权进行前款违法行为的，依照前款规定追究责任。

第六十三条 对招标投标活动依法负有行政监督职责的国家机关工作人员徇私舞弊、滥用职权或者玩忽职守，构成犯罪的，依法追究刑事责任；不构成犯罪的，依法给予行政处分。

第六十四条 依法必须进行招标的项目违反本法规定，中标无效的，应当依照本法规定的中标条件从其余投标人中重新确定中标人或者依照本法重新进行招标。

第六章　附则

第六十五条　投标人和其他利害关系人认为招标投标活动不符合本法有关规定的，有权向招标人提出异议或者依法向有关行政监督部门投诉。

第六十六条　涉及国家安全、国家秘密、抢险救灾或者属于利用扶贫资金实行以工代赈、需要使用农民工等特殊情况，不适宜进行招标的项目，按照国家有关规定可以不进行招标。

第六十七条　使用国际组织或者外国政府贷款、援助资金的项目进行招标，贷款方、资金提供方对招标投标的具体条件和程序有不同规定的，可以适用其规定，但违背中华人民共和国的社会公共利益的除外。

第六十八条　本法自 2000 年 1 月 1 日起施行。

阅读参考 2.2 《招标文件备案表》（样本）

招标文件备案表

项目编号：　　　　　　　　　　　　　　　　　　　　　　日期：　　　年　　月　　日

<table>
<tr><td>招标人</td><td colspan="3">（盖章）</td></tr>
<tr><td>工程名称</td><td colspan="3"></td></tr>
<tr><td>招标类别</td><td>□施工</td><td colspan="2">□监理</td></tr>
<tr><td rowspan="3">招标组织形式</td><td>□自行</td><td colspan="2">□委托</td></tr>
<tr><td>招标代理机构名称</td><td colspan="2"></td></tr>
<tr><td>项目负责人</td><td colspan="2"></td></tr>
<tr><td>招标方式</td><td>□公开</td><td colspan="2">□邀请</td></tr>
<tr><td>资格审查方式</td><td>□预审</td><td colspan="2">□后审</td></tr>
<tr><td>招标范围
概　要</td><td colspan="3">施工招标范围或监理服务招标范围：</td></tr>
<tr><td>工程概算投资额</td><td>万元</td><td>资金性质</td><td>□国有　□非国有</td></tr>
<tr><td>计价模式</td><td>□工程量清单</td><td colspan="2">□定额</td></tr>
<tr><td>评标方法</td><td>□综合评估法</td><td colspan="2">□经评审的最低投标价法</td></tr>
<tr><td>要求工期</td><td>日历天</td><td>合同形式</td><td></td></tr>
<tr><td>申办人</td><td>（签字）</td><td>联系电话</td><td></td></tr>
<tr><td>招投标监管部门关于开标有关事项说明</td><td colspan="3"></td></tr>
</table>

说明：本表一式两份，招标办一份，招标人一份。

阅读参考 2.3 《委托招标代理合同》（样本）

委托招标代理合同

招标编号：ZB2019-001

采购单位：××公司
项目名称：××采购项目

二〇××年××月

采购委托人：××公司（以下简称甲方）
采购代理机构：××招投标咨询有限公司（以下简称乙方）

根据《中华人民共和国合同法》和《中华人民共和国招标投标法》的有关规定，遵循平等、自愿、公平和诚实信用的原则，甲、乙双方经友好协商，现就××公司××采购项目，甲方全权委托乙方代理其进行招标采购的一切事宜，并达成如下协议。

一、基本原则

1. 双方根据国家法律规定建立委托代理关系，遵守和执行国家的各项方针政策、条例和法规，并本着“相互理解、相互信任、相互支持和相互配合”的原则，共同做好招标采购工作。

2. 乙方在正式接受甲方的委托后，将按照有关法律法规和政策的规定积极有效地履行自己的职责，做好招标采购工作。同时，甲方要积极配合乙方，共同完成好招标采购任务。

3. 双方要共同遵守行政监督管理部门就该项目的有关具体要求和规定并严格执行。

二、甲方的责任和义务

1. 严格遵守行政监督管理部门的有关要求和规定。

2. 不得非法干预乙方所进行的正常的招标程序。

3. 负责向乙方提供招标项目的背景情况、项目批准文件（复印件）和项目招标所需的技术要求和相关文件资料。

4. 参与招标文件的编制和审定，协助乙方进行有关招标文件的澄清、答疑和修改工作。

5. 参与开标大会。

6. 遵从招标文件中有关评标原则、办法和纪律的规定，并参与评标工作。

7. 评审结果产生后，甲方要在乙方发出中标、成交通知书之日起30日内，按照招标采购文件确定的事项与中标人或成交供应商签订采购合同。如甲方无故改变中标、成交结果或无故拒签合同应依法承担法律责任。甲方与供应商签订的采购合同不得同招标文件有实质性偏离。

三、乙方的责任和义务

1. 严格按照《中华人民共和国合同法》和《中华人民共和国招标投标法》的有关规定履行招标采购程序。

2. 严格按照甲方提供的采购清单进行招标采购。

3. 接受政府采购监督管理部门的管理、监督和检查。

4. 负责通知政府采购监督管理部门及相关部门到场监督开标、评标过程。

5. 负责编制招标文件（及资格预审文件）。

6. 负责在指定的媒体上发布招标公告和发售招标文件。

7. 负责接收投标文件、组织和主持开标、评标工作及评标委员会的组建（乙方与甲方共同研究确定评标委员会的人员组成，评标委员会中技术及经济专家由甲方在政府专家库或者乙方专家库中随机抽取）。

8. 通过评标委员会的评审，为甲方确定中标人或中标候选人。

9. 协调甲方与中标人（成交供应商）进行合同签署及货物（或服务）的验收工作。

10. 做好所有招标采购文件的整理并移交甲方存档备案。

11. 应遵守廉洁自律的相关规定，杜绝商业贿赂等违法行为。

四、委托招标采购内容

……

五、费用

1. 甲乙双方各自承担招标过程中自己所发生的各项费用。

2. 代理报酬以招标项目的中标合同价为计费基础或以双方约定的方法计算。

3. 乙方按有关规定收取投标人的投标保证金（具体金额在招标文件中确定），应在招标完成后按有关规定负责退回给投标单位（不计利息）。

六、保密

甲乙双方对整个招标活动都有保密义务，双方应对因履行本委托招标代理合同获得的或收到的对方的商务、财务、技术、产品等信息及其他标明保密的文件、信息的内容（简称“保密资料”）保守秘密，未经信息披露方书面事先同意，不得向本协议以外的任何第三方披露。

乙方在评标期间应当采取必要的严格保密措施，确保评标工作在严格保密的情况下进行。按照《中华人民共和国招标投标法》规定，任何单位和个人不得非法干预、影响评标的过程和结果。

七、违约责任与索赔

在履行本协议期间，甲乙任何一方不履行合同义务或履行合同义务不符合约定，应承担相应违约责任。

在合同履行过程中，对于并非自己的过错，而是应由对方承担责任的情况造成的实际损失，可向对方提出经济补偿或其他要求。

八、其他

1. 本协议未尽事宜，由双方协商解决。

2. 本协议自甲乙双方授权代表签字并加盖公章后生效。

3. 本协议在双方的责任、义务履行结束后自行终止。

4. 本协议一式两份，甲乙双方各执一份。

委托人（盖章）：______________	受托人（盖章）：______________
法定代表人（签字或盖章）：__________	法定代表人（签字或盖章）：__________
授权代理人（签字或盖章）：__________	授权代理人（签字或盖章）：__________
单位地址：______________	单位地址：______________
邮政编码：______________	邮政编码：______________
联系电话：______________	联系电话：______________
传　　真：______________	传　　真：______________
电子信箱：______________	电子信箱：______________
开户银行：______________	开户银行：______________
账　　号：______________	账　　号：______________

阅读参考 2.4 《投标邀请函》（样本）

投标邀请函

招标人根据业务发展的需要，现计划就××项目工程面向社会公开招标，欢迎符合本招标文件要求、有能力的投标人前来投标。

一、项目编号：××××××××××××

二、招标项目：××××××××××××

三、购买招标文件时必须携带营业执照副本原件及施工资质证书原件。

四、购买招标文件时间：20××年××月××日至 20××年××月××日
上午 9:00～11:00；下午 3:00～5:00（北京时间）
地　点：×××××××
联系人：×××××××　　　　　　联系电话：×××××××

五、现场交底及答疑时间：20××年××月××日上午 10:00（北京时间）。

六、投标截止时间：20××年××月××日 10:30（北京时间）。

开标时间：20××年××月××日 10:30（北京时间）。

开标地点：×××××××××××××××××××××××××

阅读参考 2.5 《投标人须知》（样本）

投标人须知

1. 投标人在投标时，应详细阅读招标文件的全部内容。未按招标文件要求提供的投标文件，可能导致投标被拒绝。投标人对招标文件如有疑点，请及时与招标人取得联系，予以澄清。

2. 投标单位必须是在国家市场监督管理总局进行过有效登记注册的合法企业，并具备招标人所要求的投标人必须具备生产某产品的资质或某种类型的施工资质证书和完全履行合同的能力，以及售后服务能力等。

3. 投标人应具备履行合同所需的财务、技术和生产能力或供货业绩， 投标人须提供最近三年的审计财务报表，以及最近三年的，与本次招标标的物同类产品销售业绩的合同复印件。

4. 投标人必须向招标人购买招标文件并登记备案，未向招标人购买招标文件并登记备案的潜在投标人均无资格参加投标。

5. 投标文件必须在投标截止日期前送达。投标截止日期后送达或邮寄送达的投标文件无效。

6. 因不可抗因素，招标人对招标文件的遗失或损坏不负责任。

7. 开标前，投标人若提出撤回投标，招标人可以接受，但不退回投标文件；开标后，投标人不得撤回投标。

8. 开标活动将在规定的时间和地点，在招标人的主持下进行。

9. 审核投标文件的准确性时，凡属下列错误的，将予以修正，以便于评比：

（1）文字与图表不符的，以文字为准；

（2）单价乘以数量不等于总价的，以总价为准；

（3）分项相加不等于总价的，以总价为准。

10. 开标后，为利于评标，投标人可随时邀请投标人就其投标文件中的某些内容进行澄清，澄清的要求及答复均以书面形式表达，并应有各自的法定代表或其授权代表的签字。若投标人拒绝澄清，则按撤回投标处理。

11. 自开标之日起至发出中标通知期间，投标人不得与招标人员私下接触。在招标期间，如果投标人企图影响招标人的任何活动，将导致其投标被拒绝，并由投标人承担相应的一切后果。

12. 无论中标与否，编写投标文件和参加投标活动的相关费用均由投标人自行承担。

13. 评标工作将严格按照投标文件的要求和条件进行。在比较报价的同时，以下因素将作为重点予以考虑：

（1）产品或服务的质量和性能；

（2）产品或服务的价格；

（3）产品或服务的售后承诺等。

14. 招标人负责对评标过程和投标文件保密。根据评标原则，结合对投标文件的初审及投标情况，选取最佳投标人为中标者。

15. 中标通知的发放：

（1）在投标文件有效期内，招标人将向中标人发出中标通知；

（2）对落标者，招标人应向其发出书面落标通知；

（3）对落标者，招标人不负责解释落标原因，也不退还投标文件。

16. 投标人资质文件应该包含但不限于以下内容：

（1）法人营业执照副本原件或正本复印件（加盖原登记机关有效印章，如加注日期和注明“供投标使用”或“与原件一致”等字样）；

（2）企业税务登记证（影印件）；

（3）企业资质证书（影印件）；

（4）安全生产许可证（影印件）；

（5）资信等级证书（影印件）；

（6）组织机构代码证（影印件）；

（7）质量体系认证证书（影印件）；

（8）由公司出具的法人代表授权书或委托书（正本）、所代理产品的授权书（正本或复印件）；

（9）其他有效合法文件证书。

17. 投标文件夹均须应用 A4 和 A3 幅面的纸张打印，不得有行间书写、涂擦和改写，若投标人认为确有必要改错，必须由投标人授权代表在修改处签字。

18. 投标人编制投标书应为一式三份（一份正本，两份副本），投标标书应装入档案袋内密封后加盖公章。

阅读参考 2.6 《投标人保密承诺书》（样本）

投标人保密承诺书

本人以企业法定代表人的身份郑重承诺：

一、将遵循公开、公正和诚实信用的原则自愿参加本项目的投标；

二、所提供的一切材料均符合法律规定，且真实、有效；

三、不出借、转让资质证书，让他人挂靠投标，不以他人名义投标或者以其他方式弄虚作假，骗取中标；

四、不与其他投标人相互串通投标报价，不排挤其他投标人，公平竞争，不损害招标人的合法权益；

五、不与招标人或者招标代理机构串通投标，损害国家利益、社会公共利益或者他人的合法权益；

六、不向招标人或者评标委员会成员行贿，以牟取中标；

七、保证中标后不转包，若有分包须征得招标人同意；

八、保证中标之后，按照投标文件承诺派驻管理人员及投入机械设备，如有违反，同意接受建设单位违约处罚并没收其履约保证金；

九、保证企业及所属人员无行贿犯罪记录；

十、如在投标过程和公示期间发生投诉行为，保证按照法律法规要求进行。保证投诉内容实事求是，投诉材料加盖企业公章或由法定代表人授权委托人签字，并附有关身份证明复印件。

以上内容我已仔细阅读，本公司若有违反承诺内容的行为，自愿接受取消投标资格、记入信用档案、没收投标保证金等有关处理，愿意承担法律责任。已中标的，自动放弃中标资格；给招标人造成损失的，依法承担赔偿责任。

开户银行：______________

基本账户：______________

投标单位（公章）：__________________

法定代表（签字并盖章）：__________________

______ 年 _____ 月 _____日

阅读参考 2.7 《国际招标程序范例》（中美海底光缆网络）

中美海底光缆网络招标程序

目 录

16 投标人应做到完全知情

17 专利和其他知识产权及其版税

18 信息公开

19 担保

20 维护

21 克服“千年虫”（2000）问题

附件 1 中美海底光缆网络结构图

附件 2 投标信函中须包括的项目

附件 3 买方详细通信地址

附件 4 满足条件表格形式

附件 5 投标书提交之前有关问题和解答的指南

中美海底光缆网络招标程序

1 招标范围

中美海底光缆网络（见附件 1）将由下列段落和设备构成。

N 段：连接中国和美国的海底光缆系统，分别在韩国和日本通过分支系统连接；

W 段：连接中国两地的海底光缆系统；

S 段：连接中国和美国的海底光缆系统，分别在日本冲绳和美国关岛通过分支系统连接；

E 段：连接美国两地的海底光缆系统；

P 段：中美海底光缆的网络保护系统。

“投标人”指为本项目投标的实体公司，包括执行人、管理者、继承者和经过允许的转让者。

投标人在此受邀为整个网络系统提交投标建议书。投标建议书应该按照报价计划包括第四部分（技术规范书）提及的登陆站所需的、可选设备在内的每段和每个分段的详细建议书。

招标邀请书包括：

投标人邀请信

第一部分：招标程序

第二部分：合同条款

第三部分：价格和付款计划

第四部分：技术规范书

第五部分：工作计划格式

第六部分：桌面研究报告

投标人应满足本投标邀请书的条款。

2 投标书展现

投标书应按以下三部分清晰分述：

投标人书信（见附件 2）；

商务建议书；

技术建议书。

以下统称“投标建议书”。

商务建议书应包括以下内容：

对招标程序、合同条款、合同价格和付款计划的应答书及满足矩阵表；

完整价格和付款计划、完整工作计划；

投标人能力展现。

技术建议书应包括针对第四部分（技术规范书）详尽的、点对点的应答书，以及招标邀请书中要求的参考（和其他）资料。

2.1 语言

投标建议书及所有支撑文件和数据应以英语文件提交。

2.2 投标建议书的交付

投标人应向买方中期采购组联合主席中国公司（地址如下）提交：一份 A4 纸规格原件（合适标注）和 14 份副本整套投标建议书，内容包括招标文件第一部分要求的内容、投标邀请书的投标信，以及按招标程序要求的相关技术信息、图纸和类似文件等。投标建议书应以清晰可辨的信封或包裹密封包装。

××先生

中国公司

地址：北京西城区××××

邮编：××××××

电话：86-10-66061234

传真：86-10-66061234

2.3 投标截止日期

投标建议书的一份原件和 14 份 A4 规格的投标建议书应按照 2.2 分项中的规定，在 1997 年 9 月 1 日 11:00（北京时间）之前提交给中国公司。

在投标截止日期或截止日期之前提交的投标建议书将被认为是完整的，除投标建议书之外的任何价格信息将不会被认为是投标建议书的一部分。

2.4 投标书副本

如果投标书副本之间发生不一致，将以原件为准。

2.5 投标满足条件描述

投标人不应改变投标文件邀请书的内容。

投标人应对招标邀请文件的每一项条款和子条款按照原有顺序一一进行应答，以提供所要求的信息，并根据情况表明满足或不满足要求。对招标邀请文件中相关条款的补充信息应单独提供。

2.6 投标满足条件表格

投标人应以附件 4 所给出的格式提供一个满足条件表格，据此，对招标邀请文件中各部分、条款、子条款一一进行应答。

投标人在完成投标满足条件表格时只能使用“满足”或“不满足”。其他词语，例如，“已知”、“注意到”、“满足但……除外”，均不得使用。

在投标满足条件表格中出现“不满足”时，投标人应提供解释或反建议的细节。

投标人未能提供投标满足条件表格及招标邀请文件规定的相关文件，将可能被取消投标资格。

2.7 质量保证

投标人应提供自己公司正在使用的质量管理体系的详情，并说明其质量保证体系是否符合 ISO 9001 或同等标准。投标人应描述其公司的总体质量保证政策，并提交其公司质量保证手册，以及相关设计控制的程序手册文件予以补充说明。另外，投标人应提供一份与本合同相关的具体质量保证实践、资源运用及活动的质量保证计划。

2.8 设备/材料/服务原产地说明

投标建议书中应说明生产国、所提供的材料/设备的原产地，以及生产厂家的名称和地址。

投标人还应清晰地表明招标邀请文件中所描述的服务提供者的详细情况。

2.9 分包商名单

投标人应提供一份自己中标之后计划在项目中采用的重要的分包商名单。分包商名单在合同签署之前或之后的任何变更必须得到买方的事先同意。

2.10 可选投标建议书

除了提供基本建议书，如果投标人建议对第四部分（技术规范书）进行修改或补充，招标程序中附件 1 除外，若该建议或补充在投标人看来将会改善网络/段落任一方面的效率和运行，则投标人应提供一份有关此建议的单独附件，包括价格说明和详尽的技术说明建议。

投标建议书除满足招标邀请文件的要求外，投标人也可以在满足买方总意向的同时提交与招标邀请文件所描述的主要商务或技术规范有所不同的投标建议书。

这类投标建议书应：

单独呈现；

提供与满足招标邀请文件相同水平的信息；

清楚标明与满足招标邀请文件的不同之处。

3 报价

投标人应按固定价格，包括第三部分（价格和付款计划）所要求的选项，对整个项目进行报价。

对每一个段落，投标人应采用第三部分（价格和付款计划）所给的格式提供一个单独价格表。

投标人报价都应以美元计价。投标人也可以选择其他货币对整个项目进行报价。

在报价表中的单价和其他价格信息在投标截止日期之后，在没有买方书面同意的情况下，投标人不应该有所变更、打折扣或进行谈判协商。

4 关税和进口税等

投标人应单独提供一份相关国家可能征收的关税和进口税的估计税率。投标人应提供一个用于计算估计税率的假设清单。

5 增值税和其他类似税

投标人应单独提供一份相关国家可能征收的增值税和/或其他类似税的估计税率和数额。投标人应提供证明来说明它将会在提供货物和服务的有关国家注册申报增值税和/或其他类似税。投标人应提供一个用于计算估计税率的假设清单。

6　开单条件

6.1　开单应按季度进行，开单累积金额不应大于开单计划中的数额。开单应按开单里程碑中已完成的项目进行。

6.2　投标人应按照第三部分（价格和付款计划）给出的格式对每个段落提交一个完整的开单计划。

6.3　投标人也可以提交一个可选项的开单计划，但它必须有利于买方。

7　银行担保

投标人应明确被告知买方要求提供的第二部分（合同条款）中的以下两个担保函：

履约担保函；

付款担保函。

8　桌面研究报告

买方进行了桌面研究，其报告已包含在本招标邀请文件的第六部分（桌面研究报告）中。最终桌面研究报告将于 1997 年 8 月 1 日前提供给投标人。本条款不会解除投标人/总承包商在本文件第 16 条的义务。买方对桌面研究报告中的任何错误或缺失不承担任何责任。

9　工作计划

9.1　投标人应提供一个工作计划，表明其如何组织有关活动以满足临时验收日期（不迟于 1999 年 9 月 30 日）。

9.2　工作计划的制作应采用下列原则。

a. 对每个段落提供一个单独的工作计划。

b. 工作计划应以每周甘特图的形式呈现，它应包括预计的开始和完成时间，并采用第五部分（工作计划格式）提供的格式。

c. 工作计划应将总承包合同签字日作为目标开始日期，并包括完成合同所需的所有活动。

d. 以招标为目的，投标人应假定所有登陆站在需要安装设备时已具备安装条件。

e. 工作计划应按照下述任务来制定，其可用于付款及开单计划中相关的进度：

合同签署；

项目管理；

产品设计；

网络保护和系统互联设计；

网络验收（系统互联）手册；

海底光缆生产（包括备件）；

中继器和分支单元生产（包括备件）；

登陆站设备生产和测试；

培训；

登陆站设备安装；

段落集成；

陆地光缆和岸端施工；

海上安装；

临时验收计划，包括网络集成计划；

遗留问题清场。

f. 工作计划应详尽到第四部分（技术规范书）要求的程度，投标人应特别注意：

为工作计划提供详细附件说明，包括海底光缆装船、敷设和埋设工作等计划活动每天的工作细目；

单独提供更加详尽的工作活动开展过程。

9.3 投标人应该认识到经同意的工作计划将作为总承包合同的一部分。工作计划的任何修改须经买方和总承包商双方同意。

10 投标有效期

投标书应自投标截止日期起保证至少 210 日有效。在上述期限之后，投标人如撤回标书，应至少提前 30 日书面通知买方。投标人因此应明确确认其投标书保证 210 日有效，并说明在整个有效期内，投标人无条件放弃撤回标书的权利或对其进行任何修订和/或更正，除非由买方要求这样做。

11 合同的授予

买方不束缚自己接受任何投标书，包括价格最低的标书，而且，买方完全根据自己的意愿保留接受或拒绝全部或部分标书的权利，无须给出任何理由。

买方对投标人为投标工作产生的任何花费和费用不承担任何责任。

在买方和成功投标人签署合同之后，合同才被视为正式授予。

12 投标人和买方的通信方式

在收到招标邀请文件一周之内，投标人应通知买方其指定的涉及投标事宜的代表人的姓名、地址、联系电话、传真号码。任何按照投标人提供的相关地址寄送的通信信息将被视为正确送达。

任何有关对招标文件的解释或对招标邀请文件的澄清信息应按照附件 5 中给出的格式，在招标邀请发出之后的两周内按照附件 3 给出的买方地址向买方正式提出。

如果这些询问和回答具有普遍意义，买方的回答将发送至所有投标人，同时略去提出问题的投标人的名称。

为协助对投标书审查、评估和比较，买方根据自己的意愿要求投标人对其标书进行澄清。这些澄清和应答应以书面形式进行。

13 信息使用的限制等

对于提交的投标书的使用和处理，投标人不应在标书中包含限制性使用条款。

本条款不应解除投标人为了满足招标文件要求必须提供有关信息的责任。买方将努力不使投标信息泄露给第三方，但为了项目本身的情况除外，买方对未授权的信息的泄露不承担责任。

14 保密

投标人应对招标邀请文件中的所有信息负有保密责任。在没有征得买方书面同意之前，投标人不应向第三方泄露或使用任何口头和书面的信息。

15 投标人能力的展现

15.1 投标书中应包括以下信息，也包括主要分包商的信息：

投标人最新年报和财务状况，如适用，也包括其控股公司；

投标人公司组织结构、主要活动和业务概述；

在类似设计和设备方面的专业技能的经验证明和数据支撑，并提供一份简明的客户清单，包括其名称和国家；

详细的产品信息及产品的演变升级情况；

运行和计划中的网络产品的规模、投入运营日期、地点等信息，要特别关注深水海底光缆敷设应用；

网络项目管理提纲，包括项目管理团队信息；

有关现在和预计的工作量，说明本招标项目的工作量如何在投标人现有的生产计划中予以安排。

15.2 在合同签字之前，应允许买方对投标人的设计管控体系，包括投标人设计输入/输出、设计审查、验证、有效性确认、变更程序，以及投标人有关项目设计管控的文案和记录等，进行质量预审，以便买方确认投标人的质量体系足以满足第四部分（技术规范书）的要求。

16 投标人应做到完全知情

在提交投标书之前，应视投标人已经审查了招标邀请文件中所有条款，以及但不限于与本项目相关国家的任何法律法规、与投标相关的有关信息、与风险有关的信息、可能影响本次招标的其他不可预见情况。

应视投标人已经注意到并完全审查了全部招标邀请文件，以及与本投标有关的规定和其他信息，而且，投标人已完全考虑到影响本次投标的风险、不可预见情况和其他情况。投标人应通过合理询问和事先安排，访问登陆站地点和现场获取所有有关信息。

不允许投标人基于对买方就招标邀请文件所提供的任何信息的误解提出任何额外付款的申诉。投标人也不能由于未能预见的事物而实际影响本项目的履行。

17　专利和其他知识产权及其版税

投标书价格应包括本项目或合同条款中提及的应支付的全部专利费和其他知识产权费用或版税。

18　信息公开

在征得买方书面同意之前，投标人不得在报纸、杂志、期刊或其他媒体公布与本招标邀请文件有关的或与接受任何投标人的标书有关的信息。

在不影响投标人之前保密义务的情况下，投标人应保证与合同有关的任何信息在征得买方书面同意之前不得泄露。

19　担保

投标人应按照合同中的担保条款为本项目提供最少且无条件的担保期限。

20　维护

为了网络维护的目的：

在网络质量担保期间，为了正常维护而使用的统一接头和/或统一耦合设备绝不能使网络质量担保无效，而且，总承包商在整个质保期间对使用的统一接头和/或统一耦合设备应承担担保责任；

在网络质量担保期间，如果买方决定把合同提供的备件与其他买方（具有维护职责的海底光缆系统）提供的备件（在技术兼容的情况下）联合使用，那么采用其他海底光缆系统的这些备件不应使本项目的网络质量担保条款失效。

21　克服“千年虫”（2000）问题

总承包商应承担本项目所有工作，承担软件开发、产品设计，以保证网络运行和维护顺利跨越到新世纪，而且总承包商应遵从以下要求：

2000 年之前的任何日期，数据不能引起运行中断；

以日期为基础的所有系统功能在 2000 年之前、在 2000 年和在 2000 年之后，必须保持一致；

所有接口和数据存储，日期的千年记录表达必须是清晰的。

附件 1

中美海底光缆网络结构图

略。

附件 2

投标信函中须包括的项目

1. 说明投标的段落/网络，以及每个段落/网络的总价。

2. 说明所提交的标书包括按照招标邀请文件要求，以及为完成招标邀请文件的要求所需的全部费用。

3. 说明投标书是按照招标邀请文件的要求，保持一直有效，直至投标人发出失效通知，并确定自投标截止日期起保证标书至少 210 日有效，并说明在标书有效期内毫无保留地放弃撤回标书或对标书进行修订和/或更正的权利，除非买方要求这样做。

4. 说明基于此投标而授予的合同将包括上述合同条款，并声明基于此投标，因投标人通信即便是印刷的文件涉及其他条款或一般保留条款都不构成所授予合同的一部分，除非买方书面明确同意。

5. 表明署名签字人的身份和通信地址信息。

附件 3

买方详细通信地址

- 美国公司
  美国新泽西采购与实施部门主任
  电话：1-201-301-××××
  传真：1-201-301-××××

- 中国公司
  北京国际工程处处长
  电话：86-10-6606××××
  传真：86-10-6606××××

（其他买方地址：略）

附件 4

满足条件表格形式

招标程序

1 招标范围 ×××

2 招标书展现 ×××

2.1 语言 ×××

2.2 投标书的交付 ×××

2.3 投标截止日期 ×××

2.4 投标书副本 ×××

2.5 投标满足条件描述 ×××

2.6 投标满足条件表格 ×××

2.7 质量保证 ×××

2.8 设备/材料/服务原产地说明 ×××

2.9 分包商名单 ×××

2.10 可选投标建议书 ×××

3 报价 ×××

4 关税和进口税等 ×××

5 增值税和其他类似税 ×××

6 开单条件 ×××

7 银行担保 ×××

8 桌面研究报告 ×××

9 工作计划 ×××

10 投标有效期 ×××

11 合同的授予 ×××

12 投标人和买方的通信方式 ×××

13 信息使用的限制等 ×××

14 保密 ×××

15 投标人能力的展现 ×××

16 投标人应做到完全知情 ×××

17 专利和其他知识产权及其版税 ×××

18 信息公开 ×××

19 担保 ×××

20　维护　×××
21　克服“千年虫”（2000）问题　×××
附件 2　投标信函中须包括的项目　×××
附件 5　投标书提交之前有关问题和解答的指南　×××

“×××”只能表述为“满足”或“不满足”。

附件 5

投标书提交之前有关问题和解答的指南

1. 投标人应对投标问题按以下方式分类。

第一类：投标程序。

第二类：合同条款。

第三类：价格和开单计划。

第四类：技术规范书。

第五类：工作计划格式。

第六类：桌面研究报告。

2. 投标人应按以下格式对投标问题进行编号。

Q/T/XXX/YYOOO

其中，Q/T 指投标人提出的问题。

XXX 指投标人缩写。

YY 指问题分类。

OOO 指接头类别问题的序列编号。

TP=招标程序。

TC=合同条款。

PB=价格和开单计划。

TS=技术规范书。

PW=工作计划格式。

DT=桌面研究报告。

3. 要求投标人提到的问题具体到各条款和子条款。

阅读参考2.8 《评标委员会和评标方法暂行规定》

评标委员会和评标方法暂行规定

第一章 总则

第一条 为了规范评标活动，保证评标的公平、公正，维护招标投标活动当事人的合法权益，依照《中华人民共和国招标投标法》、《中华人民共和国招标投标法实施条例》，制定本规定。

第二条 本规定适用于依法必须招标项目的评标活动。

第三条 评标活动遵循公平、公正、科学、择优的原则。

第四条 评标活动依法进行，任何单位和个人不得非法干预或者影响评标过程和结果。

第五条 招标人应当采取必要措施，保证评标活动在严格保密的情况下进行。

第六条 评标活动及其当事人应当接受依法实施的监督。

有关行政监督部门依照国务院或者地方政府的职责分工，对评标活动实施监督，依法查处评标活动中的违法行为。

第二章 评标委员会

第七条 评标委员会依法组建，负责评标活动，向招标人推荐中标候选人或者根据招标人的授权直接确定中标人。

第八条 评标委员会由招标人负责组建。

评标委员会成员名单一般应于开标前确定。评标委员会成员名单在中标结果确定前应当保密。

第九条 评标委员会由招标人或其委托的招标代理机构熟悉相关业务的代表，以及有关技术、经济等方面的专家组成，成员人数为五人以上单数，其中技术、经济等方面的专家不得少于成员总数的三分之二。

评标委员会设负责人的，评标委员会负责人由评标委员会成员推举产生或者由招标人确定。评标委员会负责人与评标委员会的其他成员有同等的表决权。

第十条 评标委员会的专家成员应当从依法组建的专家库内的相关专家名单中确定。

按前款规定确定评标专家，可以采取随机抽取或者直接确定的方式。一般项目，可以采取随机抽取的方式；技术复杂、专业性强或者国家有特殊要求的招标项目，采取随机抽取方式确定的专家难以保证胜任的，可以由招标人直接确定。

第十一条 评标专家应符合下列条件：

（一）从事相关专业领域工作满八年并具有高级职称或者同等专业水平；

（二）熟悉有关招标投标的法律法规，并具有与招标项目相关的实践经验；

（三）能够认真、公正、诚实、廉洁地履行职责。

第十二条　有下列情形之一的，不得担任评标委员会成员：

（一）投标人或者投标人主要负责人的近亲属；

（二）项目主管部门或者行政监督部门的人员；

（三）与投标人有经济利益关系，可能影响对投标公正评审的；

（四）曾因在招标、评标以及其他与招标投标有关活动中从事违法行为而受过行政处罚或刑事处罚的。

评标委员会成员有前款规定情形之一的，应当主动提出回避。

第十三条　评标委员会成员应当客观、公正地履行职责，遵守职业道德，对所提出的评审意见承担个人责任。

评标委员会成员不得与任何投标人或者与招标结果有利害关系的人进行私下接触，不得收受投标人、中介人、其他利害关系人的财物或者其他好处，不得向招标人征询其确定中标人的意向，不得接受任何单位或者个人明示或者暗示提出的倾向或者排斥特定投标人的要求，不得有其他不客观、不公正履行职务的行为。

第十四条　评标委员会成员和与评标活动有关的工作人员不得透露对投标文件的评审和比较、中标候选人的推荐情况以及与评标有关的其他情况。

前款所称与评标活动有关的工作人员，是指评标委员会成员以外的因参与评标监督工作或者事务性工作而知悉有关评标情况的所有人员。

第三章　评标的准备与初步评审

第十五条　评标委员会成员应当编制供评标使用的相应表格，认真研究招标文件，至少应了解和熟悉以下内容：

（一）招标的目标；

（二）招标项目的范围和性质；

（三）招标文件中规定的主要技术要求、标准和商务条款；

（四）招标文件规定的评标标准、评标方法和在评标过程中考虑的相关因素。

第十六条　招标人或者其委托的招标代理机构应当向评标委员会提供评标所需的重要信息和数据，但不得带有明示或者暗示倾向或者排斥特定投标人的信息。

招标人设有标底的，标底在开标前应当保密，并在评标时作为参考。

第十七条　评标委员会应当根据招标文件规定的评标标准和方法，对投标文件进行系统地评审和比较。招标文件中没有规定的标准和方法不得作为评标的依据。

招标文件中规定的评标标准和评标方法应当合理，不得含有倾向或者排斥潜在投标人的内容，不得妨碍或者限制投标人之间的竞争。

第十八条　评标委员会应当按照投标报价的高低或者招标文件规定的其他方法对投标文件排序。以多种货币报价的，应当按照中国银行在开标日公布的汇率中间价换算成人民币。

招标文件应当对汇率标准和汇率风险作出规定。未作规定的，汇率风险由投标人承担。

第十九条　评标委员会可以书面方式要求投标人对投标文件中含义不明确、对同类问题表述不一致或者有明显文字和计算错误的内容作必要的澄清、说明或者补正。澄清、说明或者补正应以书面方式进行并不得超出投标文件的范围或者改变投标文件的实质性内容。

投标文件中的大写金额和小写金额不一致的，以大写金额为准；总价金额与单价金额不一致的，以单价金额为准，但单价金额小数点有明显错误的除外；对不同文字文本投标文件的解释发生异议的，以中文文本为准。

第二十条　在评标过程中，评标委员会发现投标人以他人的名义投标、串通投标、以行贿手段谋取中标或者以其他弄虚作假方式投标的，应当否决该投标人的投标。

第二十一条　在评标过程中，评标委员会发现投标人的报价明显低于其他投标报价或者在设有标底时明显低于标底，使得其投标报价可能低于其个别成本的，应当要求该投标人作出书面说明并提供相关证明材料。投标人不能合理说明或者不能提供相关证明材料的，由评标委员会认定该投标人以低于成本报价竞标，应当否决其投标。

第二十二条　投标人资格条件不符合国家有关规定和招标文件要求的，或者拒不按照要求对投标文件进行澄清、说明或者补正的，评标委员会可以否决其投标。

第二十三条　评标委员会应当审查每一投标文件是否对招标文件提出的所有实质性要求和条件作出响应。未能在实质上响应的投标，应当予以否决。

第二十四条　评标委员会应当根据招标文件，审查并逐项列出投标文件的全部投标偏差。

投标偏差分为重大偏差和细微偏差。

第二十五条　下列情况属于重大偏差：

（一）没有按照招标文件要求提供投标担保或者所提供的投标担保有瑕疵；

（二）投标文件没有投标人授权代表签字和加盖公章；

（三）投标文件载明的招标项目完成期限超过招标文件规定的期限；

（四）明显不符合技术规格、技术标准的要求；

（五）投标文件载明的货物包装方式、检验标准和方法等不符合招标文件的要求；

（六）投标文件附有招标人不能接受的条件；

（七）不符合招标文件中规定的其他实质性要求。

投标文件有上述情形之一的，为未能对招标文件作出实质性响应，并按本规定第二十三条规定作否决投标处理。招标文件对重大偏差另有规定的，从其规定。

第二十六条　细微偏差是指投标文件在实质上响应招标文件要求，但在个别地方存在漏项或者提供了不完整的技术信息和数据等情况，并且补正这些遗漏或者不完整不会对其他投标人造成不公平的结果。细微偏差不影响投标文件的有效性。

评标委员会应当书面要求存在细微偏差的投标人在评标结束前予以补正。拒不补正的，在详细评审时可以对细微偏差作不利于该投标人的量化，量化标准应当在招标文件中规定。

第二十七条　评标委员会根据本规定第二十条、第二十一条、第二十二条、第二十三条、第二十五条的规定否决不合格投标后，因有效投标不足三个使得投标明显缺乏竞争的，评标委员会可以否决全部投标。

投标人少于三个或者所有投标被否决的，招标人在分析招标失败的原因并采取相应措施后，应当依法重新招标。

第四章 详细评审

第二十八条 经初步评审合格的投标文件，评标委员会应当根据招标文件确定的评标标准和方法，对其技术部分和商务部分作进一步评审、比较。

第二十九条 评标方法包括经评审的最低投标价法、综合评估法或者法律、行政法规允许的其他评标方法。

第三十条 经评审的最低投标价法一般适用于具有通用技术、性能标准或者招标人对其技术、性能没有特殊要求的招标项目。

第三十一条 根据经评审的最低投标价法，能够满足招标文件的实质性要求，并且经评审的最低投标价的投标，应当推荐为中标候选人。

第三十二条 采用经评审的最低投标价法的，评标委员会应当根据招标文件中规定的评标价格调整方法，以所有投标人的投标报价以及投标文件的商务部分作必要的价格调整。

采用经评审的最低投标价法的，中标人的投标应当符合招标文件规定的技术要求和标准，但评标委员会无需对投标文件的技术部分进行价格折算。

第三十三条 根据经评审的最低投标价法完成详细评审后，评标委员会应当拟定一份“标价比较表”，连同书面评标报告提交招标人。“标价比较表”应当载明投标人的投标报价、对商务偏差的价格调整和说明以及经评审的最终投标价。

第三十四条 不宜采用经评审的最低投标价法的招标项目，一般应当采取综合评估法进行评审。

第三十五条 根据综合评估法，最大限度地满足招标文件中规定的各项综合评价标准的投标，应当推荐为中标候选人。

衡量投标文件是否最大限度地满足招标文件中规定的各项评价标准，可以采取折算为货币的方法、打分的方法或者其他方法。需量化的因素及其权重应当在招标文件中明确规定。

第三十六条 评标委员会对各个评审因素进行量化时，应当将量化指标建立在同一基础或者同一标准上，使各投标文件具有可比性。

对技术部分和商务部分进行量化后，评标委员会应当对这两部分的量化结果进行加权，计算出每一投标的综合评估价或者综合评估分。

第三十七条 根据综合评估法完成评标后，评标委员会应当拟定一份“综合评估比较表”，连同书面评标报告提交招标人。“综合评估比较表”应当载明投标人的投标报价、所作的任何修正、对商务偏差的调整、对技术偏差的调整、对各评审因素的评估以及对每一投标的最终评审结果。

第三十八条 根据招标文件的规定，允许投标人投备选标的，评标委员会可以对中标人所投的备选标进行评审，以决定是否采纳备选标。不符合中标条件的投标人的备选标不予考虑。

第三十九条 对于划分有多个单项合同的招标项目，招标文件允许投标人为获得整个项目合同而提出优惠的，评标委员会可以对投标人提出的优惠进行审查，以决定是否将招标项目作为一个整体合同授予中标人。将招标项目作为一个整体合同授予的，整体合同中标人的投标应当最有利于招标人。

第四十条　评标和定标应当在投标有效期内完成。不能在投标有效期结束日30个工作日前完成评标和定标的，招标人应当通知所有投标人延长投标有效期。拒绝延长投标有效期的投标人有权收回投标保证金。同意延长投标有效期的投标人应当相应延长其投标担保的有效期，但不得修改投标文件的实质性内容。因延长投标有效期造成投标人损失的，招标人应当给予补偿，但因不可抗力需延长投标有效期的除外。

招标文件应当载明投标有效期。投标有效期从提交投标文件截止日起计算。

第五章　推荐中标候选人与定标

第四十一条　评标委员会在评标过程中发现的问题，应当及时作出处理或者向招标人提出处理建议，并作书面记录。

第四十二条　评标委员会完成评标后，应当向招标人提出书面评标报告，并抄送有关行政监督部门。评标报告应当如实记载以下内容：

（一）基本情况和数据表；

（二）评标委员会成员名单；

（三）开标记录；

（四）符合要求的投标一览表；

（五）否决投标的情况说明；

（六）评标标准、评标方法或者评标因素一览表；

（七）经评审的价格或者评分比较一览表；

（八）经评审的投标人排序；

（九）推荐的中标候选人名单与签订合同前要处理的事宜；

（十）澄清、说明、补正事项纪要。

第四十三条　评标报告由评标委员会全体成员签字。对评标结论持有异议的评标委员会成员可以书面方式阐述其不同意见和理由。评标委员会成员拒绝在评标报告上签字且不陈述其不同意见和理由的，视为同意评标结论。评标委员会应当对此作出书面说明并记录在案。

第四十四条　向招标人提交书面评标报告后，评标委员会应将评标过程中使用的文件、表格以及其他资料应当即时归还招标人。

第四十五条　评标委员会推荐的中标候选人应当限定在一至三人，并标明排列顺序。

第四十六条　中标人的投标应当符合下列条件之一：

（一）能够最大限度满足招标文件中规定的各项综合评价标准；

（二）能够满足招标文件的实质性要求，并且经评审的投标价格最低；但是投标价格低于成本的除外。

第四十七条　招标人不得与投标人就投标价格、投标方案等实质性内容进行谈判。

第四十八条　国有资金占控股或者主导地位的项目，招标人应当确定排名第一的中标候选人为中标人。排名第一的中标候选人放弃中标、因不可抗力提出不能履行合同，或者招标文件规定应当提交履约保证金而在规定的期限内未能提交，或者被查实存在影响中标结果的违法行为等情形，不符合中标条件的，招标人可以按照评标委员会提出的中标候选人名单排序依次确定其他中标候选人为中标人。依次确定其他中标候选人与招标人预期差距较大，或者对招标人明显不利的，招标人可以重新招标。

招标人可以授权评标委员会直接确定中标人。

国务院对中标人的确定另有规定的，从其规定。

第四十九条　中标人确定后，招标人应当向中标人发出中标通知书，同时通知未中标人，并与中标人在投标有效期内以及中标通知书发出之日起 30 日之内签订合同。

第五十条　中标通知书对招标人和中标人具有法律约束力。中标通知书发出后，招标人改变中标结果或者中标人放弃中标的，应当承担法律责任。

第五十一条　招标人应当与中标人按照招标文件和中标人的投标文件订立书面合同。招标人与中标人不得再行订立背离合同实质性内容的其他协议。

第五十二条　招标人与中标人签订合同后 5 日内，应当向中标人和未中标的投标人退还投标保证金。

第六章　罚则

第五十三条　评标委员会成员有下列行为之一的，由有关行政监督部门责令改正；情节严重的，禁止其在一定期限内参加依法必须进行招标的项目的评标；情节特别严重的，取消其担任评标委员会成员的资格：

（一）应当回避而不回避；

（二）擅离职守；

（三）不按照招标文件规定的评标标准和方法评标；

（四）私下接触投标人；

（五）向招标人征询确定中标人的意向或者接受任何单位或者个人明示或者暗示提出的倾向或者排斥特定投标人的要求；

（六）对依法应当否决的投标不提出否决意见；

（七）暗示或者诱导投标人作出澄清、说明或者接受投标人主动提出的澄清、说明；

（八）其他不客观、不公正履行职务的行为。

第五十四条　评标委员会成员收受投标人的财物或者其他好处的，评标委员会成员或者与评标活动有关的工作人员向他人透露对投标文件的评审和比较、中标候选人的推荐以及与评标有关的其他情况的，给予警告，没收收受的财物，可以并处三千元以上五万元以下的罚款；对有所列违法行为的评标委员会成员取消担任评标委员会成员的资格，不得再参加任何依法必须进行招标项目的评标；构成犯罪的，依法追究刑事责任。

第五十五条　招标人有下列情形之一的，责令改正，可以处中标项目金额千分之十以下的罚款；给他人造成损失的，依法承担赔偿责任；对单位直接负责的主管人员和其他直接责任人员依法给予处分：

（一）无正当理由不发出中标通知书；

（二）不按照规定确定中标人；

（三）中标通知书发出后无正当理由改变中标结果；

（四）无正当理由不与中标人订立合同；

（五）在订立合同时向中标人提出附加条件。

第五十六条　招标人与中标人不按照招标文件和中标人的投标文件订立合同的，合同的主要条款与招标文件、中标人的投标文件的内容不一致，或者招标人、中标人订立背离合同实质性内容的协议的，由有关行政监督部门责令改正，可以处中标项目金额千分之五以上千分之十以下的罚款。

第五十七条　中标人无正当理由不与招标人订立合同，在签订合同时向招标人提出附加条件，或者不按照招标文件要求提交履约保证金的，取消其中标资格，投标保证金不予退还。对依法必须进行招标的项目的中标人，由有关行政监督部门责令改正，可以处中标项目金额 10‰ 以下的罚款。

第七章　附则

第五十八条　依法必须招标项目以外的评标活动，参照本规定执行。

第五十九条　使用国际组织或者外国政府贷款、援助资金的招标项目的评标活动，贷款方、资金提供方对评标委员会与评标方法另有规定的，适用其规定，但违背中华人民共和国的社会公共利益的除外。

第六十条　本规定颁布前有关评标机构和评标方法的规定与本规定不一致的，以本规定为准。法律或者行政法规另有规定的，从其规定。

第六十一条　本规定由国家发展改革委会同有关部门负责解释。

第六十二条　本规定自发布之日起施行。

阅读参考 2.9 《中标通知书》（样本）

中标通知书

××公司：

我单位的××××项目，经评标委员会评定及中标公示，现确定贵公司中标。请收到本中标通知书后 7 日内，到我单位商议签订××××项目合同。无故逾期将被视为放弃中标资格。

特此通知。

招标代理（盖章）：

招标人（盖章）：

日期：20××年××月××日

中标基本情况

招标项目　　备案登记号

招标方式　　公开招标

招标人　　　招标代理机构

招标内容　　详见工程施工图纸

建设规模

投资估算约　　万元

中标人

项目经理

中标价　　　万元

质量标准　　合格

工期（日历天）

附则：

根据《中华人民共和国招标投标法》第四十六条，招标人和中标人应当自中标通知书发出之日起三十日内，按照招标文件和中标人的投标文件订立书面合同。

本工程招标的开标、评标、定标活动依法接受了有关部门的监督，中标通知书已经报备案。

中标单位不得转让、出卖《中标通知书》。

《中标通知书》正本三份，建设单位、中标单位、招投标监管机构各一份；副本若干份，分送有关单位。

招投标监管机构：

年　　月　　日

第3章 Chapter 3 总承包合同

主要内容：本章主要介绍合同及总承包合同的概念，总承包合同的制作，总承包合同与一般贸易合同的区别，国际贸易术语解释通则。

3.1 合同的相关概念

3.1.1 合同的概念

合同，又称为契约、协议，是平等的当事人之间设立、变更、终止民事权利义务关系的协议。

合同作为一种民事法律行为，是当事人真实意思表达并协商一致的产物，是两个以上当事人意思表示相一致的协议。

只有当事人做出的意思表示是合法的，即是遵守法律、行政法规，尊重社会公德，没有扰乱社会经济秩序，不损害社会公共利益的，合同才有效，才具有法律约束力。换言之，依法成立的合同从成立之日起生效，具有法律约束力。

依照《中华人民共和国民法总则》第一百一十九条，依法成立的合同，对当事人具有法律约束力。

依照《合同法》第二条，合同是平等主体的自然人、法人、其他组织之间设立、变更、终止民事权利义务关系的协议。依法成立的合同，受法律保护。

广义的合同概念指所有法律部门中确定权利、义务关系的协议。狭义的合同概念指一切民事合同。还有最狭义的合同概念仅指民事合同中的债权合同。

阅读参考 3.1 《中华人民共和国民法总则》(2017 年)

3.1.2 合同的分类

对合同进行适当分类不仅有助于对合同的内容和形式的深刻理解和把握，还有助于合同的管理工作。

从学理上分析，合同有广义、狭义、最狭义之分。

广义合同指所有法律部门中确定权利、义务关系的协议。如民法中的民事合同、行政法中的行政合同、劳动法中的劳动合同、国际法中的国际合同等。

狭义合同指一切民事合同。作为狭义概念的民事合同包括财产合同和身份合同。财产合同包括债权合同（即下述的“最狭义合同”）、物权合同、准物权合同等；身份合同包括婚姻、收养、监护等有关身份关系的协议。

最狭义合同仅指民事合同中的债权合同。《合同法》分则所规定的 15 种有名合同全部是债权合同。这 15 种有名合同分别是：①买卖合同；②供用电、水、气、热力合同；③赠与合同；④借款合同；⑤租赁合同；⑥融资租赁合同；⑦承揽合同；⑧建设工程合同；⑨运输合同；⑩技术合同；⑪保管合同；⑫仓储合同；⑬委托合同；⑭行纪合同；⑮居间合同。

但通常以下 9 种合同分类较为常见。

第 1 种，有名合同和无名合同。

有名合同又称典型合同，指在法律中已设有规范并赋予名称的合同。例如，我国《合同法》分则中规定的 15 种合同，均为有名合同。

无名合同又称非典型合同，指在法律中尚未确立一定的名称和规则的合同。根据合同自由原则，在不违反现有法律、社会公共利益和社会公德的前提下，允许当事人订立任何内容的合同。因此，并不是只有有名合同才是有效的，凡是人们自愿订立的合同，只要不违反国家的法律法规，不违反社会的公序良俗，都会受到国家法律的保护。

第 2 种，双务合同和单务合同。

根据当事人双方权利义务的分担方式，可把合同分为双务合同和单务合同。双务合同指当事人双方相互享有权利、承担义务的合同，如买卖、互易、租赁、承揽、运送、保险等合同。单务合同指当事人一方只享有权利，另一方只承担义务的合同，如赠与、借用合同。

第 3 种，有偿合同与无偿合同。

根据当事人取得权利是否以偿付为代价，可以将合同分为有偿合同与无偿合同。无偿合同指当事人一方只享有合同权利而不偿付任何代价的合同。有些合同只能是有偿的，如买卖、互易、租赁合同等；有些合同只能是无偿的，如赠与合同等；有些合同既可以是有偿的也可以是无偿的，由当事人协商确定，如委托、保管合同等。双务合同都是有偿合同，单务合同原则上为无偿合同。

第 4 种，诺成合同与实践合同。

根据合同的成立是否以交付标的物为要件，可将合同分为诺成合同与实践合同。诺成合同又称不要物合同，指当事人意思表示一致即可成立的合同。实践合同又称要物合同，指除当事人意思表示一致外，还必须交付标的物才能正式成立的合同。

第 5 种，要式合同与不要式合同。

根据法律对合同的成立是否需要特定的形式和要求，可将合同分为要式合同与不要式合同。要式合同指法律要求必须具备一定的形式和手续的合同。例如，抵押合同、专利转让合同，必须按照法律规定进行特殊登记后才能生效；房屋买卖合同，双方需要通过书面形式订立合同，不能通过口头形式订立。不要式合同指法律不要求必须具备一定形式和手续的合同。例如，赠与合同、承揽合同等。

第 6 种，为订约当事人利益的合同与为第三人利益的合同。

根据订立的合同是为谁的利益，可将合同分为为订约当事人利益的合同与为第三人利益的合同。为订约当事人利益的合同仅指订约当事人享有合同权利和直接取得利益的合同。为第三人利益的合同指订约的一方当事人不是为了自己，而是为了第三人设定权利，使其获得利益的合同。在这种合同中，第三人既不是缔约人，也不通过代理人参加订立合同，但可以直接享有合同的某些权利，可直接基于合同取得利益。例如，为第三人利益订立的保险合同。

第 7 种，主合同与从合同。

根据合同间是否有主从关系，可将合同分为主合同与从合同。主合同指不依赖其他合同而能够独立存在的合同。从合同指须以其他合同的存在为前提而存在的合同。例如，《中华人民共和国物权法》第一百七十二条规定：设立担保物权，应当依照本法和其他法律的规定订立担保合同。担保合同是主债权债务合同的从合同。主债权债务合同无效，担保合同无效，但法律另有规定的除外。

第8种，本合同与预约合同。

根据订立合同是否有事先约定的关系，可将合同分为本合同与预约合同。本合同指将来应订立的合同。预约合同指当事人约定将来订立一定合同的合同。预约的目的在于订立本约，当事人之所以不直接订立本约，原因往往在于订立本约的条件未成熟，先订立预约，使一方或双方受到束缚，以确保本约的订立。

第9种，格式合同与非格式合同。

格式合同又称定型化合同、标准合同、定式合同，指当事人一方为了重复使用而预先拟定，并在订立合同时未与对方协商的条款。采用格式条款订立的合同就是格式合同，如保险合同。非格式合同指合同条款全部由双方当事人在订立合同时协商确定的合同。对于格式合同，对方当事人只能对格式条款表示愿意或不愿意接受，一般不能对其进行修改。因此，对方当事人在签订此类合同时往往处于不利地位。

此外，从不同的角度分析和研究，合同种类多样。根据不同的划分标准，又可以将合同划分为有效合同与无效合同、可撤销合同与效力待定合同、国内合同与涉外合同、传统合同与电子合同等；根据合同性质可以区分为经济合同、劳动合同、技术合同等；根据合同内容也可以区分为工程合同、测绘合同、销售合同等；根据合同形式还可以区分为文字合同、表格合同等。

总之，合同的类型是按一定标准对其进行划分的结果。随着商品交换和内容的复杂化，合同也在不断地发展和变化之中，掌握合同的共性和特征，对于合同的实践和运用有着积极的意义。

3.2 总承包合同的概念

总承包合同也称交钥匙承包合同，指总承包商按照发包人（或业主）的意愿，承接工程项目，负责从勘察、设计、供货、安装、培训、施工、测试、验收，直至最终将工程项目完全交予发包人（或业主）使用或运营的全部工作，而发包人（或业主）需要向总承包商支付价款的合同。通俗理解就是设计、供货、施工、调测、验收全包。总承包合同是确定发包与承包双方的权利与义务，并受法律保护的契约性文件。

设计和建造（Design-Build）模式是国际工程中常用的现代工程项目管理模式，它又称设计和施工（Design-Construction）交钥匙工程（Turnkey），或者是一揽子工程（Package Deal），在我国也称工程项目总承包。

通常，交钥匙工程合同约定跨国公司为东道国建造工厂或其他工程项目，一旦设计与建造工程完成，包括设备安装、试车及初步操作顺利运转后，即将该工厂项目所有权和管理权的“钥匙”依合同约定的时间和方式完整地“交”给对方，由对方正式接管并开始经营。

因此，总承包合同或交钥匙工程合同也可以看成是一种特殊形式的管理合同。

在实务操作中，因为每个交钥匙工程项目必然有其自身特点，因此很难有一致性的标准交钥匙工程合同。

但是，无论合同的细节如何复杂，双方都应该对合同中的具体技术要求、双方的义务和责任、不可抗力的含义、违反合同的法律责任，以及解决争端的机制等重要事项详细约定。

3.3 总承包合同的制作

3.3.1 总承包合同的前言

总承包合同的前言是合同条款文本中最前面的段落。

总承包合同前言部分主要包括两方面的内容：其一，主要载明合同当事人的名称或者姓名、国籍、主营业务和法定住所；其二，表明签约地点、签约时间、签约背景和签约目的。

3.3.2 总承包合同的定义

为了使合同双方更准确地理解和执行合同的意图，在总承包合同中通常有一个章节专门对关键术语进行定义。

准确定义总承包合同中的关键术语对于避免因合同双方商业习惯、文化背景等差异而产生任何误解，意义重大。合同双方的真实意思表达在合同文件中的完美体现也是按期如约履行合同权利义务的前提。

3.3.3 总承包合同的标的

总承包合同的标的是合同当事人双方（或多方）权利和义务所共同指向的对象。总承包合同标的是总承包合同成立的必要条件，也是一切合同成立的必备条款。换言之，没有合同标的，合同就不能成立。

合同标的是多种多样的，一般分为 4 类：一是有形财产，指具有价值和使用价值，并且法律允许流通的有形物，如生产资料与生活资料、货币和有价证券等；二是无形财产，指具有价值和使用价值并且法律允许流通的不以实物形态存在的智力成果；三是劳务，指不以有形财产体现其成果的劳动与服务，如运输合同中的运输行为，委托中的代理、行纪、居间行为等；四是工作成果，指在合同履行过程中产生的体现履约行为的有形物或无形物。

总承包合同一般涉及工程项目规模较大，且涵盖内容广泛多样，因此它的标的通常包括上述 4 类内容。精确阐述标的物的性质、数量、质量、交付条件和验收标准对于完整履行合同中权利、义务具有重大意义。

3.3.4 总承包合同的相关文件

在总承包合同的相关文件部分，一方面，要清晰列举总承包合同的全部文件，包括商务条款、技术条款、价格条款、付款条款、工程计划、图纸、表格、附录、附件、说明书等文件；另一方面，要明确说明如果上述文件之间发生矛盾或不一致，应该采取何种优先顺序解释，并予以详细说明。

3.3.5 总承包商责任

在总承包商责任部分，要明确阐述总承包商根据总承包合同应该承担的全部责任。

由于总承包合同涉及的工程项目往往规模较大、环节较多、技术复杂、周期较长，因此对总承包商的主要责任在合同中有必要加以细化。只有这样才能确保整个工程项目在实施过程中总承包商不会推诿责任，认真按照合同规定，正确履行自己的责任。

因此，通常在以下几方面对总承包商的责任进行明确界定。

① 总承包合同中应明确规定，总承包商应完全负责工程项目的设计、开发、

工程、制造、供应、安装、测试及系统联测，确保整个工程项目完全符合总承包合同技术规范书的具体要求。为避免总承包商推卸责任，应该明确规定总承包商不应基于买方以本合同提供的任何信息为由申索任何额外付款，而且，总承包商也不应基于买方以本合同提供的任何信息为由解除根据本合同应承担的任何义务。

② 总承包合同中应明确规定，总承包商应确保本工程项目完全符合合同要求，并满足买方提出的总体性能要求，尽管买方提供的技术规范书不可能完全详尽定义这些性能要求的细节。

③ 总承包合同中应明确规定，买方对于总承包商在工程标准和设计规范上的指导或建议的认可，或者买方对上述设计的任何方面的意见或建议都不应解除总承包商对工程的设计和合适性所承担的总体责任。

④ 总承包合同中应明确规定，总承包商应将合同工程项目作为整体进行详细审议，并完全满足其可行性和可实践性。

⑤ 总承包合同中应明确规定，总承包商应按合同价格细目为本工程项目提供固定价格。其固定价格不应该做出变更，除非按照合同条款（在合同履行期间的变更）做出变更。

⑥ 总承包合同中应明确规定，除合同中描述的技术信息条款的要求之外，在买方要求合理的情况下，总承包商应向买方提供与合同有关的额外技术信息。

⑦ 总承包合同中应明确规定，总承包商应确保包含在本工程项目中的工作任务、材料和设备及备品备件充足，以便使整个工程项目正常运行。如果合同价格中的任何工作、任务、材料或设备缺失，总承包商应该自己承担费用来完成这些工作或任务，或提供这些材料和设备，而不能向买方提出任何申索。

⑧ 总承包合同中应明确规定，总承包商应满足合同规定的工程计划，确保按时、按质量要求竣工，并及时交予买方使用。

⑨ 总承包合同中还应明确规定，总承包商应自己承担费用，在一定的时间和地点参加买方代表可能要求的工作会议，以便讨论总的工程进度，以及合同规定的工程计划的必要修改。

3.3.6 对工程项目的技术要求

总承包合同中要明确规定，总承包商应确保所提供的工程项目满足合同的技术要求。

通常情况下，买方负责根据工程项目要达到的技术水平制定技术规范书，在总承包商满足要求的情况下将此文件作为总承包合同的一部分。

因此，在总承包合同的相应部分应该明确规定总承包商对工程项目满足技术规范书所承担全部责任，这对于买方最终验收工程项目至关重要。

3.3.7 对工程项目的工作计划要求

总承包合同中要明确规定总承包商完成工程项目的具体日期，以保证总承包商将工程项目按期交由买方验收。

如果总承包商由于自己的原因不能按期交付，总承包商应该承担合同违约责任。

如果由于不可抗力的原因造成总承包商不能按期交付，买方应该根据不可抗力的实际影响程度允许总承包商适当延长工期。

3.3.8 对总承包合同履约担保的规定

总承包合同中应明确规定，为了确保总承包商能够恪尽职守并及时履行其所有的合同义务，总承包商应自己承担费用，在本合同签字之日起 7 日内以买方为受益人向买方开具一份不可撤销的、无条件的银行担保函。通常情况下，担保金额等同于合同总价格的百分之十。

总承包合同中应明确规定，总承包商如果未能按合同职责履约，买方具有唯一自由裁量权，有权根据履约担保函中的条件满足情况，选择索要履约担保函金额的全部或部分金额。同时，总承包合同应明确规定，除根据履约担保函索要金额之外，买方还应该有权根据合同规定采取扑救行动，包括恢复损害或损失的权利。

最后，总承包合同中还应明确规定担保函的有效期限。通常情况下，担保函应在签发最终验收证书之前保持有效。

3.3.9 对工程质量担保的规定

保证工程质量是买卖双方共同关心的问题，工程质量的好坏不仅是买方的百年大计，也是总承包商在激烈的市场竞争中立于不败之地的法宝。

为了确保总承包商对工程质量的保证，总承包合同中应明确规定，总承包商应该允许买方派代表参与质量管理的各个重要环节。

因此，通常会在以下几个重要环节对质量保证做出界定。

① 总承包合同中应明确规定，为了确保总承包商对工程质量的保证，总承包商应允许买方或其指定的代表对总承包商的质量保证体系及其在本工程项目中的应用情况进行审计，包括但不限于生产、开发、安装、原材料和元器件供应等。

同时，总承包商应允许买方代表对工程项目的所有设备进行检查，并根据实际可行的方式，合理地审查设计控制环节，以保证它们的质量满足总承包合同技术规范书的要求。

② 总承包合同中应明确规定，在生产和安装的任何时段，如果工程项目的任何部分不符合合同要求，买方有权予以拒绝。对此拒绝，总承包商应立即承担费用，按照总承包合同技术规范书的要求对不满足部分予以纠正。

③ 总承包合同中应明确规定，在买方依照总承包合同技术规范书要求确认和签发出厂证书之前，为工程提供的任何设备都不应装船运输。换言之，在设备出厂前的工厂测试工作要有买方代表参加，并认可测试结果。

④ 总承包合同中应明确规定，按照总承包合同技术规范书要求，对工程项目任何设备签发出厂证书都不应损害买方权利，也不应解除总承包商的义务，特别不能解除总承包商根据合同条款规定（如总承包商责任条款）对工程项目承担的全部责任和义务。

⑤ 总承包合同中应明确规定，对于总承包商提议或完成的工程项目的任何一部分，由买方签署或代表买方签署的证书都不应解除本合同中总承包商应承担的责任。

总承包合同中应明确规定买方参与质量检查和监督活动是买方的权利，总承包商不能以买方参与质量监督活动为由，减轻或解除自己按照合同规定应承担的保证全部工程项目质量的责任。

⑥ 总承包合同中应明确规定，买方应在合理的时间介入工程项目，而总承包商应为介入的检验和测试工作提供合适的便利。

买方应有权进入总承包商或其分包商的所有工厂、办公地和工作现场，以便买方能够检查工程项目各个阶段的开展情况并对工程项目关键环节进行监督。总承包商在与其分包商签订合同时应包括这些条款来保证买方的这些权利。

买方应有权在总承包商和分承包商工厂、所有工作地点设立常驻代表，而总承包商在买方的要求下应自己承担费用，为买方代表提供合适的办公场地和办公条件等。

3.3.10 临时验收之前对工程项目可能造成的损害

对于规模较大、技术复杂、涉及面广的工程项目，验收工作通常分为两个阶段，第一阶段为临时验收；第二阶段为最终验收。

一般情况下，在工程项目临时验收之后，即交予买方运营一段时间之后，如果各项主要运行指标符合合同要求和预期，在总承包合同约定的最终验收日期到来之日，买方就要进行工程项目的最终验收。

因为在工程建设过程中，风险无处不在，所以在总承包合同中要明确各个阶段的风险划分。

通常情况下，因为在工程项目验收之前一切风险都在总承包商手中，所以在总承包合同中应明确规定，如果发生对工程项目的任何损害，应由总承包商来承担有关责任。

总承包合同应对临时验收之前可能发生的对工程项目造成的任何损害，包括损害原因、时间界限、补救措施等方面做出明确界定。

① 总承包合同中应明确规定无论什么原因，包括不可抗力所引起的所有损害（或破坏），在工程项目验收之前，应该由总承包商负责。

② 总承包合同中应明确规定，自从本合同生效之日起到签发临时验收证书之日止，工程项目的所有风险完全由总承包商承担。

在此期间，总承包商应尽快对工程项目造成的任何损害采取补救措施，直至买方满意。尽管可能发生某种损害，总承包商仍应按照合同规定履行合同并完成整个工程项目的所有工作。根据总承包合同条款规定（例如，工程项目延期竣工条款），双方有可能就竣工日期展延达成一致。尽管买方同意总承包商工程竣工日期展延，但买方对由此产生的损害不向总承包商承担任何责任。

③ 总承包合同中应明确规定，自从本合同生效之日起到签发临时验收证书之日止，因补救损害产生的任何费用应由总承包商全部承担。除非由于买方的承包商（而不是本合同的总承包商）、服务人员、代理人在其被雇佣过程中发生有意的不当行为，买方应向总承包商支付因补救损害而产生的费用。

3.3.11 人身伤害和财产损害

在总承包合同履行期间，一定要注重参与工程项目人员的人身安全，同时，要确保工程项目财产不受任何损失。

因此，总承包合同中应明确界定总承包商和买方各自的责任。责任明确后，双方在履行合同期间，就会采取严密的预防措施和手段，高度把握施工时机，按照总承包合同计划进度和要求，有步骤、有条理地履行合同各项义务。

通常，总承包合同中要明确界定可能受害的主体、责任承担方，以及相关法律诉讼案件的互相协助和费用承担问题。

① 总承包合同中应明确规定，在合同执行期间，如果造成了人身伤害或死亡，或财产损害，或其他损害，如因环境遭到破坏而发生的清理费用和其他费用，总承包商应该承担全部责任。

② 总承包合同中应明确规定，总承包商应对上述所有申诉、损失、费用和损害负责，并确保买方不因上述所有这些申诉、损失、费用和损害而产生损失。

③ 总承包合同中应明确规定，应总承包商的要求，买方应允许总承包商作为唯一辩护人，以便解决此类索赔或诉讼，并在总承包商承担费用的情况下向总承包商提供所有信息和帮助，以协助总承包商辩护或解决此类索赔或诉讼。

3.3.12 保险

通过购买合适的保险产品，在发生意外或者灾害时，就可以把损失降到最低。

保险合同作为赔偿合同，是为了赔偿被保险人实际遭受的损失。所以，为确保工程项目的风险可控，总承包合同中应明确规定，总承包合同总价中应包括完成工程项目所需的所有保险险种的费用。

在工程实施之前，总承包商应自己承担费用，为其在执行总承包合同期间的债务购买必要的险种，受益人应为联名的总承包商和买方。

在通常情况下，以下内容应包括在保险合同范围之内。

① 为工程项目的实施、测试和竣工所进行的任何种类的工作或作业中的工程购买保险，包括但不限于陆续完成的工作和在进行中的任何工作。

② 为工程项目的所有器具、仪器、结构设备、材料和任何带到现场的设备购买全险，以确保总承包商和买方在整个合同实施期间能够抵御所有可能产生的风险，包括但不限于海上禁运、战争风险等。

③ 由于实施工程项目或临时工程，总承包商要为所有资产和人员（包括买方人员）购买全险，以便抵御可能发生的任何损害、损失和伤害。

④ 总承包商要根据法律法规中规定的需要赔偿和补偿的情况，为对自己的雇员或其分包商的雇员购买必要的保险。总承包商应确保买方不因上述风险、损害、

补偿、诉讼、要求、增加成本、开支等受到任何损害。

⑤ 总承包商应购买一般险，足以覆盖总承包商根据总承包合同应该承担的全部责任，保险期限要延长至质量保证期结束或质量保证期需要延期的日期。

⑥ 总承包商应确保合同总价包括总承包商为上述险种应支付和计划支付的保险费。

⑦ 在购买上述保险类别的每一个保险单之后，且在每次续保之日前（不少于30日），总承包商应向买方提供买方认可的相关保险费支付凭证，以便证明保险费已经支付，而且其保单已经生效或即将生效。

⑧ 如果总承包商未能购买上述条款中规定的险种和/或保持上述条款中规定的险种有效，买方在不损害合同赋予的其他权利下，可能购买上述条款中规定的险种和/或保持上述条款中规定的险种有效，并支付保险费。如果出现这种情况，买方所支付的所有保险费应立即成为总承包商的债务，并且，总承包商应该立即向买方予以补偿。

⑨ 如果总承包商在收到买方上述要求付款的收据后的30日内未能向买方补偿（付款），买方将从任何应向总承包商支付的合同款中扣减，或者要求总承包商返还这笔债务。

⑩ 总承包商应遵从保单中包含的条款和担保，并确保其保险代理人和/或保险人在买方合理要求时能够向买方提供有关保险的内容。

为了确保采用的保险合同内容符合要求，通常，总承包合同中还应明确规定以下适用于保险责任范围的一般原则。

① 总承包商指定的保险人应经过买方批准。

② 上述保险的保险费用应由总承包商承担。

③ 保险人由于破产、清算或无能力向总承包商或其分包商提供保险，或保险人不能提供赔付金，不应视为总承包商放弃，总承包商也不能以此为借口不执行总承包合同的条款。

④ 如有损失或在损害发生之后，总承包商应尽职尽责立即采取补救措施，不能让保险理赔影响维修工作。

⑤ 上述保险单应载明，在保险被撤销或由保险人实质改变保险内容之前60日，总承包商应及时通知买方。

⑥ 无论是总承包商还是买方，如果发生根据合同有权索赔时，应该立即书面通知另一方，并与之协商如何进行索赔和辩护，在征得另一方事先书面同意之前，不影响索赔案的解决。

3.3.13 工程项目暂停

在总承包合同实施过程中，影响工程项目的因素是多方面的，有些是根本不可预知和不可控制的。因此，要明确界定在出现工程暂停情况下的责任划分。

通常，对工程暂停范围、所产生的有关费用或损失，以及费用的认定和费用承担的方式应在总承包合同中做出明确界定。

① 如果由于买方原因，买方可以决定通知总承包商暂停部分或全部工程。这种情况下发生的工程暂停，应该予以补偿总承包商发生的额外费用，并解除其相应的合同责任。允许总承包商从买方那里获取等同于损失的补偿的条件是：

总承包商无法合理地避免上述费用或损失；

总承包商在事发后两个月内提交了详细费用或损失请求，且有足够的证据；

工程暂停不是由于总承包商未能履行合同责任或疏忽大意造成的。

② 总承包商在恢复暂停工程时应予以相同时间的工期延展，或双方同意的或长或短的时间延展。

③ 买方不向总承包商承担由于工程暂停造成的利润损失或间接损害赔偿。

④ 如果工程暂停是由于总承包商未能履行责任或疏忽大意造成的，则总承包商应承担因工程暂停对买方造成的相应损失和延误工期的责任。

3.3.14 总承包合同履行期间的合同变更

在商业活动中，由于各种不确定因素引起的，给商业主体带来获利或损失的机会或可能性是一种客观经济现象。在现实生活中的商业风险无处不在，譬如，市场价格的剧烈波动，物价的剧烈波动，社会政治、经济环境的变化，安全形势的剧烈变化等，都可能导致市场经济条件下的商业风险。特别是放置于全球背景下来看，各种不稳定因素直接影响着经济环境的变化。

因此，在总承包合同履行期间，难免会发生各种不可预见的情况需要对总承包合同做出必要的变更，这种情况在实践中极为常见。

所以，在总承包合同中明确规定发生合同变更时的计价方式非常重要。

① 在履行总承包合同期间，买方和总承包商有可能根据需要对合同条款进行修改并达成一致。

② 尽管有相应规定，但如果有以下情况，买方可能会通知总承包商对工程项目做出变更：

增加或减少合同价格不超过总承包合同总价格的10%；

以书面方式提供；

按现有工期计划不影响按时完工。

③ 上述合同价格的变动应按以下方式计算：

如果变动只是设备的数量或服务的数量，而且合同价格细目中已有单价，那么应采用此单价计算合同的变更价格；

如果变动的内容在合同价格细目中没有单价，总承包商应提供合理的价格变动。在买方要求的情况下，总承包商应提供变动价格的依据。

④ 在总承包合同变更履行之前，上述合同变更中的任何时间调整和价格变动只有在买方和总承包商同意之后才被认可和写进合同。

⑤ 在最后付款完成后不得再进行合同的任何变更。

3.3.15 总承包合同价格

为了履行本合同工程项目，在总承包合同签署时的合同总价是×××美元。合同价格是固定价格，除因合同条款（例如，合同履行期间合同变更条款）规定外，合同价格不能更改。

3.3.16 与总承包合同相关的税费和关税

纳税是每一个公民和企业应尽的义务。合同双方在履行合同义务时更应该遵纪守法，照章纳税。

通常，在总承包合同中要明确规定合同实施期间各种税费缴纳人和办理人的责任，确保合同双方明确各自的责任和义务，从而提前做好各项准备工作，按规定缴纳有关税费，保证工程项目按照工程计划顺利进行。

在总承包合同中应明确规定哪些税费是要包括在合同总价之内的。

① 总承包合同价格应包括与本工程项目有关的，发生在总承包商国家、买方国家或其他国家（包括总承包商雇员或其分包商雇员、总承包商本地代理或现场代表处等在买方国家或其他国家发生的税费，如营业税、收入所得税、工资税和其他税）的所有可能征收的税费，但不包括合同价格细目中工程项目的各种关税、进口税和/或增值税。

② 买方打算支付的在买方国家合同项目中所发生的各种关税、进口税和增值

税。但是，如果有规定要求总承包商支付，买方将按以下条件予以补偿：

在提供发票及合适的说明文件后的60日内予以支付。临时验收证书签发后即可开单；

按照买方国家有关法律要求予以支付。

如果买方有要求，总承包商应提供财务及开单文件，以便使买方满足国际和国内法律法规要求。

③ 在总承包合同履行期间，任何国家的法律变更均不影响总承包合同价格，但是，影响到合同项目的关税、进口税和增值税的法律变更情况除外。

3.3.17 工程分包和委托

工程分包或委托他人履行合同义务是重大工程项目中常见的任务分解方法。

为保证工程项目的质量和施工进度符合合同要求，就必须在总承包合同中明确说明哪些工作可以分包，哪些不可以分包。

如果允许分包或委托，其有关责任承担、质量保证、风险管控、工程进度等应在总承包合同中予以明确界定。

① 在没有买方书面同意的情况下，总承包商不应将本合同的任何工程分包和委托他人，或将本合同的利益予以抵押和转让。

② 任何工程分包或委托只能在买方表示同意的情况下进行。无论如何，总承包商对此类分包都不能解除其合同责任，而且，总承包商应对分包商及其代理人，以及其雇员的行为或过失承担责任。

③ 如果发生合同暂停，在买方的选择下，总承包商应将其与分包商分包的任何工程的协议委托给买方。

④ 总承包商应确保其任何分包合同包含本合同内规定的适用于分包合同的条款。

⑤ 任何违反这一条款且不利于买方的任何分包、委托或抵押应该无效，而且，买方可以予以忽略。

⑥ 总承包商应确保买方不受由于任何分包、委托、抵押等行为造成的任何申诉、裁决等所产生的费用或损失影响。

⑦ 在本合同工程项目实施期间，任何重要分包商的变化须经买方事先书面同意。

3.3.18 付款条件

付款是对总承包商所提供的货物或服务支付合理报酬。

通常，为确保合同款项顺利按时足额支付，需要制定明确的，包括开单、付款等重要内容的财务程序。

换言之，为确保合同每一笔款项的合理支付，需要在合同中事先制定必要的付款条件。当这些付款条件得到满足时，付款工作就必须按时足额完成，否则就构成严重的合同违约行为。

因此，在总承包合同中应明确规定付款责任、开单计划、开单程序、付款担保函、付款程序。

（1）付款责任

① 买方按照合同总价对总承包商完成合同规定的所有工作承担债务。

② 依据合同进行的任何付款（包括尾款或其他）都不应作为总承包商完成合同工作的全部或部分的凭据，而且，任何这些付款都不应解释为对任何有故障的、有瑕疵的或不合适的工程的认可。

（2）开单计划

详见合同附件。

（3）开单程序

① 总承包商应向买方提交详细账单及必要的支撑文件。买方的通信地址和联系方式如下：略。

② 总承包商向买方开单的频率每个季度不应多于 1 次，并且在每年的 1、4、7 和 10 月份的第 10 日进行。如果买方国家第 10 日不是工作日，可以顺延到下一个工作日。

③ 总承包商向买方所开账单应按照双方同意的账单格式提交。提交买方的账单应表明合同总价和按照合同价格细目规定的开单里程碑。

④ 开单日期不能早于合同开单计划确定的日期。

⑤ 如果买方没有在账单到期日期或之前提出书面反对意见，该账单将被视作已被买方正式接受。

⑥ 如果买方对上述条款提及的账单提出反对意见，买方和总承包商应尽最大努力立即解决该账单的争议。尽管事实上在同期可能提交了其他开单里程碑有关的账单并且已被买方接受，在上述争议账单问题解决之后，总承包商应根据双方

协商的结果重新开出正确账单。

⑦ 开单时间。

总承包商应按照合同开单计划进行开单。

依据合同条款（例如，总承包合同履行期间的合同变更）同意的合同变更，应按照如下方式开单。

合同变更金额如果对买方是净收，则总承包商在合同变更签字后下次开单时一并冲抵。

合同变更如果对买方是债务，则总承包商应在临时验收之日开单时予以叠加。

（4）付款担保函

① 总承包商在每次账单到期日前至少 30 日，为买方提供付款担保函，并将付款担保函的原件寄给买方。

② 总承包商提供的付款担保函应在临时验收证书签发之前保持有效，或者按照合同条款，在由于合同终止所引起的申诉问题得到解决之前应保持有效。

③ 如果总承包商未履行其合同责任，或者由于法律方面的原因，履行合同遇到挫折时，买方有权按照付款担保函中的条件召回担保函所担保的金额。

④ 召回付款担保函金额不应限制买方根据合同赋予的、可以采取补救措施的权利。

⑤ 在总承包商向买方提交付款担保函之前，买方不应支付任何账单。

（5）付款程序

① 在买方收到付款担保函和有关说明文件之后，自开单 60 日内应予以全额支付。

② 如果到期账单未予以支付，所增加的额外费用将由买方和总承包商协商解决。

③ 买方接收账单的详细通信地址和联系方式如下：略。

④ 总承包商收款的详细通信地址和联系方式如下：略。

3.3.19 货权转移

货权即货物的所有权，是对货物的占有、使用、收益和处分的权利。

通常情况下，货权和风险是在一起的。总承包商在把合同标的物最终交予买方时，货权和风险将一并转移给买方。

因此，总承包合同中应明确规定货权转移的时间和相关合同责任的划分。

① 当签发临时验收证书时，工程项目的货权应转移给买方。货权转移不应免除总承包商根据合同所应承担的责任和义务。

② 工程项目的货权转移给买方后，总承包商应该保证所交付的工程项目不存在因总承包商或其政府的法规而引起的财产优先权、产权等负担或其他安全利益等。

3.3.20 验收

验收是对总承包商履行合同义务的检查和验收，是总承包合同执行过程中的一个重要环节。制定验收标准、步骤、方法、时间等具体要求是做好工程最终验收的重要前提和保障。

一般情况下，工程项目验收工作分为两个阶段：第一阶段称工程临时验收，第二阶段称工程最终验收。通常情况下，工程项目在临时验收之后，交予买方运行使用。运行一段时间之后，如果各项主要运行指标符合合同要求和预期，在总承包合同约定的最终验收日期到来之日，买方就要进行工程项目的最终验收。

也有一种情况，即在到达工程临时验收日时，工程项目由于某些次要指标未达到合同要求，但不影响投入使用或投入商用，买方可以选择进行商业验收。工程项目在商业验收之后即交付给买方使用，但同时，总承包商应继续履行其合同责任，纠正和完善未达到合同要求的部分，直至最终达到临时验收的标准，再由买方组织进行工程项目的临时验收工作。

因此，总承包合同中应明确界定总承包商在配合验收工作时应承担的相应责任。

① 总承包商计划交付的工程项目是否满足总承包合同技术规范书要求，应按照总承包合同技术规范书规定的验收指标和测试步骤来检查验收。

② 总承包商应按照总承包合同技术规范书进行测试。总承包商应尽早但不晚于开始测试活动之前4周向买方提供测试手册，以便征得买方同意。总承包商应允许买方或其指定代表观察测试和审议测试结果。

③ 在收到工程项目初始调测报告和系统测试结果的30日内，买方应通知总承包商：买方将按照合同规定签发临时验收证书，或者买方不建议签发临时验收证书，但是准备按照合同规定签发商业验收证书，或者买方此时不签发任何验收证书。

④ 临时验收证书。

当买方对所有测试结果感到满意，表示工程项目已按照总承包合同技术规范书和其他合同要求完成，而且，在收到系统初始调测报告和验收测试报告30日内买方对其感到满意，即表明工程项目已经按照总承包合同技术规范书正常运行，并且没有实质性质的元器件方面的故障，同时，总承包商也完成了合同的其他要求，这时买方将签发工程项目临时验收证书。

工程项目临时验收证书可以是合格的，在这种情况下，证书后面可能会附上一个由买方编写的遗留问题清单，但是，买方认为这些遗留问题不影响工程项目的正常运行和维护工作。总承包商应尽快切合实际地解决遗留问题，完成待完成的工作，以便完全满足总承包合同技术规范书和其他合同要求。只要任何一个遗留问题没有解决，总承包商就应该继续对遗留问题承担风险责任。

⑤ 商业验收证书。

如果买方没有签发临时验收证书是因为工程项目没有完全符合总承包合同技术规范书的要求，但是，如果买方认为工程项目或其一部分适合投入商用，那么，买方应向总承包商签发一个商业验收证书。如果商业验收证书签发，则投入商用的这部分工程项目的货权应在签发商业验收证书之日起转移到买方手中，但是，总承包商应该继续承担这部分工程项目的风险。

对于商业验收证书包括的那部分工程项目，买方应有权投入商业。商业验收证书后面应附上一个双方同意的，由总承包商来完成的遗留问题和缺陷问题清单，以及对解决这些遗留问题和缺陷问题采取补救措施的时间表。

总承包商应该承担并负责所有遗留问题的解决，最终使之满足总承包合同技术规范书的要求。

商业验收证书的签发决不能解除总承包商对工程项目满足总承包合同技术规范书和本合同其他要求的义务。特别是，在商业验收之日和临时验收证书签发之间，工程项目的任何质量指标的下降、故障或损害应该由总承包商自己承担费用，并予以纠正。

在总承包商采取补救措施之后，总承包商应提交工程项目调测和验收测试报告，买方将根据实际情况审议上述报告。当然，买方也可以全权决定，要求部分或所有验收测试按照总承包合同技术规范书的具体要求重新做一遍。如果买方对上述测试结果感到满意，则买方应签发一个临时验收证书，验收证书的日期将是最后一个故障由总承包商修复完成之后且使买方感到满意的日期。

⑥ 最终验收。

按照合同担保条款所述，在总承包商担保期到期后，如果工程项目完全符合总承包合同技术规范书或者买方和总承包商协商一致的其他性能要求之后，买方应签发最终验收证书。最终验收将基于买方对工程项目在担保期间的运行情况进行评估。

最终验收证书的签发不能无理由地拒绝和延迟，除非发生工程项目运行指标弱化或下降，这种情况有可能导致整个工程项目无法满足总承包合同技术规范书的要求，或买方和总承包商协商一致的其他性能要求。如果发生这种情况，最终验收可能被拒绝，直到总承包商可以合理地展示这类故障或指标劣化不再持续发生。

如果出现这种情况，按照合同条款提供的履约担保函应该延展期限，直至最终验收证书签发为止。

如果在担保期间，工程项目中任何元器件发生故障，总承包商应该自己承担费用修理或替换有故障的元器件，自最后一个故障元器件的修理完成或替换算起，在工程项目连续运行 90 日后仍能完全满足总承包合同技术规范书的要求，最终验收证书才能签发。

3.3.21 质量担保

工程项目的质量担保条款要明确总承包商对质量担保所承担的责任。重点要细化质量保修期限、返修部件的保修期限计算、故障部件的修理和替换原则、相关费用的承担等。

因此，在总承包合同中必须详细制定保修原则，只有这样，才能确保出现故障时得到及时修理和替换。

① 工程项目保修期应从临时验收之日起计算 5 年。然而，在临时验收之日还没有收到需要修理或替换的工程项目部件的，保修期应从这些工程项目部件被临时验收之日起计算 5 年。在保修期内，总承包商应保证整个工程项目，包括其备件完全符合设计寿命，满足合同技术要求，或买方可以接受的其他性能指标要求，而且，总承包商应该保证任何故障类型或指标劣化都不会导致工程项目在其设计寿命内不满足总承包合同技术规范书的要求。

② 如果在保修期内的任何时间，工程项目不能满足要求或出现故障、指标劣化，导致不能完全满足要求，总承包商应予以及时修理或替换故障部件，使之恢复满足合同要求或由买方同意的性能指标水平。但是，买方也可以自行决定予以修理，而修理费用必须由总承包商承担。总承包合同中还要明确买方的修理工作绝不能减少或解除总承包商在保修期内所承担的质量担保义务。

总承包商在保修期内应对每次修理工作承担全部费用。这些费用包括但不限于工程项目的再施工费用、设备费用、元器件或修理材料费用、专门用于修理工作的设备费用、人工费用、工程费用或修理辅助费用，以及其他有关费用，如运输费用和因修理工作而发生的报关清关费用。

③ 在保修期内任何故障部件或替换部件都应额外保修 5 年。

④ 如果在保险期内，故障重复发生在工程项目的同一个地方，或者一种故障类型及性能劣化有可能导致工程项目的任何部分不能满足设计寿命的具体要求，在买方的要求下，这些故障部件，包括其他适当的备件就不能仅仅是修理，而是要用新部件替换。

⑤ 总承包商应在合理的时间内对发生故障或指标劣化产生的原因进行细致调查，并定期向买方提交故障原因调查报告。

⑥ 总承包商应向买方支付与合同条款有关的故障测试和检验、排除故障、替换或修理设备部件的合理费用。

⑦ 总承包商应尽一切合理的努力减少因修理和测试工作造成的工程运行中断时间。对于任何故障或任何可以引起中断的情况，总承包商应立即开展正确的干预方式，但无论如何，在收到买方通知后的两天内应派专家到现场修复和排除故障。

⑧ 总承包商应通过使用自己提供的备用材料修复故障。但是，总承包商在买方同意的情况下，可以使用买方现有的备件材料、元器件或者设备。总承包商应以实物替换买方的备件库存，或者由买方选择，可以按原价向买方赔付这些材料。这些材料的替换、赔偿应在总承包商和买方协商一致后进行，但决不能延误至买方的备品仓库里这些材料的库存率低于百分之五十以下时才进行。

⑨ 按照总承包合同质量担保规定，所有替代买方备品库的材料和其他不是来自买方备品库的所有修理材料应从替换之日起保修 5 年时间。

⑩ 任何故障部件或设备的修理或替换，总承包商应向买方提供一份故障调查说明性报告，包括对故障部件或设备的修理报告。

3.3.22 长期支撑

技术支撑即技术支持，是指公司或企业为其用户提供的产品售后服务的一种形式，帮助用户诊断并解决其在使用产品过程中出现的技术故障。

因此，总承包合同要明确规定总承包商提供长期技术服务的具体内容，包括备品备件、软件更新、费用计算等。

① 从临时验收日期开始持续到产品的设计寿命终了期间，总承包商应向买方提供：

关于工程项目设计、维护和运行方面的技术支撑和建议；

按合同规定，以合理的价格提供备用产品、替换设备和维修服务。

② 当同样的部件或元器件不能供应时，总承包商应提供相当的且可兼容的部件，并负责适应性设计工作及实现兼容更换所需的必要文件。

③ 无论什么原因，总承包商计划停止生产相同的或完全兼容的备件、替换设备，总承包商应至少提前一年时间通知买方，让买方从总承包商那里订购需要的备件和替换设备，并立即提供供应同等部件的详细安排。但是，按照合同质量担保条款规定，总承包商在保修期到期之前不能停止生产这些部件和设备。

④ 如果总承包商没有满足上述规定，或合同因违约终止，买方按照合同可以要求总承包商向买方提供合同所需软件，向买方提供所有生产图纸和有关技术规范，以及相应部件或设备，包括软件的说明性物料清单、内部编号、代码编号等，而且，如果有些部件或设备不是总承包商生产的，要提供生产商的名称、部件或设备的说明书、代码编号等，对于同类部件或设备需给出容许公差。最后，对匹配部件或设备，还需要提供匹配参数和公差。提供文件的方式可以是易读的副本或者缩微胶卷。

⑤ 临时验收之后 5 年内的价格将按照合同价格表计算，价格的调整应通过一个公式，即价格的百分之四十是固定价格，价格的百分之六十可按照总承包商提供的价格指数继续调整。调整的价格每年增长不超过百分之三。

⑥ 在上述所说的 5 年之后，一直到工程项目的设计寿命终结，可适用的价格不应高于之前的市场价格，并由双方协商一致决定。在上述期限到期后至少提前一年，总承包商应通知买方其计划停止生产的设备和项目清单。

3.3.23 工程项目延期

工程项目按时竣工并交付买方使用对于合同双方都至关重要。工程延期无法交付投入使用会给买方造成重大经济损失和其他方面的不利影响。

总承包合同中要明确规定对不同原因造成的工程项目延期的处理办法。

通常情况下，对于不可抗力和非总承包商原因造成的工程项目延误，总承包商不应承担工程项目延期赔偿金。但是，如果工程项目延误是由于总承包商的过失、违约行为，或其分包商的过失、违约行为引起，那么，总承包商应承担工程项目延期的赔偿金。

因此，在总承包合同中应明确规定发生工程项目延期的情况、责任承担、赔偿金的支付等细节。

① 依照合同中止条款和合同履行期间的变更条款，总承包商应在临时验收日期之前完成工程项目的供应、施工、安装、调测和验收。

② 如果不是由于总承包商违约或过失，而是由于不可抗力造成的工程延误，依照合同规定，可以允许总承包商按照双方同意的时间延迟竣工，但是总承包商不能向买方提出任何财务索赔。

③ 如果总承包商证明在合同工程计划中的预留时间不足以弥补延误时间，无论是在竣工日期还是在工程进行的某个阶段，其只有在延误开始之日就通知买方延误的原因并提供满意的延误证明，买方才会考虑延长竣工日期。

④ 按照合同临时验收日期、中止条款同意的延长日期或按照合同履行期间的变更条款确定的日期，如果工程项目仍没有按期竣工，总承包商应按照赔偿违约金的方式而不是惩罚金向买方支付不超过合同总金额百分之十的违约金，其计算方式如下：

自临时验收日期或按合同中止、合同履行期间的变更确定的日期算起，临时验收证书仍然没有按期签发时，每个日历日按合同总价的百分之零点二（最多不超过 50 日）计算。

⑤ 如果按照合同规定签发商业验收证书，则总承包商应以替代上述条款的方式，按照每个日历日仍然没有竣工也没有投入商用的那部分工程项目（按照商业验收证书上明确的故障原因）价值的百分之零点二的金额向买方支付赔偿违约金而不是惩罚金，但是累计金额不超过合同总价的百分之十。

⑥ 对于合同条款应支付的违约赔偿金，总承包商应在收到买方要求赔偿的书面通知之日起 60 日内向买方支付。

⑦ 如果总承包商未能按照上述条款产生的违约赔偿金支付，买方应有权在应向总承包商付款或即将付款的额度中扣除，也可作为债务向总承包商收回款项或通过对履约担保函的部分金额或全部金额召回的方式予以没收。

3.3.24 便利终止

便利终止条款通常指给予买方的便利，即在买方遇到无法履行合同且终止合同的损失比继续履行合同的损失小的情况下才可能发生。

由于是合同约定，如果买方因“便利”而终止合同就不需要承担合同违约责任。但是，如果买方行使此权利，应该以不给总承包商造成损失为前提。

为了公平起见，通常应对买方行使便利终止条款做出必要的限制。

① 便利终止条款只能在其合同有效期间内进行。当总承包商履行完其全部合同义务后，便利终止条款也随即失效，买方不得再行使便利终止合同的权利，否则即构成违约，应该承担违约责任。

② 买方便利终止合同的理由不能违反法律的强制性规定，也不得损害公共利益和其他人的利益。

③ 行使买方的便利终止合同条款必须基于非买方自己的原因，且买方应该提供无法履行合同的合理证据。

④ 尽管有便利终止合同条款的存在，买方应有义务按照诚实信用原则，随时就合同履行中可能出现的“便利”向总承包商履行告知义务。

⑤ 如果可能的“便利”转化为现实时，买方应在做出便利终止合同决定后的一个合理时间内通知总承包商。对于有证据证明早已发生的“便利”，买方不得据此主张便利终止合同的权利。

⑥ 买方应严格按照便利终止合同条款的约定履行书面通知义务。通知的内容应该包括终止的依据、便利的理由、终止的范围、终止的生效日期、善后问题处理工作的初步安排及处理问题的大致意向等。

3.3.25 因违约终止合同

总承包合同应明确规定因总承包商违约而终止合同所带来的严重后果，重点从违约发生原因、违约发生后的补救行为、因违约终止合同的善后处理原则等做出规定。

① 如果未履行合同是由于不可抗力或者买方的行为或不作为，总承包商不应被视为违约。

② 如果总承包商未能满足合同工程计划，或者未能取得进展，以至于严重影响合同的履行，或者实质上违反本合同的任何条款，那么，买方可以书面要求总承包商 30 日内纠正忽视或违约行为。

③ 如果总承包商在收到书面通知后的 30 日内未能满足通知要求，那么，买方可以根据条款向总承包商发出书面终止合同或终止部分合同的“因违约终止合

同”通知。

④ 如果合同是按照上述条款终止的，则买方除本条款赋予的其他权利外，还可以要求总承包商按照买方指定的方式和程度将已经完成的设备、材料或物品，以及部分完成的材料、部件、工具、夹模、模具、固定装置、计划、图纸、信息等货权和其他合同权利向买方转移，而这些合同权利是专门为履行这部分合同所取得的，如果这部分合同没有终止，则它们最终也要转移给买方。

此外，总承包商在买方的要求下应保护和保存手中的这些财产。按照合同价格表规定的价格，买方将向总承包商支付已完成且交付的设备、材料、物资、服务费用，以及其向买方支付的生产资料和为保护、保存买方利益相关财产所产生的相关费用。

⑤ 如果合同是按照上述条款终止的，则买方可选择接管并完成工程项目。如果发生此类事件，在不损害买方任何其他权利和买方采取补救措施的情况下，总承包商应承担超过合同价格之外所发生的全部费用，包括：按照合同规定应向总承包商支付而未支付的，已经开始的工程、部分实施的或已完成并被买方接受的，或者材料、设备、机器、工具及其他已采购的工具和物资，已经使用或将要用于工程工具的任何费用。

⑥ 如果合同是按照上述条款终止的，总承包商不应被解除赔偿责任或由于合同违约而采取的其他补救措施的责任，这包括但不限于被召回履约担保函和付款担保函的金额。

3.3.26 因不可抗力终止合同

“不可抗力”指超过合同双方合理能力之外的不可预见和不可避免的事件，而合同双方都没有过失或疏忽大意，这类事件包括但不限于任何政府的行为或不作为、战争或类似战争状态、起义或动乱、水灾、瘟疫、检疫限制、禁运等。

为了明确合同双方在发生不可抗力情况下的合同责任，有必要从以下几个方面做出规定。

① 如果由于不可抗力事件，总承包商不能履行合同长达 6 个月以上，总承包商可以向买方申请终止合同。如果买方同意此申请，那么合同可以因此而终止。

② 如果总承包商由于不可抗力事件延误或受阻，无法正常履行其合同义务，但不包括妨碍买方根据合同履行其合同责任的不可抗力事件，而且这种原因继续延误或阻止工程实施连续 6 个月或更长时间，买方可以终止合同。

③ 按照上述条款终止合同以后，买方可以要求总承包商或者其分包商将其手中的任何设备或材料的货权转移给买方。

④ 如果根据合同已经向总承包商支付的款项超过上述条款所述的工程项目的价值，那么总承包商应自接到通知之日起 60 日内向买方返还这些超额款项，如果没有按时返还，此超额款项应该作为对买方的债务。

3.3.27 知识产权保护与赔偿

总承包商应对所提供的产品、服务等涉及的知识产权或专利向买方提供安全保障，即保障买方不因合同产品和服务涉及的知识产权或专利问题而受到任何起诉和索赔。

总承包合同应明确规定如果发生所谓的侵权或诉讼，总承包商应采取何种有效手段解决争端，从而保护买方利益不受任何这类损害。

① 总承包商应完全保护买方并使其不受由于使用了总承包商根据本合同销售或转让的任何专利、著作权或任何类似的知识产权保护而发生的侵权或涉嫌侵权所引起的所有诉讼、申诉、请求、成本、费用和开销等处罚。但是，这种保护不包括买方使用该专利信息或材料用于合同之外的其他目的或根据本合同进行合理推断的其他目的。

② 如果发生因上述条款事项引起的侵权或涉嫌侵权，以及任何申诉或诉讼控告：

- 总承包商在得到通知之后应立即承担费用，谈判解决上述争端或由此引起的诉讼；或者按照买方要求不间断为买方提供合理的安全保障，并且足以涵盖可能向买方申诉的任何赔偿、损害、开销、成本等。
- 在总承包商的要求下，买方应提供一切合理的协助，以便于总承包商抗辩任何此类申诉或诉讼，其相关费用将由总承包商予以补偿。买方不应做有害于总承包商介入此类抗辩或应诉的事情，而总承包商从法律上讲可以避免抗辩的介入限制。
- 如果总承包商在接到通知后的30日内未能采取行动与之谈判解决或应诉，也没有按照上述条款在买方的要求下向买方提供合理的安全保障，买方可以按照上述条款采取行动与之谈判解决或应诉，之后的所有开销和款额应由总承包商予以补偿。

③ 如果整个工程项目或其中一部分被认为构成侵权，而且面临法院限制使用的命令，或者面临诉讼认输、自行停止使用，总承包商应立即自己承担费用，为买方购买保留和继续使用的权利。

3.3.28 信息保护和技术保障

总承包合同要明确规定合同双方应对合同所涉及的技术信息和其他信息予以保密，从而保障合同双方在商业活动中不因信息泄露造成不必要的损失。

因此，信息保护是合同双方的义务。

① 总承包商向买方或者买方向总承包商提供的任何信息的所有权应归属提供信息的一方。

② 合同一方向另一方提供的信息应由接受方保密，而且只能用于工程项目的建设、维护和运行，或履行合同职责，而且在事先征得拥有信息一方书面同意之前不能用作其他目的，除非这些信息接收方之前已经知悉且没有保密的义务，这些信息已经公开化而不接受一方违反保密协议，或者这些信息按照法庭命令或书面法律要求公开。

③ 未经买方书面同意，总承包商不应泄露本工程项目的任何信息，除非泄露的目的是履行其合同义务。

④ 未经总承包商书面同意，买方也不能直接或间接泄露或转让为本工程项目提供的产品和技术。

3.3.29 申请许可证、海关清关和其他许可手续的责任

因为是总承包，所以在总承包合同中，一般由总承包商承担所有许可证申请、海关申报和清关等工作，法律另有规定的情况除外。

为了明确责任界限，总承包合同应明确规定总承包商及买方应承担的有关责任。

（1）总承包商的责任

① 总承包商应负责从有关合适的当局获取必要的许可证、许可和授权，但不限于以下：

为了工程项目建设所必需的设备进口许可；

施工作业许可等。

② 总承包商应负责所进口设备和材料的海关清关工作。在履行合同期间，如果总承包商不能按照合同条款履行合同，总承包商应对买方可能承受的损害承担赔偿责任。

③ 如果买方涉及进口材料和设备的入关和清关工作，这也不能解除总承包商的合同责任。

④ 如果是设备临时进口，所有运作和有关活动应由总承包商单独承担责任。

当这些设备或材料停留在买方国家，以及它们准备再出口时，总承包商应该承担这些设备或材料的维护责任。

（2）买方的责任

只有在买方国家法律和规章制度的要求下，买方应该负责获取相关政府当局签发的许可证和其他授权文件。

3.3.30 联系地址

为了有效履行合同，在总承包合同中应明确规定通知送达的方式及效力。

① 根据合同条款向一方发出的任何通知在不影响其他方式投送的情况下，通过挂号邮寄到以下地址将被视为正常投送，而且应至少提前 2 个工作日通过电话或传真向对方告知此事项。通知在投送 10 个日历日之内将被视为及时送达。

② 买方的通知地址如下：略。

③ 总承包商的通知地址如下：略。

④ 如果任何一方上述地址发生变动，应该及时以书面方式通知对方。

3.3.31 合同条款题目

通常，合同条款的题目只是为了方便，不能用来解释合同条款内容，这一点在总承包合同中应该明确写出。

3.3.32 责任范围

合同双方承担的最大责任需要明确，但是例外情况也要说明。

① 除合同另有规定外，在任何情况下，买方或者总承包商都不向另一方承担直接的、附带的或间接的损害责任。

② 总承包商的责任不应超过合同的总价，以下情况除外：

造成人员死亡或人身伤害；

造成环境破坏；

总承包商故意不履行合同义务。

3.3.33 合同条款的可分割性

为了确保整个合同的有效性，要明确界定其中某些无效条款的独立性和可分割性，即不因个别独立的条款无效或不可实施而影响整个合同的效力，例如：如果合同的任何条款无效或不可实施，整个合同不应视为无效或不可实施，而且，整个合同将被视为没有包括这些无效或不可实施的条款。因此，合同双方的权利和义务应予以相应解释。

3.3.34 总承包商遵纪守法

在总承包合同中应明确规定，总承包商一定要遵守买方国家的法律法规，任何有悖于法律法规的行为都应该予以禁止。

所以，在总承包合同中，要尽量详尽规定总承包商应注意的遵纪守法事项。

① 总承包商应遵守合同工程所在国家和地区所有法律和规章制度，所有工程作业要严格按照当地法律、规则、规章、规定、办法、命令等进行，包括当地市政府和其他当局的法律要求及地方要求。

② 买方对于总承包商在实施工程期间的任何违反法律法规、章程、制度、命令或判决的行为、违约、忽视或遗漏等行为不负责任。

③ 总承包商应被视为已充分认识到并已获得与合同有关的所有必要信息和相关批准、许可证等。

④ 总承包商应被视为完全检查并独立验证了合同相关文件提及的文件，以及合同的条款、所有图纸、技术规范、表格，与本合同相关的规定和其他信息，而且完全理解与风险有关的所有信息，无论是政治风险还是其他风险，以及影响合同的突发事件和其他情况。

3.3.35 争端解决

争端解决机制条款是所有合同的必备条款。此条款重点在于事先约定好如果在履行合同期间双方发生无法自己解决的争端，就要依据合同约定的方式和方法予以解决。或仲或裁是解决商业纠纷最常采用的方法。或仲或裁指无论选择仲裁还是选择诉讼，都是唯一的和最终的裁决手段。

为了提高解决纠纷的效率，大多数商业合同都选择采用仲裁方式解决争端问题，因为仲裁方式相对诉讼方式来说，时间周期短、效率高。

仲裁条款重点要明确将采用的仲裁规则、仲裁员的选定、仲裁地点、仲裁使用的语言、应用法律等问题。

① 总承包商和买方应尽最大努力友好协商解决在执行合同期间可能发生的

不同意见。

② 在合同履行期间，可能存在双方无法解决的争端。如果发生，双方同意按照规则（如国际商会仲裁规则），由规则指定的位于瑞士日内瓦的一名或多名仲裁员予以解决。

③ 仲裁使用的语言应为英语。

④ 合同应用的法律应为买方国家的法律。

3.3.36 保存账簿

为了确保合同在履行期间一切账目的可追溯性，总承包商合同要规定总承包商有义务对涉及本合同的一切账务做好记录、分类和保管工作。

① 对于合同价格表中所有项目，总承包商应制作向买方开单的账簿、记录、凭证和账户，并保存 7 年（自临时验收之日起）。

② 对于随时发生的项目的开单，总承包商应制作这些项目的设计、供应及安装费用的账簿、记录、凭证和账户，并保存 7 年（自临时验收之日起）。

③ 在买方合理要求下，总承包商应从其分包商获取相关项目的固定费用记录，并保存 7 年（自临时验收之日起）。

④ 根据本条款，总承包商应向买方提供审议上述所有需要保存和维护的费用账簿、记录、凭证和账户的便利。

3.3.37 整体协议和修订补充

总承包合同应明确规定经双方授权人书面签署的合同的内容是唯一双方认可的合同协议，之前有关合同的任何口头或书面协议都排除在外。如果对之前的任何口头或书面协议还有权利，那就是直接违背了本合同，即合同违约。因此，这一条款重点强调了本合同的严肃性和唯一性。通常，文字表述如下。

① 本合同将替代买方和总承包商之间在此之前就本合同主题所有的口头和书面理解。本合同及其任何条款只能由合同双方正式授权代表以书面签署的协议予以修改或另外增加协议予以补充。

② 双方承认并同意如下：双方没有被任何未写进合同的陈述、担保或其他保证所引诱而签署本合同；与本合同有关，欺诈除外，就有关上述任何陈述、担保或其他保证而言，采取任何补救措失将视为违背本合同条款，但是，其他权利和补救措施排除在外。

3.3.38 各方之间的关系

总承包合同中会出现各种合同关系利害人，准确定义合同双方的相互关系十分重要。通常，文字表述如下。

① 合同双方同意在买方和总承包商的分包商、供应商或代理人之间不产生任何合同关系。

② 总承包商和买方之间的关系不应视为是代理人和委托人之间的关系。

3.3.39 买方的代理人和代表

买方可以按自己的意愿任命代理人或代表去履行本合同的责任或行使本合同的权利。买方应以书面方式通知总承包商其有关代理人或代表的任命情况。

3.3.40 继承人约束

总承包合同应对总承包商和买方及他们的继承人和许可的受让人具有约束力。

3.3.41 总承包合同生效

总承包合同生效日期一般以正式签署日期或合同双方约定的条件满足日期开始正式生效。无论哪种方式，都应非常明确地在合同中予以规定。

① 买方和总承包商达成的合同在签署之后和完成下列条件之后生效：买方已收到合同履约担保函条款提及的履约担保函；买方已收到政府部门关于可以开始工程项目建设工作的所有必需的许可证。

② 当上述全部条件满足之后，买方应立即通知总承包商，而且本合同应自上述通知收到之日起开始生效。

③ 如果合同自签署之日起 90 日仍未生效，买方应立即通知总承包商其为获取相关政府许可所做的努力情况。因此，为了延展上述期限，双方将努力协商达成一致。

3.3.42 信息公开性

为避免对合同信息造成不必要的泄露，通常对于合同信息的公开性，采用专门条款予以明确。

① 在事先征得买方书面同意之前，总承包商不应在任何报纸、杂志、期刊或其他媒介公开发布与本合同相关的信息。

② 在不违背之前有关保密义务的情况下，总承包商应确保在事先征得买方书面同意之前不发布与本合同有关的任何公开信息。

③ 本条款的有效期一直持续到合同义务履行完毕或合同终止。

3.3.43 软件

软件保护在总承包合同中必须要明确界定。买方购买了产品和服务，总承包商就要确保所提供的产品和服务（包括软件使用许可）在交付买方时也同时给予买方使用许可权。因此，在合同中要明确规定总承包商的责任，以避免在合同标的交付买方后，在使用和维护过程中发生因软件使用许可而产生的任何纠纷。

通常，总承包合同中要明确规定总承包商对所提供的产品，包括软件使用，承担全部责任。

① 总承包商应给予买方不可撤销的、非独家的免版税许可，该许可用于使用、复制和使用所有复制的软件，包括本合同中提供的有关文件。这一许可应限于合同中工程项目的运营和维护使用的软件，使用期始于每一项软件向买方交付的日期或相关文件向买方交付的日期。

② 总承包商应向买方公开、提供并保持提供所有软件（包括相关文件）的最新版本，以及版本发行状态的相关信息。

③ 总承包商应采取合适的预防措施保护文件和相关源代码，以防任何种类的损失。最新文件版本和相关源代码的副本应由总承包商存放在远离正常工作场地的安全和有保障的地点，保存期限为工程项目的设计寿命期限。

④ 除上述规定外，总承包商应向买方提供一套源代码的副本，而且当每次发布软件新版本时，要向买方不断提供更新版本。如果有要求，需满足不仅人员可读而且机器也可读的需求，还要提供详细的主机资料和充足文件，包括修改软件的软件工具。总承包商应向买方提供不可撤销的、非专有的、不可转让（除非买方在合并或重建时转让）的免版税的软件许可。

⑤ 为消除疑虑，买方将无权转让原版软件或修改后的软件的使用许可。

3.3.44 签字

签字部分相关内容如下。

本合同将签署××份原件。

以昭守信，由双方分别签署或由各自正式授权的官员以其名义签署本合同。

买方：

谨代表__________

由　　　　　　签署

日期：__________

总承包商：

谨代表__________

由　　　　　　签署

日期：__________

阅读参考 3.2 《中美海底光缆系统总承包合同》案例

3.4 总承包合同与一般贸易合同的区别

总承包合同与一般贸易合同的重要区别在于总承包合同中总承包商的责任范围大，合同金额大，合同涉及面广，以及合同履行周期长等。

一般贸易合同中的责任范围相对集中，合同履行周期较短，合同履行中面临的风险相对有限，其全部内容都会包括在总承包合同中。

如果从时间周期上讲，总承包合同是交钥匙型，一次性完成合同标的全部任务，包括工程项目前期准备、现场查勘、工程项目设计、生产、培训、运输、安装、调试（甚至包括与现有工程项目的配套兼容和系统性调试）、验收、运行等全过程；而一般贸易合同则是对合同标的物的采购和供应任务的完成，是从订单确认、货物运输、货物到港或货物运输到工地现场验收合格的全过程。

因此，我们可以看出总承包合同有内容丰富、工作范围大、涉及内容多、责任多、风险大、时间跨度大、合同金额大等特点，所以，总承包合同的制作需要做到内容更详尽、职责更清晰、风险管控更加到位。

3.5 国际贸易术语解释通则

3.5.1 制定与修订

《国际贸易术语解释通则》（*International Rules for the Interpretation of Trade Terms*）由国际商会制定并进行过多次修订。

国际商会于 1919 年成立，其总部设在法国巴黎。国际商会是世界上重要的民间经贸组织。目前，国际商会的会员已扩展到 130 多个国家，由数万个具有国际影响的商业组织和企业组成。国际商会的基本目的是为开放的世界经济服务，坚信国际商业交流将引领更大的经济繁荣和国家之间的和平。

国际商会自 1936 年起草第一部国际贸易术语解释通则以来，就不断定期对其进行修改，使其适应国际贸易的发展趋势。2010 年 9 月 27 日，国际商会正式推出《2010 年国际贸易术语解释通则》，并于 2011 年 1 月 1 日起正式生效。

《2010 年国际贸易术语解释通则》的修改考虑了目前世界上免税区的增加，电子通信的普遍使用，以及货物运输安全性的提高，删去了《2000 年国际贸易术语解释通则》D 组术语中的 DDU、DAF、DES、DEQ，只保留了 DDP，同时新增加了两种 D 组贸易术语，即 DAT 与 DAP，以取代被删去的术语。

《2010 年国际贸易术语解释通则》将贸易术语划分为适用于各种运输的 CIP、CPT、DAP、DAT、DDP、EXW、FCA 与只适用于海运和内水运输的 CFR、CIF、FAS、FOB，并将术语的适用范围扩大到国内贸易中，赋予电子单据与书面单据同样的效力，增加对出口国安检的义务分配，要求双方明确交货位置，将承运人定义为缔约承运人，这些都在很大程度上反映了国际货物贸易的实践要求，并进一步与《联合国国际货物销售合同公约》及《鹿特丹规则》衔接。

《2010 年国际贸易术语解释通则》将贸易术语的数量从原来的 13 个减少到 11 个。新的国际贸易术语解释通则必将进一步促进国际货物贸易的发展，并有助于解决国际货物贸易中的纠纷。

3.5.2 国际贸易术语的作用

贸易术语，又称贸易条件、价格术语，是进出口商品价格的一个重要组成部分。它是用一个简短的词组或三个字母的缩写来说明交货地点、商品的价格构成及买卖双方有关费用、风险和责任的划分，确定卖方交货和买方接货应尽的各种义务。

国际贸易术语的使用可以简化交易手续，缩短交易过程，节省磋商的时间和费用。不仅便于双方达成交易，而且便于合同履约。

例如，CIFBOSTON这个贸易术语，CIF是Cost Insurance and Freight的缩写，中文译为成本、保险费加运费价，其含义主要是指卖方承担从装运港到目的港的运费、运输保险费，目的港是波士顿（BOSTON）。这个贸易术语的基本含义就是卖方负责办理出口报关，提供出口许可证，买方负责办理进口报关，货物在运输途中的风险自货物在出口地装船后由卖方转移给买方。此贸易术语只适用于海运。

贸易术语也可用来表示成交商品的价格构成因素，特别是货价中所包含的从属费用。由于其价格构成因素不同，所以成交价格应有所区别。不同的贸易术语表明买卖双方各自承担不同的责任、费用和风险，而责任、费用和风险的大小又影响成交产品的价格。这样，在买卖双方的权利、义务和费用划分清楚的情况下，就便于双方履行合同。

贸易术语是国际贸易中习惯采用的，并在长期的贸易实践中形成了清晰明确的含义。国际贸易惯例的适用是以合同当事人的意思为基础的，惯例本身不是法律，它对贸易双方不具有强制性。故买卖双方有权在合同中做出与某项惯例不符的规定。但是，国际贸易惯例对贸易实践仍具有重要的指导作用。

因此，认真学习和准确理解好国际贸易惯例中采用的贸易术语对把握合同中双方权利、义务关系和风险管控具有深刻的现实意义。

阅读参考3.3《2010年国际贸易术语解释通则》

阅读参考 3.1 《中华人民共和国民法总则》(2017 年)

中华人民共和国民法总则

（2017 年 3 月 15 日第十二届全国人民代表大会第五次会议通过
主席令第六十六号公布，自 2017 年 10 月 1 日起施行）

目　录

第一章　基本规定

第一条　为了保护民事主体的合法权益，调整民事关系，维护社会和经济秩序，适应中国特色社会主义发展要求，弘扬社会主义核心价值观，根据宪法，制定本法。

第二条　民法调整平等主体的自然人、法人和非法人组织之间的人身关系和财产关系。

第三条　民事主体的人身权利、财产权利以及其他合法权益受法律保护，任何组织或者个人不得侵犯。

第四条　民事主体在民事活动中的法律地位一律平等。

第五条　民事主体从事民事活动，应当遵循自愿原则，按照自己的意思设立、变更、终止民事法律关系。

第六条　民事主体从事民事活动，应当遵循公平原则，合理确定各方的权利和义务。

第七条　民事主体从事民事活动，应当遵循诚信原则，秉持诚实，恪守承诺。

第八条　民事主体从事民事活动，不得违反法律，不得违背公序良俗。

第九条　民事主体从事民事活动，应当有利于节约资源、保护生态环境。

第十条　处理民事纠纷，应当依照法律；法律没有规定的，可以适用习惯，但是不得违背公序良俗。

第十一条　其他法律对民事关系有特别规定的，依照其规定。

第十二条　中华人民共和国领域内的民事活动，适用中华人民共和国法律。法律另有规定的，依照其规定。

第二章　自然人

第一节　民事权利能力和民事行为能力

第十三条　自然人从出生时起到死亡时止，具有民事权利能力，依法享有民事权利，承担民事义务。

第十四条　自然人的民事权利能力一律平等。

第十五条　自然人的出生时间和死亡时间，以出生证明、死亡证明记载的时间为准；没有出生证明、死亡证明的，以户籍登记或者其他有效身份登记记载的时间为准。有其他证据足以推翻以上记载时间的，以该证据证明的时间为准。

第十六条　涉及遗产继承、接受赠与等胎儿利益保护的，胎儿视为具有民事权利能力。但是胎儿娩出时为死体的，其民事权利能力自始不存在。

第十七条　十八周岁以上的自然人为成年人。不满十八周岁的自然人为未成年人。

第十八条　成年人为完全民事行为能力人，可以独立实施民事法律行为。

十六周岁以上的未成年人，以自己的劳动收入为主要生活来源的，视为完全民事行为能力人。

第十九条　八周岁以上的未成年人为限制民事行为能力人，实施民事法律行为由其法定代理人代理或者经其法定代理人同意、追认，但是可以独立实施纯获利益的民事法律行为或者与其年龄、智力相适应的民事法律行为。

第二十条　不满八周岁的未成年人为无民事行为能力人，由其法定代理人代理实施民事法律行为。

第二十一条　不能辨认自己行为的成年人为无民事行为能力人，由其法定代理人代理实施民事法律行为。

八周岁以上的未成年人不能辨认自己行为的，适用前款规定。

第二十二条　不能完全辨认自己行为的成年人为限制民事行为能力人，实施民事法律行为由其法定代理人代理或者经其法定代理人同意、追认，但是可以独立实施纯获利益的民事法律行为或者与其智力、精神健康状况相适应的民事法律行为。

第二十三条　无民事行为能力人、限制民事行为能力人的监护人是其法定代理人。

第二十四条　不能辨认或者不能完全辨认自己行为的成年人，其利害关系人或者有关组织，可以向人民法院申请认定该成年人为无民事行为能力人或者限制民事行为能力人。

被人民法院认定为无民事行为能力人或者限制民事行为能力人的，经本人、利害关系人或者有关组织申请，人民法院可以根据其智力、精神健康恢复的状况，认定该成年人恢复为限制民事行为能力人或者完全民事行为能力人。

本条规定的有关组织包括：居民委员会、村民委员会、学校、医疗机构、妇女联合会、残疾人联合会、依法设立的老年人组织、民政部门等。

第二十五条　自然人以户籍登记或者其他有效身份登记记载的居所为住所；经常居所与住所不一致的，经常居所视为住所。

第二节　监护

第二十六条　父母对未成年子女负有抚养、教育和保护的义务。

成年子女对父母负有赡养、扶助和保护的义务。

第二十七条　父母是未成年子女的监护人。

未成年人的父母已经死亡或者没有监护能力的，由下列有监护能力的人按顺序担任监护人：

（一）祖父母、外祖父母；

（二）兄、姐；

（三）其他愿意担任监护人的个人或者组织，但是须经未成年人住所地的居民委员会、村民委员会或者民政部门同意。

第二十八条　无民事行为能力或者限制民事行为能力的成年人，由下列有监护能力的人按顺序担任监护人：

（一）配偶；

（二）父母、子女；

（三）其他近亲属；

（四）其他愿意担任监护人的个人或者组织，但是须经被监护人住所地的居民委员会、村民委员会或者民政部门同意。

第二十九条　被监护人的父母担任监护人的，可以通过遗嘱指定监护人。

第三十条　依法具有监护资格的人之间可以协议确定监护人。协议确定监护人应当尊重被监护人的真实意愿。

第三十一条　对监护人的确定有争议的，由被监护人住所地的居民委员会、村民委员会或者民政部门指定监护人，有关当事人对指定不服的，可以向人民法院申请指定监护人；有关当事人也可以直接向人民法院申请指定监护人。

居民委员会、村民委员会、民政部门或者人民法院应当尊重被监护人的真实意愿，按照最有利于被监护人的原则在依法具有监护资格的人中指定监护人。

依照本条第一款规定指定监护人前，被监护人的人身权利、财产权利以及其他合法权益处于无人保护状态的，由被监护人住所地的居民委员会、村民委员会、法律规定的有关组织或者民政部门担任临时监护人。

监护人被指定后，不得擅自变更；擅自变更的，不免除被指定的监护人的责任。

第三十二条　没有依法具有监护资格的人的，监护人由民政部门担任，也可以由具备履行监护职责条件的被监护人住所地的居民委员会、村民委员会担任。

第三十三条　具有完全民事行为能力的成年人，可以与其近亲属、其他愿意担任监护人的个人或者组织事先协商，以书面形式确定自己的监护人。协商确定的监护人在该成年人丧失或者部分丧失民事行为能力时，履行监护职责。

第三十四条　监护人的职责是代理被监护人实施民事法律行为，保护被监护人的人身权利、财产权利以及其他合法权益等。

监护人依法履行监护职责产生的权利，受法律保护。

监护人不履行监护职责或者侵害被监护人合法权益的，应当承担法律责任。

第三十五条　监护人应当按照最有利于被监护人的原则履行监护职责。监护人除为维护被监护人利益外，不得处分被监护人的财产。

未成年人的监护人履行监护职责，在作出与被监护人利益有关的决定时，应当根据被监护人的年龄和智力状况，尊重被监护人的真实意愿。

成年人的监护人履行监护职责，应当最大程度地尊重被监护人的真实意愿，保障并协助被监护人实施与其智力、精神健康状况相适应的民事法律行为。对被监护人有能力独立处理的事务，监护人不得干涉。

第三十六条　监护人有下列情形之一的，人民法院根据有关个人或者组织的申请，撤销其监护人资格，安排必要的临时监护措施，并按照最有利于被监护人的原则依法指定监护人：

（一）实施严重损害被监护人身心健康行为的；

（二）怠于履行监护职责，或者无法履行监护职责并且拒绝将监护职责部分或者全部委托给他人，导致被监护人处于危困状态的；

（三）实施严重侵害被监护人合法权益的其他行为的。

本条规定的有关个人和组织包括：其他依法具有监护资格的人，居民委员会、村民委员会、学校、医疗机构、妇女联合会、残疾人联合会、未成年人保护组织、依法设立的老年人组织、民政部门等。

前款规定的个人和民政部门以外的组织未及时向人民法院申请撤销监护人资格的，民政部门应当向人民法院申请。

第三十七条　依法负担被监护人抚养费、赡养费、扶养费的父母、子女、配偶等，被人民法院撤销监护人资格后，应当继续履行负担的义务。

第三十八条　被监护人的父母或者子女被人民法院撤销监护人资格后，除对被监护人实施故意犯罪的外，确有悔改表现的，经其申请，人民法院可以在尊重被监护人真实意愿的前提下，视情况恢复其监护人资格，人民法院指定的监护人与被监护人的监护关系同时终止。

第三十九条　有下列情形之一的，监护关系终止：

（一）被监护人取得或者恢复完全民事行为能力；

（二）监护人丧失监护能力；

（三）被监护人或者监护人死亡；

（四）人民法院认定监护关系终止的其他情形。

监护关系终止后，被监护人仍然需要监护的，应当依法另行确定监护人。

第三节　宣告失踪和宣告死亡

第四十条　自然人下落不明满二年的，利害关系人可以向人民法院申请宣告该自然人为失踪人。

第四十一条　自然人下落不明的时间从其失去音讯之日起计算。战争期间下落不明的，下落不明的时间自战争结束之日或者有关机关确定的下落不明之日起计算。

第四十二条　失踪人的财产由其配偶、成年子女、父母或者其他愿意担任财产代管人的人代管。

代管有争议，没有前款规定的人，或者前款规定的人无代管能力的，由人民法院指定的人代管。

第四十三条　财产代管人应当妥善管理失踪人的财产，维护其财产权益。

失踪人所欠税款、债务和应付的其他费用，由财产代管人从失踪人的财产中支付。

财产代管人因故意或者重大过失造成失踪人财产损失的，应当承担赔偿责任。

第四十四条　财产代管人不履行代管职责、侵害失踪人财产权益或者丧失代管能力的，失踪人的利害关系人可以向人民法院申请变更财产代管人。

财产代管人有正当理由的，可以向人民法院申请变更财产代管人。

人民法院变更财产代管人的，变更后的财产代管人有权要求原财产代管人及时移交有关财产并报告财产代管情况。

第四十五条　失踪人重新出现，经本人或者利害关系人申请，人民法院应当撤销失踪宣告。

失踪人重新出现，有权要求财产代管人及时移交有关财产并报告财产代管情况。

第四十六条　自然人有下列情形之一的，利害关系人可以向人民法院申请宣告该自然人死亡：

（一）下落不明满四年；

（二）因意外事件，下落不明满二年。

因意外事件下落不明，经有关机关证明该自然人不可能生存的，申请宣告死亡不受二年时间的限制。

第四十七条　对同一自然人，有的利害关系人申请宣告死亡，有的利害关系人申请宣告失踪，符合本法规定的宣告死亡条件的，人民法院应当宣告死亡。

第四十八条　被宣告死亡的人，人民法院宣告死亡的判决作出之日视为其死亡的日期；因意外事件下落不明宣告死亡的，意外事件发生之日视为其死亡的日期。

第四十九条　自然人被宣告死亡但是并未死亡的，不影响该自然人在被宣告死亡期间实施的民事法律行为的效力。

第五十条　被宣告死亡的人重新出现，经本人或者利害关系人申请，人民法院应当撤销死亡宣告。

第五十一条　被宣告死亡的人的婚姻关系，自死亡宣告之日起消灭。死亡宣告被撤销的，婚姻关系自撤销死亡宣告之日起自行恢复，但是其配偶再婚或者向婚姻登记机关书面声明不愿意恢复的除外。

第五十二条　被宣告死亡的人在被宣告死亡期间，其子女被他人依法收养的，在死亡宣告被撤销后，不得以未经本人同意为由主张收养关系无效。

第五十三条　被撤销死亡宣告的人有权请求依照继承法取得其财产的民事主体返还财产。无法返还的，应当给予适当补偿。

利害关系人隐瞒真实情况，致使他人被宣告死亡取得其财产的，除应当返还财产外，还应当对由此造成的损失承担赔偿责任。

第四节　个体工商户和农村承包经营户

第五十四条　自然人从事工商业经营，经依法登记，为个体工商户。个体工商户可以起字号。

第五十五条　农村集体经济组织的成员，依法取得农村土地承包经营权，从事家庭承包经营的，为农村承包经营户。

第五十六条　个体工商户的债务，个人经营的，以个人财产承担；家庭经营的，以家庭财产承担；无法区分的，以家庭财产承担。

农村承包经营户的债务，以从事农村土地承包经营的农户财产承担；事实上由农户部分成员经营的，以该部分成员的财产承担。

第三章　法人

第一节　一般规定

第五十七条　法人是具有民事权利能力和民事行为能力，依法独立享有民事权利和承担民事义务的组织。

第五十八条　法人应当依法成立。

法人应当有自己的名称、组织机构、住所、财产或者经费。法人成立的具体条件和程序，依照法律、行政法规的规定。

设立法人，法律、行政法规规定须经有关机关批准的，依照其规定。

第五十九条　法人的民事权利能力和民事行为能力，从法人成立时产生，到法人终止时消灭。

第六十条　法人以其全部财产独立承担民事责任。

第六十一条　依照法律或者法人章程的规定，代表法人从事民事活动的负责人，为法人的法定代表人。

法定代表人以法人名义从事的民事活动，其法律后果由法人承受。

法人章程或者法人权力机构对法定代表人代表权的限制，不得对抗善意相对人。

第六十二条　法定代表人因执行职务造成他人损害的，由法人承担民事责任。

法人承担民事责任后，依照法律或者法人章程的规定，可以向有过错的法定代表人追偿。

第六十三条　法人以其主要办事机构所在地为住所。依法需要办理法人登记的，应当将主要办事机构所在地登记为住所。

第六十四条　法人存续期间登记事项发生变化的，应当依法向登记机关申请变更登记。

第六十五条　法人的实际情况与登记的事项不一致的，不得对抗善意相对人。

第六十六条　登记机关应当依法及时公示法人登记的有关信息。

第六十七条　法人合并的，其权利和义务由合并后的法人享有和承担。

法人分立的，其权利和义务由分立后的法人享有连带债权，承担连带债务，但是债权人和债务人另有约定的除外。

第六十八条　有下列原因之一并依法完成清算、注销登记的，法人终止：

（一）法人解散；

（二）法人被宣告破产；

（三）法律规定的其他原因。

法人终止，法律、行政法规规定须经有关机关批准的，依照其规定。

第六十九条　有下列情形之一的，法人解散：

（一）法人章程规定的存续期间届满或者法人章程规定的其他解散事由出现；

（二）法人的权力机构决议解散；

（三）因法人合并或者分立需要解散；

（四）法人依法被吊销营业执照、登记证书，被责令关闭或者被撤销；

（五）法律规定的其他情形。

第七十条　法人解散的，除合并或者分立的情形外，清算义务人应当及时组成清算组进行清算。

法人的董事、理事等执行机构或者决策机构的成员为清算义务人。法律、行政法规另有规定的，依照其规定。

清算义务人未及时履行清算义务，造成损害的，应当承担民事责任；主管机关或者利害关系人可以申请人民法院指定有关人员组成清算组进行清算。

第七十一条　法人的清算程序和清算组职权，依照有关法律的规定；没有规定的，参照适用公司法的有关规定。

第七十二条　清算期间法人存续，但是不得从事与清算无关的活动。

法人清算后的剩余财产，根据法人章程的规定或者法人权力机构的决议处理。法律另有规定的，依照其规定。

清算结束并完成法人注销登记时，法人终止；依法不需要办理法人登记的，清算结束时，法人终止。

第七十三条　法人被宣告破产的，依法进行破产清算并完成法人注销登记时，法人终止。

第七十四条　法人可以依法设立分支机构。法律、行政法规规定分支机构应当登记的，依照其规定。

分支机构以自己的名义从事民事活动，产生的民事责任由法人承担；也可以先以该分支机构管理的财产承担，不足以承担的，由法人承担。

第七十五条　设立人为设立法人从事的民事活动，其法律后果由法人承受；法人未成立的，其法律后果由设立人承受，设立人为二人以上的，享有连带债权，承担连带债务。

设立人为设立法人以自己的名义从事民事活动产生的民事责任，第三人有权选择请求法人或者设立人承担。

第二节　营利法人

第七十六条　以取得利润并分配给股东等出资人为目的成立的法人，为营利法人。

营利法人包括有限责任公司、股份有限公司和其他企业法人等。

第七十七条　营利法人经依法登记成立。

第七十八条　依法设立的营利法人，由登记机关发给营利法人营业执照。营业执照签发日期为营利法人的成立日期。

第七十九条　设立营利法人应当依法制定法人章程。

第八十条　营利法人应当设权力机构。

权力机构行使修改法人章程，选举或者更换执行机构、监督机构成员，以及法人章程规定的其他职权。

第八十一条　营利法人应当设执行机构。

执行机构行使召集权力机构会议，决定法人的经营计划和投资方案，决定法人内部管理机构的设置，以及法人章程规定的其他职权。

执行机构为董事会或者执行董事的，董事长、执行董事或者经理按照法人章程的规定担任法定代表人；未设董事会或者执行董事的，法人章程规定的主要负责人为其执行机构和法定代表人。

第八十二条　营利法人设监事会或者监事等监督机构的，监督机构依法行使检查法人财务，监督执行机构成员、高级管理人员执行法人职务的行为，以及法人章程规定的其他职权。

第八十三条　营利法人的出资人不得滥用出资人权利损害法人或者其他出资人的利益。滥用出资人权利给法人或者其他出资人造成损失的，应当依法承担民事责任。

营利法人的出资人不得滥用法人独立地位和出资人有限责任损害法人的债权人利益。滥用法人独立地位和出资人有限责任，逃避债务，严重损害法人的债权人利益的，应当对法人债务承担连带责任。

第八十四条　营利法人的控股出资人、实际控制人、董事、监事、高级管理人员不得利用其关联关系损害法人的利益。利用关联关系给法人造成损失的，应当承担赔偿责任。

第八十五条　营利法人的权力机构、执行机构作出决议的会议召集程序、表决方式违反法律、行政法规、法人章程，或者决议内容违反法人章程的，营利法人的出资人可以请求人民法院撤销该决议，但是营利法人依据该决议与善意相对人形成的民事法律关系不受影响。

第八十六条　营利法人从事经营活动，应当遵守商业道德，维护交易安全，接受政府和社会的监督，承担社会责任。

第三节　非营利法人

第八十七条　为公益目的或者其他非营利目的成立，不向出资人、设立人或者会员分配所取得利润的法人，为非营利法人。

非营利法人包括事业单位、社会团体、基金会、社会服务机构等。

第八十八条　具备法人条件，为适应经济社会发展需要，提供公益服务设立的事业单位，经依法登记成立，取得事业单位法人资格；依法不需要办理法人登记的，从成立之日起，具有事业单位法人资格。

第八十九条　事业单位法人设理事会的，除法律另有规定外，理事会为其决策机构。事业单位法人的法定代表人依照法律、行政法规或者法人章程的规定产生。

第九十条　具备法人条件，基于会员共同意愿，为公益目的或者会员共同利益等非营利目的设立的社会团体，经依法登记成立，取得社会团体法人资格；依法不需要办理法人登记的，从成立之日起，具有社会团体法人资格。

第九十一条　设立社会团体法人应当依法制定法人章程。

社会团体法人应当设会员大会或者会员代表大会等权力机构。

社会团体法人应当设理事会等执行机构。理事长或者会长等负责人按照法人章程的规定担任法定代表人。

第九十二条　具备法人条件，为公益目的以捐助财产设立的基金会、社会服务机构等，经依法登记成立，取得捐助法人资格。

依法设立的宗教活动场所，具备法人条件的，可以申请法人登记，取得捐助法人资格。法律、行政法规对宗教活动场所有规定的，依照其规定。

第九十三条　设立捐助法人应当依法制定法人章程。

捐助法人应当设理事会、民主管理组织等决策机构，并设执行机构。理事长等负责人按照法人章程的规定担任法定代表人。

捐助法人应当设监事会等监督机构。

第九十四条　捐助人有权向捐助法人查询捐助财产的使用、管理情况，并提出意见和建议，捐助法人应当及时、如实答复。

捐助法人的决策机构、执行机构或者法定代表人作出决定的程序违反法律、行政法规、法人章程，或者决定内容违反法人章程的，捐助人等利害关系人或者主管机关可以请求人民法院撤销该决定，但是捐助法人依据该决定与善意相对人形成的民事法律关系不受影响。

第九十五条　为公益目的成立的非营利法人终止时，不得向出资人、设立人或者会员分配剩余财产。剩余财产应当按照法人章程的规定或者权力机构的决议用于公益目的；无法按照法人章程的规定或者权力机构的决议处理的，由主管机关主持转给宗旨相同或者相近的法人，并向社会公告。

第四节　特别法人

第九十六条　本节规定的机关法人、农村集体经济组织法人、城镇农村的合作经济组织法人、基层群众性自治组织法人，为特别法人。

第九十七条　有独立经费的机关和承担行政职能的法定机构从成立之日起，具有机关法人资格，可以从事为履行职能所需要的民事活动。

第九十八条　机关法人被撤销的，法人终止，其民事权利和义务由继任的机关法人享有和承担；没有继任的机关法人的，由作出撤销决定的机关法人享有和承担。

第九十九条　农村集体经济组织依法取得法人资格。

法律、行政法规对农村集体经济组织有规定的，依照其规定。

第一百条　城镇农村的合作经济组织依法取得法人资格。

法律、行政法规对城镇农村的合作经济组织有规定的，依照其规定。

第一百零一条　居民委员会、村民委员会具有基层群众性自治组织法人资格，可以从事为履行职能所需要的民事活动。

未设立村集体经济组织的，村民委员会可以依法代行村集体经济组织的职能。

第四章　非法人组织

第一百零二条　非法人组织是不具有法人资格，但是能够依法以自己的名义从事民事活动的组织。

非法人组织包括个人独资企业、合伙企业、不具有法人资格的专业服务机构等。

第一百零三条　非法人组织应当依照法律的规定登记。

设立非法人组织，法律、行政法规规定须经有关机关批准的，依照其规定。

第一百零四条　非法人组织的财产不足以清偿债务的，其出资人或者设立人承担无限责任。法律另有规定的，依照其规定。

第一百零五条　非法人组织可以确定一人或者数人代表该组织从事民事活动。

第一百零六条　有下列情形之一的，非法人组织解散：

（一）章程规定的存续期间届满或者章程规定的其他解散事由出现；

（二）出资人或者设立人决定解散；

（三）法律规定的其他情形。

第一百零七条　非法人组织解散的，应当依法进行清算。

第一百零八条　非法人组织除适用本章规定外，参照适用本法第三章第一节的有关规定。

第五章　民事权利

第一百零九条　自然人的人身自由、人格尊严受法律保护。

第一百一十条　自然人享有生命权、身体权、健康权、姓名权、肖像权、名誉权、荣誉权、隐私权、婚姻自主权等权利。

法人、非法人组织享有名称权、名誉权、荣誉权等权利。

第一百一十一条　自然人的个人信息受法律保护。任何组织和个人需要获取他人个人信息的，应当依法取得并确保信息安全，不得非法收集、使用、加工、传输他人个人信息，不得非法买卖、提供或者公开他人个人信息。

第一百一十二条　自然人因婚姻、家庭关系等产生的人身权利受法律保护。

第一百一十三条　民事主体的财产权利受法律平等保护。

第一百一十四条　民事主体依法享有物权。

物权是权利人依法对特定的物享有直接支配和排他的权利，包括所有权、用益物权和担保物权。

第一百一十五条　物包括不动产和动产。法律规定权利作为物权客体的，依照其规定。

第一百一十六条　物权的种类和内容，由法律规定。

第一百一十七条　为了公共利益的需要，依照法律规定的权限和程序征收、征用不动产或者动产的，应当给予公平、合理的补偿。

第一百一十八条　民事主体依法享有债权。

债权是因合同、侵权行为、无因管理、不当得利以及法律的其他规定，权利人请求特定义务人为或者不为一定行为的权利。

第一百一十九条　依法成立的合同，对当事人具有法律约束力。

第一百二十条　民事权益受到侵害的，被侵权人有权请求侵权人承担侵权责任。

第一百二十一条　没有法定的或者约定的义务，为避免他人利益受损失而进行管理的人，有权请求受益人偿还由此支出的必要费用。

第一百二十二条　因他人没有法律根据，取得不当利益，受损失的人有权请求其返还不当利益。

第一百二十三条　民事主体依法享有知识产权。

知识产权是权利人依法就下列客体享有的专有的权利：

（一）作品；

（二）发明、实用新型、外观设计；

（三）商标；

（四）地理标志；

（五）商业秘密；

（六）集成电路布图设计；

（七）植物新品种；

（八）法律规定的其他客体。

第一百二十四条　自然人依法享有继承权。

自然人合法的私有财产，可以依法继承。

第一百二十五条　民事主体依法享有股权和其他投资性权利。

第一百二十六条　民事主体享有法律规定的其他民事权利和利益。

第一百二十七条　法律对数据、网络虚拟财产的保护有规定的，依照其规定。

第一百二十八条　法律对未成年人、老年人、残疾人、妇女、消费者等的民事权利保护有特别规定的，依照其规定。

第一百二十九条　民事权利可以依据民事法律行为、事实行为、法律规定的事件或者法律规定的其他方式取得。

第一百三十条　民事主体按照自己的意愿依法行使民事权利，不受干涉。

第一百三十一条　民事主体行使权利时，应当履行法律规定的和当事人约定的义务。

第一百三十二条　民事主体不得滥用民事权利损害国家利益、社会公共利益或者他人合法权益。

第六章　民事法律行为

第一节　一般规定

第一百三十三条　民事法律行为是民事主体通过意思表示设立、变更、终止民事法律关系的行为。

第一百三十四条　民事法律行为可以基于双方或者多方的意思表示一致成立，也可以基于单方的意思表示成立。

法人、非法人组织依照法律或者章程规定的议事方式和表决程序作出决议的，该决议行为成立。

第一百三十五条　民事法律行为可以采用书面形式、口头形式或者其他形式；法律、行政法规规定或者当事人约定采用特定形式的，应当采用特定形式。

第一百三十六条　民事法律行为自成立时生效，但是法律另有规定或者当事人另有约定的除外。

行为人非依法律规定或者未经对方同意，不得擅自变更或者解除民事法律行为。

第二节　意思表示

第一百三十七条　以对话方式作出的意思表示，相对人知道其内容时生效。

以非对话方式作出的意思表示，到达相对人时生效。以非对话方式作出的采用数据电文形式的意思表示，相对人指定特定系统接收数据电文的，该数据电文进入该特定系统时生效；未指定特定系统的，相对人知道或者应当知道该数据电文进入其系统时生效。当事人对采用数据电文形式的意思表示的生效时间另有约定的，按照其约定。

第一百三十八条　无相对人的意思表示，表示完成时生效。法律另有规定的，依照其规定。

第一百三十九条　以公告方式作出的意思表示，公告发布时生效。

第一百四十条　行为人可以明示或者默示作出意思表示。

沉默只有在有法律规定、当事人约定或者符合当事人之间的交易习惯时，才可以视为意思表示。

第一百四十一条　行为人可以撤回意思表示。撤回意思表示的通知应当在意思表示到达相对人前或者与意思表示同时到达相对人。

第一百四十二条　有相对人的意思表示的解释，应当按照所使用的词句，结合相关条款、行为的性质和目的、习惯以及诚信原则，确定意思表示的含义。

无相对人的意思表示的解释，不能完全拘泥于所使用的词句，而应当结合相关条款、行为的性质和目的、习惯以及诚信原则，确定行为人的真实意思。

第三节　民事法律行为的效力

第一百四十三条　具备下列条件的民事法律行为有效：

（一）行为人具有相应的民事行为能力；

（二）意思表示真实；

（三）不违反法律、行政法规的强制性规定，不违背公序良俗。

第一百四十四条　无民事行为能力人实施的民事法律行为无效。

第一百四十五条　限制民事行为能力人实施的纯获利益的民事法律行为或者与其年龄、智力、精神健康状况相适应的民事法律行为有效；实施的其他民事法律行为经法定代理人同意或者追认后有效。

相对人可以催告法定代理人自收到通知之日起一个月内予以追认。法定代理人未作表示的，视为拒绝追认。民事法律行为被追认前，善意相对人有撤销的权利。撤销应当以通知的方式作出。

第一百四十六条　行为人与相对人以虚假的意思表示实施的民事法律行为无效。

以虚假的意思表示隐藏的民事法律行为的效力，依照有关法律规定处理。

第一百四十七条　基于重大误解实施的民事法律行为，行为人有权请求人民法院或者仲裁机构予以撤销。

第一百四十八条　一方以欺诈手段，使对方在违背真实意思的情况下实施的民事法律行为，受欺诈方有权请求人民法院或者仲裁机构予以撤销。

第一百四十九条　第三人实施欺诈行为，使一方在违背真实意思的情况下实施的民事法律行为，对方知道或者应当知道该欺诈行为的，受欺诈方有权请求人民法院或者仲裁机构予以撤销。

第一百五十条　一方或者第三人以胁迫手段，使对方在违背真实意思的情况下实施的民事法律行为，受胁迫方有权请求人民法院或者仲裁机构予以撤销。

第一百五十一条　一方利用对方处于危困状态、缺乏判断能力等情形，致使民事法律行为成立时显失公平的，受损害方有权请求人民法院或者仲裁机构予以撤销。

第一百五十二条　有下列情形之一的，撤销权消灭：

（一）当事人自知道或者应当知道撤销事由之日起一年内、重大误解的当事人自知道或者应当知道撤销事由之日起三个月内没有行使撤销权；

（二）当事人受胁迫，自胁迫行为终止之日起一年内没有行使撤销权；

（三）当事人知道撤销事由后明确表示或者以自己的行为表明放弃撤销权。

当事人自民事法律行为发生之日起五年内没有行使撤销权的，撤销权消灭。

第一百五十三条　违反法律、行政法规的强制性规定的民事法律行为无效，但是该强制性规定不导致该民事法律行为无效的除外。

违背公序良俗的民事法律行为无效。

第一百五十四条　行为人与相对人恶意串通，损害他人合法权益的民事法律行为无效。

第一百五十五条　无效的或者被撤销的民事法律行为自始没有法律约束力。

第一百五十六条　民事法律行为部分无效，不影响其他部分效力的，其他部分仍然有效。

第一百五十七条　民事法律行为无效、被撤销或者确定不发生效力后，行为人因该行为取得的财产，应当予以返还；不能返还或者没有必要返还的，应当折价补偿。有过错的一方应当赔偿对方由此所受到的损失；各方都有过错的，应当各自承担相应的责任。法律另有规定的，依照其规定。

第四节　民事法律行为的附条件和附期限

第一百五十八条　民事法律行为可以附条件，但是按照其性质不得附条件的除外。附生效条件的民事法律行为，自条件成就时生效。附解除条件的民事法律行为，自条件成就时失效。

第一百五十九条　附条件的民事法律行为，当事人为自己的利益不正当地阻止条件成就的，视为条件已成就；不正当地促成条件成就的，视为条件不成就。

第一百六十条　民事法律行为可以附期限，但是按照其性质不得附期限的除外。附生效期限的民事法律行为，自期限届至时生效。附终止期限的民事法律行为，自期限届满时失效。

第七章　代理

第一节　一般规定

第一百六十一条　民事主体可以通过代理人实施民事法律行为。

依照法律规定、当事人约定或者民事法律行为的性质，应当由本人亲自实施的民事法律行为，不得代理。

第一百六十二条　代理人在代理权限内，以被代理人名义实施的民事法律行为，对被代理人发生效力。

第一百六十三条　代理包括委托代理和法定代理。

委托代理人按照被代理人的委托行使代理权。法定代理人依照法律的规定行使代理权。

第一百六十四条　代理人不履行或者不完全履行职责，造成被代理人损害的，应当承担民事责任。

代理人和相对人恶意串通，损害被代理人合法权益的，代理人和相对人应当承担连带责任。

第二节　委托代理

第一百六十五条　委托代理授权采用书面形式的，授权委托书应当载明代理人的姓名或者名称、代理事项、权限和期间，并由被代理人签名或者盖章。

第一百六十六条　数人为同一代理事项的代理人的，应当共同行使代理权，但是当事人另有约定的除外。

第一百六十七条　代理人知道或者应当知道代理事项违法仍然实施代理行为，或者被代理人知道或者应当知道代理人的代理行为违法未作反对表示的，被代理人和代理人应当承担连带责任。

第一百六十八条　代理人不得以被代理人的名义与自己实施民事法律行为，但是被代理人同意或者追认的除外。

代理人不得以被代理人的名义与自己同时代理的其他人实施民事法律行为，但是被代理的双方同意或者追认的除外。

第一百六十九条　代理人需要转委托第三人代理的，应当取得被代理人的同意或者追认。

转委托代理经被代理人同意或者追认的，被代理人可以就代理事务直接指示转委托的第三人，代理人仅就第三人的选任以及对第三人的指示承担责任。

转委托代理未经被代理人同意或者追认的，代理人应当对转委托的第三人的行为承担责任，但是在紧急情况下代理人为了维护被代理人的利益需要转委托第三人代理的除外。

第一百七十条　执行法人或者非法人组织工作任务的人员，就其职权范围内的事项，以法人或者非法人组织的名义实施民事法律行为，对法人或者非法人组织发生效力。

法人或者非法人组织对执行其工作任务的人员职权范围的限制，不得对抗善意相对人。

第一百七十一条　行为人没有代理权、超越代理权或者代理权终止后，仍然实施代理行为，未经被代理人追认的，对被代理人不发生效力。

相对人可以催告被代理人自收到通知之日起一个月内予以追认。被代理人未作表示的，视为拒绝追认。行为人实施的行为被追认前，善意相对人有撤销的权利。撤销应当以通知的方式作出。

行为人实施的行为未被追认的，善意相对人有权请求行为人履行债务或者就其受到的损害请求行为人赔偿，但是赔偿的范围不得超过被代理人追认时相对人所能获得的利益。

相对人知道或者应当知道行为人无权代理的，相对人和行为人按照各自的过错承担责任。

第一百七十二条　行为人没有代理权、超越代理权或者代理权终止后，仍然实施代理行为，相对人有理由相信行为人有代理权的，代理行为有效。

第三节　代理终止

第一百七十三条　有下列情形之一的，委托代理终止：

（一）代理期间届满或者代理事务完成；

（二）被代理人取消委托或者代理人辞去委托；

（三）代理人丧失民事行为能力；

（四）代理人或者被代理人死亡；

（五）作为代理人或者被代理人的法人、非法人组织终止。

第一百七十四条　被代理人死亡后，有下列情形之一的，委托代理人实施的代理行为有效：

（一）代理人不知道并且不应当知道被代理人死亡；

（二）被代理人的继承人予以承认；

（三）授权中明确代理权在代理事务完成时终止；

（四）被代理人死亡前已经实施，为了被代理人的继承人的利益继续代理。

作为被代理人的法人、非法人组织终止的，参照适用前款规定。

第一百七十五条　有下列情形之一的，法定代理终止：

（一）被代理人取得或者恢复完全民事行为能力；

（二）代理人丧失民事行为能力；

（三）代理人或者被代理人死亡；

（四）法律规定的其他情形。

第八章　民事责任

第一百七十六条　民事主体依照法律规定和当事人约定，履行民事义务，承担民事责任。

第一百七十七条　二人以上依法承担按份责任，能够确定责任大小的，各自承担相应的责任；难以确定责任大小的，平均承担责任。

第一百七十八条　二人以上依法承担连带责任的，权利人有权请求部分或者全部连带责任人承担责任。

连带责任人的责任份额根据各自责任大小确定；难以确定责任大小的，平均承担责任。实际承担责任超过自己责任份额的连带责任人，有权向其他连带责任人追偿。

连带责任，由法律规定或者当事人约定。

第一百七十九条　承担民事责任的方式主要有：

（一）停止侵害；

（二）排除妨碍；

（三）消除危险；

（四）返还财产；

（五）恢复原状；

（六）修理、重作、更换；

（七）继续履行；

（八）赔偿损失；

（九）支付违约金；

（十）消除影响、恢复名誉；

（十一）赔礼道歉。

法律规定惩罚性赔偿的，依照其规定。

本条规定的承担民事责任的方式，可以单独适用，也可以合并适用。

第一百八十条　因不可抗力不能履行民事义务的，不承担民事责任。法律另有规定的，依照其规定。

不可抗力是指不能预见、不能避免且不能克服的客观情况。

第一百八十一条　因正当防卫造成损害的，不承担民事责任。

正当防卫超过必要的限度，造成不应有的损害的，正当防卫人应当承担适当的民事责任。

第一百八十二条　因紧急避险造成损害的，由引起险情发生的人承担民事责任。

危险由自然原因引起的，紧急避险人不承担民事责任，可以给予适当补偿。

紧急避险采取措施不当或者超过必要的限度，造成不应有的损害的，紧急避险人应当承担适当的民事责任。

第一百八十三条　因保护他人民事权益使自己受到损害的，由侵权人承担民事责任，受益人可以给予适当补偿。没有侵权人、侵权人逃逸或者无力承担民事责任，受害人请求补偿的，受益人应当给予适当补偿。

第一百八十四条　因自愿实施紧急救助行为造成受助人损害的，救助人不承担民事责任。

第一百八十五条　侵害英雄烈士等的姓名、肖像、名誉、荣誉，损害社会公共利益的，应当承担民事责任。

第一百八十六条　因当事人一方的违约行为，损害对方人身权益、财产权益的，受损害方有权选择请求其承担违约责任或者侵权责任。

第一百八十七条　民事主体因同一行为应当承担民事责任、行政责任和刑事责任的，承担行政责任或者刑事责任不影响承担民事责任；民事主体的财产不足以支付的，优先用于承担民事责任。

第九章　诉讼时效

第一百八十八条　向人民法院请求保护民事权利的诉讼时效期间为三年。法律另有规定的，依照其规定。

诉讼时效期间自权利人知道或者应当知道权利受到损害以及义务人之日起计算。法律另有规定的，依照其规定。但是自权利受到损害之日起超过二十年的，人民法院不予保护；有特殊情况的，人民法院可以根据权利人的申请决定延长。

第一百八十九条　当事人约定同一债务分期履行的，诉讼时效期间自最后一期履行期限届满之日起计算。

第一百九十条　无民事行为能力人或者限制民事行为能力人对其法定代理人的请求权的诉讼时效期间，自该法定代理终止之日起计算。

第一百九十一条　未成年人遭受性侵害的损害赔偿请求权的诉讼时效期间，自受害人年满十八周岁之日起计算。

第一百九十二条　诉讼时效期间届满的，义务人可以提出不履行义务的抗辩。

诉讼时效期间届满后，义务人同意履行的，不得以诉讼时效期间届满为由抗辩；义务人已自愿履行的，不得请求返还。

第一百九十三条　人民法院不得主动适用诉讼时效的规定。

第一百九十四条　在诉讼时效期间的最后六个月内，因下列障碍，不能行使请求权的，诉讼时效中止：

（一）不可抗力；

（二）无民事行为能力人或者限制民事行为能力人没有法定代理人，或者法定代理人死亡、丧失民事行为能力、丧失代理权；

（三）继承开始后未确定继承人或者遗产管理人；

（四）权利人被义务人或者其他人控制；

（五）其他导致权利人不能行使请求权的障碍。

自中止时效的原因消除之日起满六个月，诉讼时效期间届满。

第一百九十五条　有下列情形之一的，诉讼时效中断，从中断、有关程序终结时起，诉讼时效期间重新计算：

（一）权利人向义务人提出履行请求；

（二）义务人同意履行义务；

（三）权利人提起诉讼或者申请仲裁；

（四）与提起诉讼或者申请仲裁具有同等效力的其他情形。

第一百九十六条　下列请求权不适用诉讼时效的规定：

（一）请求停止侵害、排除妨碍、消除危险；

（二）不动产物权和登记的动产物权的权利人请求返还财产；

（三）请求支付抚养费、赡养费或者扶养费；

（四）依法不适用诉讼时效的其他请求权。

第一百九十七条　诉讼时效的期间、计算方法以及中止、中断的事由由法律规定，当事人约定无效。

当事人对诉讼时效利益的预先放弃无效。

第一百九十八条　法律对仲裁时效有规定的，依照其规定；没有规定的，适用诉讼时效的规定。

第一百九十九条　法律规定或者当事人约定的撤销权、解除权等权利的存续期间，除法律另有规定外，自权利人知道或者应当知道权利产生之日起计算，不适用有关诉讼时效中止、中断和延长的规定。存续期间届满，撤销权、解除权等权利消灭。

第十章　期间计算

第二百条　民法所称的期间按照公历年、月、日、小时计算。

第二百零一条　按照年、月、日计算期间的，开始的当日不计入，自下一日开始计算。

按照小时计算期间的，自法律规定或者当事人约定的时间开始计算。

第二百零二条　按照年、月计算期间的，到期月的对应日为期间的最后一日；没有对应日的，月末日为期间的最后一日。

第二百零三条　期间的最后一日是法定休假日的，以法定休假日结束的次日为期间的最后一日。

期间的最后一日的截止时间为二十四时；有业务时间的，停止业务活动的时间为截止时间。

第二百零四条　期间的计算方法依照本法的规定，但是法律另有规定或者当事人另有约定的除外。

第十一章　附则

第二百零五条　民法所称的“以上”“以下”“以内”“届满”，包括本数；所称的“不满”“超过”“以外”，不包括本数。

第二百零六条　本法自 2017 年 10 月 1 日起施行。

阅读参考 3.2 《中美海底光缆系统总承包合同》案例

中美海底光缆系统总承包合同条款

目　录

第二十六条　信息保护和技术保障
第二十七条　申请许可证、海关清关及其他许可手续
第二十八条　通知
第二十九条　合同条款题目
第三十条　责任范围
第三十一条　合同条款的可分割性
第三十二条　总承包商应遵纪守法
第三十三条　争端解决
第三十四条　保存账簿
第三十五条　整体协议和修订补充
第三十六条　各方之间的关系
第三十七条　买方的代理人和代表
第三十八条　继承人约束
第三十九条　总承包合同生效
第四十条　信息公开性
第四十一条　克服“千年虫”（2000）问题
第四十二条　软件
第四十三条　合同签字
附件 1　履约担保函（样本）
附件 2　付款担保函（样本）
附件 3　中美海底光缆网络结构图
附件 4　主要分包商名单

前　言

本协议（以下称“总承包合同”或“合同”）于1997年12月____日制作并签署。

(美国公司)，在美国注册（以下称“美国公司”）；

(中国公司)，在中国北京注册（以下称“中国公司”）；

其他买方（略）。

上述买方在以下统称“买方”。

(总承包商名称)，一家按照__________国家法律组织和成立的公司，其主要办公地点在__________________________________（以下称“总承包商”）。

在下文中，买方和总承包商统称为“各方”，分开称为“一方”，并包括其继承者和被允许的受让人。

各方在此承诺履行现有合同的以下条款。

定 义

在本合同条款及合同的其他部分，以下定义将适用。

“验收”是指买方书面确认本项目或本项目的一部分按照总承包合同已经完成。“验收”、“已经验收”、“接受”将根据上下文判断适用。

“验收验证”是指总承包商提供的正式担保，包括测试，即“工程”已按照合同验收标准满足要求，从而使买方可以确定是否接收全部或部分“工程”。“验收测试”、“验收检测”将根据上下文予以解释。

“开单里程碑”是指基于某种标准已满足而允许开单（开出账单）的一个预设节点。

“CIF”是指价格、保险费和运费，也就是 FOB 价格条款加上在进口岸端所有的必需费用。“CIF”费用包括 FOB 价格条款费用，再加如下费用：

国际运费；

保险费；

在装货国家的装卸费和本地运输费；

清关费；

货物到仓库所需的运输费和卸货费。

“合同”是指合同条款、合同第二条（总承包合同的相关文件）所列的文件及其附件，以及根据合同条款第十三条（总承包合同履行期间的合同变更），产生的变更文件。

“总承包商”是指买方与之签署合同的另一方。

“合同价格”是指买方根据本合同所附的价格表在总承包商按照本合同完全履约后向总承包商支付的 CIF 价格，包括根据合同条款第十三条（总承包合同履行期间的合同变更），产生的变更文件。

“账务中心”是指经授权的，代表买方接受账单并付款的机构。

“设备”是指由总承包商提供或购买的，用于中美海底光缆网络的所有备件材料、设备和货物（包括软件设备）。

“FOB”是指货物转运到货船之前产生的所有费用，包括以下费用：

出厂费用；

船舶或机场的费用；

轮船货运提单或航空货物提单的处理费用；

装船费用；

营业税（发生在设备生产国家）。

“不可抗力”是指超过各方合理能力之外的，不可预见和不可避免的事件，而各方没有过失或疏忽大意，这类事件包括但不限于任何政府的行为或不作为、战争或类似战争状态、起义或动乱、水灾、瘟疫、检疫限制、禁运等。

“最终验收”是指买方书面确认本项目已按合同完成。根据情况，“最终验收证书”将予以颁发。

“信息”是指书面的或口头的，包括但不限于文件、技术规范、报告、数据、记录、图纸、模型、样式、样品、计算机输出、设计、电路图、发明（无论是否属于专利或具有知识产权）等。

“网络”是指连接附件 3（中美海底光缆网络结构图）中每个登陆站，包括网络接口在内的中美海底光缆网络的全部。

“网络接口”是指 STM-1 电子/光纤端口的输入口和输出口，其具体位置在数字/光纤分配架上（包括数字分配架/光分配架本身）。

“临时验收”是指买方按照本合同签发临时验收证书。

“临时验收日期”是指按照本合同签发临时验收证书上面记载的日期，这个日期包括买方用于评估全部测试结果的 30 日时间期限。

“质量保证”是指为提供适当信心所必须采取的所有有计划的系统的行动，以便保证某个产品或服务满足本合同的要求。

“签发证书”是指由总承包商签发并由买方确认的书面说明，它载明某种设备、段落或整个网络按照本合同要求进行完全测试，并在符合本合同要求后交予买方。根据上下文，“签发”应予以相应解释。

“段落” 是指在本合同范围内的如下内容：

“N 段” 分别连接中国、韩国和日本登陆站之间的海底光缆系统；

“W 段”连接中国崇明和汕头之间的海底光缆系统；

“S 段” 分别连接中国、美国、冲绳、关岛登陆站之间的海底光缆系统；

“E 段” 连接美国班顿和圣路易斯登陆站之间的海底光缆系统；

“P 段” 中美海底光缆的网络保护设备。

“分包商”是指与本合同有关的，将提供设备、项目、服务的人及合作伙伴。根据上下文，“分包商”一词应予以相应解释。

“软件”是指所有用于本网络的程序、数据、源代码、文件、操作系统，无论是书面的，还是写入硬件的，包括文件、未投入商用的支撑工具、与开发有关的数据与支撑，以及根据质保条款的说明所需要的系统升级或提升内容。

“工程”是指本合同的标的，即有关网络建设和总承包商和/或其分包商按本合同履行职责的所有管理、协调、计划、设计、生产、供货、运输、集成、海底光缆铺设、安装、测试、开通测试、培训，以及其他有关的服务或活动等。

第一条　总承包合同的标的

考虑到合同第十四条（总承包合同价格），总承包商同意按照本合同要求，根据其责任，全面承担、完成合同技术规范书规定的“工程”，并提供长期支撑，从而按照合同第六条（临时验收日期）规定的时间交付整个网络。

第二条　总承包合同的相关文件

以下所附全部文件、附录、附件应视为并解释为本合同的一部分。

前言

第一部分：合同条款

第二部分：价格表

第三部分：开单计划

第四部分：技术规范书

第五部分：路由调查信息

第六部分：工作计划

第七部分：总承包商网络说明

如果这些文件之间发生矛盾，应采用上述优先顺序。

第三条　总承包商责任

3.1　总承包商应完全负责中美海底光缆网络的设计、开发、工程、制造、供应、安装、测试和系统联测，确保整个网络完全符合总承包合同第四部分（技术规范书）的要求。总承包商不应以买方就本合同提供的任何信息为由申索任何额外付款，而且，总承包商也不应以买方就本合同提供的任何信息为由解除根据本合同应承担的任何义务。

3.2　总承包商应确保本“工程”符合合同要求，并满足买方的总体性能要求，尽管合同第四部分（技术规范书）不可能完全定义这些性能要求的细节。

3.3　买方对于总承包商在工程标准和设计规范上的指导或建议的认可，或者买方对上述设计的任何方面的意见或建议都不应解除总承包商对网络的设计和合适性所承担的总体责任。

3.4　总承包商应被视为对“工程”（作为整体）进行了详细审议，并完全满足其可行性和可实践性。

3.5　总承包商应按合同第二部分（价格表）为中美海底光缆网络提供固定价格。其固定价格不应做出变更，除非按照合同第十三条（总承包合同履行期间的合同变更）做出变更。

3.6　除了合同中描述的技术信息条款的要求，在买方有合理要求的情况下，总承包商应向买方提供与合同有关的额外技术信息。

3.7　总承包商应确保包含在本“工程”中的工作、任务、材料和设备充足，以便使整个网络能够正确运行。如果合同第二部分（价格表）及合同第十四条（总承包合同价格）中的任何工作、任务、材料或设备缺失，总承包商应自己承担费用来完成这些工作或任务，或提供这些材料和设备，而不能向买方提出任何申索。

3.8　总承包商应满足合同第六部分（工作计划）的要求。

3.9　总承包商应自己承担费用，在一定的时间和地点参加买方代表可能要求的与买方的会议，以便讨论工程总进度和合同第六部分（工作计划）的任何必要修改。

第四条　路由选择

4.1　根据最终路由调查报告的建议，在从事生产具体海底光缆型号之前，总承包商应就网络路由及其直线图（SLD）达成一致。然而，为了不使临时验收日期受到负面影响，总承包商应在最终路由报告完成之前进行光纤裸纤（以及中继器元器件）的生产工作，条件是如果由此生产的任何光缆（或中继器元器件）在最终路由报告建议结果出炉后不能纳入网络使用，其费用将由总承包商承担。总承包商应提示最终路由报告出炉的最后日期，以便满足临时验收日期要求。

4.2　一旦总承包商和买方就所选网络路由及其直线图达成一致，总承包商应按合同第 4.1 条规定，对所选路由和海底光缆设计承担完全责任，而且对沿着上述路由进行的后续作业承担唯一和全部责任。

第五条　技术要求和工作计划

“工程”应符合合同第四部分（技术规范书）和第六部分（工作计划）的要求，但是在实施本合同过程中买方和总承包商可能会按照合同第十三条的规定就必要的修改达成一致。

第六条　临时验收日期

本网络应按时完工，以便在 1999 年 9 月 30 日或之前签发临时验收证书。

第七条　履约担保函

7.1　为了确保所有合同义务能够良好并及时履行，总承包商应自己承担费用，在本合同签字日起 7 日内，以买方为受益人，按照附件 1 提供的格式，开具一份不可撤销、无条件的银行担保函，担保金额等同于合同价格的百分之十（10%）。担保函必须由买方认可的银行签发。

7.2　担保函应在签发最终验收证书之前保持有效。

7.3　如果总承包商未能按合同职责履约，买方具有唯一自由裁量权，有权根据履约担保函中的条件满足情况，选择索要履约担保函金额的全部或部分金额。

7.4　除了根据履约担保函索要金额，买方还应有权根据合同规定实施补救行动，包括恢复损害或损失的权力。

第八条　质量保证

8.1　总承包商应允许买方或其指定的代表实行以下质量保证活动：

(a)对总承包商的质量保证体系及其在本项目中的应用情况进行审计，包括但不限于生产、开发、安装、原材料和元器件供应等；

(b) 检查“工程”的所有部分，并根据实际可行的方式合理地审查设计控制，以保证它们的质量满足合同第四部分（技术规范书）要求。

8.2　在生产和安装的任何时段，如果“工程”的任何部分不符合合同要求，买方可以予以拒绝。对此拒绝，总承包商应立即自己承担费用，按照合同第四部分（技术规范书）的要求对不满足部分予以纠正，但买方也不因此增加总承包商的额外费用。

8.3 在买方依照合同第四部分（技术规范书）确认和签发出厂证书之前，网络的任何部分都不应装船运输。

8.4 按照合同第四部分（技术规范书）对网络部件签发出厂证书不应损害买方权利或买方对于总承包商的补救措施，也不应解除总承包商的义务，特别不能解除总承包商根据合同第三条（总承包商责任）对履行网络建设应尽的义务。

8.5 对于总承包商提议或完成的“工程”的任何一部分，由买方签署或代表买方签署的证书都不应解除本合同要求总承包商应承担的责任。

8.6 买方应在合理的时间介入“工程”，而总承包商应为此介入的检验和测试工作提供合适的便利。买方应有权进入总承包商或其分包商的所有工厂、办公地和工作现场，以便买方能够检查“工程”情况和监督“工程”进度。总承包商在与其分包商签订合同时应包括这些条款来保证买方的这些权利。买方应有权在总承包商和分承包商工厂、所有工作地点设立常驻代表，而总承包商在买方要求下应自己承担费用，为买方代表提供合适的办公场地、设施和登船代表的食宿便利。

第九条 临时验收之前对网络可能造成的损害

9.1 本条款适用于由于任何原因（包括不可抗力）所引起的所有损害（本条款包括破坏和损失）。

9.2 自从本合同生效之日开始到签发临时验收证书之日为止，网络的所有风险完全由总承包商承担。在此期间，总承包商应尽快对网络造成的任何损害采取补救措施，直至买方满意。尽管有这种损害，总承包商仍应按照合同规定履行合同并完成“工程”。根据合同第二十一条（工程项目延误），双方有可能就竣工期展延达成一致。尽管买方同意总承包商工程竣工展延，但买方对由此产生的损害不向总承包商承担任何责任。

9.3 在此期间，因补救损害产生的任何费用应全部由总承包商承担，除非由于买方的承包商（而不是本合同的总承包商）、服务人员、代理人在其被雇佣过程中发生有意的不当行为，买方应向总承包商支付因补救损害而产生的费用。

第十条 人身伤害和财产损害

10.1 本条款适用于以下所有申诉、损失、费用和损害：

（a）人身损害或死亡；

（b）除网络之外的财产损害；

（c）造成环境破坏而发生的清理费用和其他费用。

上述后果是由于总承包商或其分包商、代理人在实施合同期间的活动而造成的。

10.2 总承包商应对上述第10.1条所述的所有申诉、损失、费用和损害负责，并确保买方不受上述所有这些申诉、损失、费用和损害的影响。

10.3 买方应：

（a）在合理的时间内通知总承包商上述申诉和诉讼；

（b）应总承包商的要求，自行决定允许总承包商担任唯一辩护，解决此类索赔或诉讼，并在总承包商承担费用的情况下向总承包商提供所有信息和帮助，以便协助总承包商辩护或解决此类索赔或诉讼。

第十一条　保险

11.1　在工程实施之前，总承包商不限于其义务和责任，将自己承担费用为其在执行合同期间的债务购买必要的险种，受益人为联名的总承包商和买方。

（a）为项目的实施、测试和竣工所进行的任何种类的工作或作业中的工程购买保险，包括但不限于陆续完成的工作和在进行中的任何工作。

为项目的所有器具、仪器、结构设备、材料和任何带到现场的设备购买全险，以确保总承包商和买方在整个合同实施期间能够抵御所有可能产生的风险，包括但不限于海上禁运、海床暗流、战争风险等。

（b）由于实施项目或临时工程，要为所有资产和人员（包括买方人员）购买全险，以便抵御可能发生的任何损害、损失和伤害。

（c）对总承包商或其分包商的雇员根据法律法规需要赔偿和补偿的情况购买保险，总承包商应确保买方不因上述风险、损害、补偿、诉讼、要求、增加成本、开支等受到任何损害。

（d）购买一般险，足以覆盖总承包商根据合同应该承担的责任，保险期限要延长至质量保证期结束或质量保证期需要延期的日期。

合同总价应包括总承包商为上述险种应支付和计划支付的保险费。

11.2　在购买上述保险类别的每一个保险单之后，且在每次续保之前 30 日内，总承包商应向买方提供买方认可的相关保险费支付凭证，以便证明保险费已经支付而且其保单已经发生效力或即将生效。

11.3　如果总承包商未能购买和/或保持上述第 11.1 条和第 11.2 条中规定的险种有效，买方在保证不损害合同赋予的其他权利之外，可能购买和/或保持上述第 11.1 条和第 11.2 条中规定的险种有效，并支付保险费。如果出现这种情况，买方所支付的所有保险费应立即成为总承包商的债务，并且总承包商应立即向买方补偿。

如果总承包商收到买方上述要求付款的收据，但 30 日未能向买方补偿（付款），买方将从任何应向总承包商支付的合同款中扣减，或者要求总承包商返还这笔债务。

11.4　总承包商应遵从保单中包含的条款和担保，并确保其保险代理人和/或保险人在买方合理要求时能够向买方提供有关保险的内容。

11.5　适用于保险责任范围的一般原则

（a）总承包商指定的保险人应经过买方批准。

（b）上述保险的保险费用应由总承包商承担。

（c）保险人由于破产、清算或无能力向总承包商或其分包商提供保险，或保险人不能提供赔付金，不应视为总承包商放弃，总承包商也不能以此为借口拒绝执行合同的条款。

（d）如有损失或损害发生，总承包商应尽职尽责并立即采取补救措施，不能让保险理赔影响维修工作。

（e）上述保险单应载明，在保险被撤销或由保险人实质改变保险内容之前 60 日，总承包商应及时通知买方。

（f）无论是总承包商还是买方，如果根据合同发生有权索赔时，应立即书面通知另一方，并与之协商如何进行索赔和辩护。在征得另一方事先书面同意之前，不可影响索赔案的解决。

第十二条　合同中止

12.1　买方可以自行决定通知总承包商暂停部分或全部工程。

12.2　如果基于上述工程暂停，总承包商将发生额外费用或遭受损失以解除其合同责任，在以下情况下，应允许总承包商从买方那里获取等同于损失的补偿：

（a）总承包商无法合理地避免上述费用或损失；

（b）总承包商在事发后两个月内提交了详细费用或损失请求，且有足够的证据；

（c）工程暂停不是因总承包商未能履行合同责任或疏忽大意造成的。

12.3　如果工程暂停不是由于总承包商未能履行责任或疏忽大意造成的，总承包商在恢复暂停工程时应予以相同时间的延展工期，或双方同意的或长或短的时间延展。

12.4　买方不向总承包商承担由于工程暂停造成的利润损失或间接损害赔偿。

第十三条　总承包合同履行期间的合同变更

13.1　在履行合同期间，买方和总承包商可能会根据需要对合同条款进行修改并达成一致。

13.2　尽管有上述规定，买方可能通知总承包商对工程做出变更，如果

（a）增加或减少的价值不超过合同价格的 10%；

（b）以书面方式提出改变要求；

（c）按现有工期不影响按时完工。

13.3　上述合同价格的变动按以下计算：

（a）如果变动只是设备的数量或服务的数量，而且合同第二部分（价格表）中已有单价，那么将采用此单价计算合同的变更价格；

（b）如果变动的内容在合同第二部分（价格表）中没有单价，总承包商应提供合理的价格变动。如果买方有合理要求，总承包商应提供变动价格的证据。

13.4　按照最终路由报告确定的工程变化，应按照第 13.1 条合同变更进行，并采用合同第二部分（价格表）的单价计算。

13.5　在合同变更履行之前，上述合同变更中的任何时间调整和价格变动只有在买方和总承包商同意之后才被认可并写进合同。

13.6　在最后付款完成后不得再做合同变更。

第十四条　合同价格

14.1　总承包合同价格

为履行合同项目，在合同签署时的合同总价是__________美元。合同价格是固定价格，除合同第十三条（总承包合同履行期间的合同变更）规定外，合同价格不能更改。

14.2　税费和关税

14.2.1　合同价格应包括与本项目有关的发生在总承包商国家、买方国家或其他国家的所有可能征收的税费（包括总承包商雇员或其分包商雇员、总承包商本地代理或现场代表处等在买方国家或其他国家发生的税费，如营业税、收入所得税、工资税和其他税），但不包括合同第二部分（价格表）中项目的关税、进口税和/或增值税。

14.2.2　买方支付在买方国家合同项目发生的关税、进口税、增值税。如果要求总承包商支付，买方将按以下条件予以补偿：

（a）在提供发票及合适的说明文件后60日内予以支付，临时验收证书签发后即可开单；

（b）按照买方国家有关法律要求支付。

如果要求，总承包商应提供财务及开单文件，以便使买方满足国际和国内法规。

14.3　法律变更

法律的变更不影响合同第十四条（总承包合同价格），但是影响合同项目的关税、进口税和增值税的法律变更情况除外。

14.4　合同价格应包括有关光缆交越或石油管线交越所需要的特殊保护或特殊导航辅助产生的费用，以及临时验收日期之前的光缆临时存储费用。

第十五条　工程分包和委托

15.1　在没有买方书面同意的情况下，总承包商不应将本合同的任何工程委托或分包，或将本合同的利益予以抵押、转让。这种委托或分包只能在买方根据当地法律规定同意的情况下进行。无论如何，总承包商对此类分包都不能解除其合同责任，而且，总承包商应对分包商及其代理人，或其雇员的行为或过失承担责任，就像这些行为和过失是总承包商或其雇员所为。

15.2　如果发生合同暂停，在买方的选择下，总承包商应将其与分包商分包的所有工程协议委托给买方。

15.3　总承包商应确保其任何分包合同应包含本合同内适用于分包合同的条款。

15.4　任何违反这一条款的不利于买方的任何委托、抵押或分包应该视为无效，并且买方可以忽略。

15.5　总承包商应确保买方不受由于任何委托、抵押、分包等行为造成的任何申诉、裁决、产生的费用或损失影响。

15.6　在本合同工程实施期间，任何重要分包商的变化须经买方的事先书面同意。

第十六条　付款条件

16.1　付款责任

16.1.1　按照合同规定，总承包商完成合同工作的债务应局限于合同总价中的相关比例：

（待定）

任何单个买方都不对其他买方（按照合同）的付款比例承担任何责任。

16.1.2 本合同任何付款（包括尾款或其他）都不应作为总承包商完成合同工作的全部或部分真凭实据，而且，任何付款都不应解释为对任何有故障的、有瑕疵的或不合适的工程的认可。

16.2 开单计划

详见合同第三部分。

16.3 开单程序

16.3.1 总承包商应向买方的账务中心提交包括必要支撑文件的账单，并将副本抄送买方。买方账务中心的地址如下：

（待提供）

16.3.2 向账务中心开单的频率为每个季度不应多于一次，并且在每年的 1、4、7 和 10 月的第 10 日。如果账务中心所在国家当日不是工作日，可顺延到下一个工作日。

16.3.3 账单应按照双方同意的格式提交。提交买方的账单应表明合同总价和按照合同第三部分（开单计划）规定的开单里程碑。在每个账单上支付给总承包商的数额应按照第 16.1 条计算。

16.3.4 开单日期不能早于合同第三部分（开单计划）确定的日期。

16.3.5 如果买方账务中心或买方没有在账单到期日期或之前提出书面反对意见，该账单将被视为接受。

16.3.6 如果买方账务中心或买方对上述第 16.3.5 条提及的账单提出反对，买方和总承包商应尽最大努力立即解决该账单的争议。尽管事实上在同期可能提交了其他开单里程碑账单并且被买方接受，但在对上述争议账单问题解决之后，总承包商有权按照第 16.3.2 条重新开出正确账单。

16.3.7 开单时机

（a）总承包商应按照合同第三部分（开单计划）进行开单。

（b）按照合同第十三条（总承包合同履行期间的合同变更）同意的合同变更应按照如下方式开单：

合同变更金额如果对买方是净收，则总承包商在合同变更签字后下次开单时一并冲抵；

合同变更如果对买方是债务，则总承包商应在临时验收之日开单时予以叠加。

16.4 付款担保函

16.4.1 总承包商在每次账单到期日期之前至少 30 日，为买方开出付款担保函，并将付款担保函的原件寄给买方账务中心，副本抄送给每个买方。

16.4.2 按照附件 1 给出的格式签发的付款担保函应在临时验收证书签发之前保持有效，或者按照合同条款在由于合同终止所引起的申诉问题得到解决之前保持有效。

16.4.3 如果总承包商未履行其合同责任，或者由于法律方面的原因履行合同遇到挫折，买方有权按照付款担保函中的条件据此召回担保函担保的金额。

16.4.4　不应限制买方根据合同所赋予的权力实施补救措施。

16.4.5　在总承包商向买方提交付款担保函之前，买方不应支付任何账单。

16.5　付款程序

16.5.1　在买方账务中心收到付款担保函和有关说明文件后，开单60日内应予以全额支付。

16.5.2　如果到期账单未予以支付，所增加的额外费用将由买方和总承包商协商解决。

16.5.3　向总承包商支付的所有款项应由账务中心代表买方完成。

16.5.4　本合同所有向总承包商支付的款项应支付给：

（待定）

第十七条　货权转移

17.1　当临时验收证书签发时中美海底光缆网络的货权应转移给买方。货权转移不应免除总承包商根据本合同所承担的责任和义务。

17.2　中美海底光缆网络的货权转移给买方后，总承包商应保证该网络不存在由于总承包商或其政府的法规所引起的优先权、产权负担或安全利益等问题。

第十八条　验收

18.1　是否满足合同第四部分（技术规范书）要求应按照第四部分中规定的验收要求是否获得通过来决定。

18.2　总承包商应按照合同第四部分进行测试。总承包商应尽早但不晚于开始测试活动之前四周向买方提供测试手册，以便征得买方同意。总承包商应允许买方或其指定代表观察测试和审议测试结果。

18.3　在收到系统初始调测报告和网络测试结果的 30 日内，买方应通知总承包商完成以下事宜：

18.3.1　买方将按照合同第 18.4 条签发临时验收证书；

18.3.2　买方不建议签发网络临时验收证书，但是准备按照合同第 18.5 条签发商业验收证书；

18.3.3　买方此时不签发任何证书。

18.4　临时验收证书

18.4.1　当买方对所有测试结果感到满意，表示网络已按照合同第四部分和合同的其他要求完工，而且，如果在收到系统初始调测报告和验收测试报告的 30 日内买方对其感到满意，即表明网络按照合同第四部分运行，并且没有产生实质性的元器件方面的故障，而且，总承包商也完成了合同的其他要求，买方将签发网络临时验收证书，那么，网络将被认为按照网络临时验收证书载明的日期被临时验收。

18.4.2　网络临时验收证书可以是合格的，在这种情况下，证书后面会附上一个由买方自主决定编写的遗留问题清单，但是，买方认为这些遗留问题不影响网络的正常运行和维护工作。

总承包商应尽快切合实际地解决遗留问题，完成待完成的工作以便完全满足合同第四部分和合同的其他要求。只要任何一个遗留问题没有得到解决，总承包商应继续对遗留问题承担风险责任。

18.5 商业验收证书

18.5.1 如果买方没有签发临时验收证书是因为网络没有完全符合合同第四部分的要求，但是，如果买方认为网络或其一部分适合投入商用，那么，买方应向总承包商签发一个商业验收证书。如果商业验收证书签发，则投入商用的这部分网络的货权应在签发商业验收证书之日起转移到买方手中，但是，总承包商应继续承担这部分网络的风险。对于商业验收证书覆盖的那部分网络，买方应有权投入商业。商业验收证书后面应附上一个双方同意的，由总承包商来完成的遗留问题和缺陷问题清单，以及对解决这些遗留问题和缺陷问题采取补救措施的时间表。总承包商应承担并负责所有遗留问题，使最终满足合同第四部分的要求。

18.5.2 商业验收证书的签发决不能解除总承包商使网络满足合同第四部分和本合同其他要求的义务。特别是，在商业验收之日和临时验收证书签发之间，网络的任何质量下降、故障或损害应由总承包商自己承担费用并予以纠正。

18.5.3 在总承包商采取补救措施之后，总承包商应签发系统调测和验收测试报告，买方将根据第18.3条考虑上述报告。买方可以全权决定，要求部分或所有验收测试按照合同第四部分要求重新做一遍。如果买方对上述测试结果满意，则买方应签发一个临时验收证书，验收证书的日期将是最后一个故障由总承包商修复并使买方感到满意的时间。

18.6 最终验收

18.6.1 按照合同第十九条（质量担保）所述，在总承包商担保期到期后，网络完全符合合同第四部分及买方和总承包商协商一致的其他性能要求之后，买方应签发最终验收证书。最终验收将基于买方对网络在担保期间的运行情况进行评估。

18.6.2 最终验收证书的签发不能无理拒绝后延迟，但是，如果发生第19.4.1条定义的故障类型或指标弱化类型，有可能导致整个网络在25年的设计寿命当中无法满足合同第四部分的要求，或买方和总承包商协商一致的其他性能要求，最终验收可能被拒绝，直至总承包商可以合理地展示并证明这类故障或指标劣化不再持续发生。如果出现这种情况，按照合同第七条提供的履约担保函应延展期限直至最终验收证书签发。

18.6.3 如果在担保期间，元器件发生故障，总承包商应自己承担费用修理或替换发生故障的元器件，自最后一个元器件的修理或替换算起，若在网络连续运行90日后仍能完全满足合同第四部分的要求，最终验收证书才能签发。

买方保留摒弃最终验收测试的权利。

18.7 验收费用

在依照合同第四部分确定的验收程序实施过程中由总承包商发生的所有费用应由总承包商自己承担。

第十九条　质量担保

19.1　网络保修期应从临时验收之日起开始计算5年。然而，在临时验收之日还没有验收的，需要修理或替换的项目的保修期，应从这些项目临时验收之日起计算5年。在保修期内，总承包商应保证整个网络，包括其备件应完全符合超过25年的设计寿命，满足合同要求，或买方可以接受的其他性能指标，而且，任何故障类型或指标劣化都不能导致网络在25年设计寿命内不满足合同第四部分的要求。

19.2　如果在保修期内网络不能满足要求或出现故障、指标劣化，导致网络不能满足要求时，总承包商应予以修理，使网络恢复，满足合同要求或买方同意的性能指标水平。但是，买方可以自行决定予以修理，包括海上修理，这些都属于保修范围。存在缺陷、故障的设备，或保修期修复替换的设备，应在总承包商承担费用的情况下退还给总承包商。总承包商应在收到买方相关通知60日内向买方补偿这些修理费用。总承包商应有权派代表登船观察海上修理。买方的修理工作绝不能减少总承包商在保修期内的义务。

总承包商在保修期内对每次修理承担全部费用。这些费用包括但不限于船只费用和/或再埋设费用，元器件、设备或修理材料、额外用于修理工作的设备修理费用，人工费用，工程费用，修理辅助费用，以及其他有关费用，例如但不限于船运费用和因修理工作而发生的清关费用。

19.3　在保修期内任何故障部件或替换部件都应额外保修5年。

19.4　如果在保险期内，故障发生在网络的同一地方，或者一种故障类型、性能劣化有可能导致网络任何部分不能满足25年设计寿命的具体要求，在买方的要求下，这些故障部件，包括其他适当的备件就不能仅仅修理而是要由新部件予以替换。

19.4.1　关于本条款，如果有以下情况就被认为仍然存在故障类型或性能劣化。

（a）买方以合理的意见通知总承包商同样故障或类似机制发生并显示网络性能指标劣化，最终将使网络在25年设计寿命期内无法满足其指标要求。

（b）总承包商在调查之后仍不能使买方合理相信：

其故障/指标劣化在可靠性模型或平均故障间隔指标的预期之内；

其故障/指标劣化不是由于元器件或应用的设计缺陷导致的；

其故障/指标劣化仅仅适应于有限的部件，例如，由于生产（或批次）不一致。

19.4.2　故障/指标劣化的原因的调查工作及相关的补救行动应由总承包商在合理的时间内进行，并在买方的要求下向买方定期提交季度报告。

19.5　另外，总承包商应向买方支付与本条款有关的，因网络测试和检验、排除故障、替换或修理网络部件由买方支付的费用。

19.6　总承包商应尽一切合理的努力减少因修理和测试工作造成的网络中断时间。对于任何故障或任何可以引起网络中断的情况，总承包商应立即开展正确的干预方式，但无论如何，在收到买方通知后不能超过两天时间。买方有保留决定修理时间的权利。

19.7　总承包商应通过使用其提供的备用材料修复网络故障。但是，总承包商在买方同意的情况下，可以使用买方现有的备件材料、元器件或者设备。总承包商应以实物替换买方的备件库存，或者由买方选择，还可以向买方按原价赔付这些材料。这些材料的替换、赔偿应在总承包商和买方协商一致后进行，但决不能延误至买方的备品仓库中的这些材料的库存率低于 50%。

按照第 19.7 条，所有替代买方备品库的材料和其他不是来自买方备品库的所有修理网络的材料应从替换之日起保修 5 年时间。

19.8 对于任何故障单元或设备的修理、替换，总承包商应向买方提供一份故障被检测到的说明性报告，或者提供一份对故障单元及设备的修理报告。修理单元或设备的周期在合同第四部分中有详细规定。

19.9 网络维护

（a）在保修期内为了网络的维护或修理需要采用统一接续设备/统一耦合设备，这些接续设备的采用均不能使网络保修期失效，而且，在保修期内，总承包商应接受在修理中使用的统一接续设备/统一耦合设备的保修责任。

（b）如果买方决定与在同一区域内其他海底光缆系统的备品库共享备件而且也存在技术兼容性，那么为了日常维护使用了其他海底光缆系统的备件也不应当导致网络的保修期失效。

第二十条 长期支撑

20.1 从临时验收日期开始持续 25 年保修期间，总承包商应向买方提供：

（a）关于网络设计、维护和运行的技术支撑和建议；

（b）按合同第 20.5 条和第 20.6 条所述，以合理的价格提供产品、替换设备和维修服务。

20.2 当同样的部件或元器件不能提供时，总承包商应提供类似的并可兼容的部件，并负责提供适应性设计工作及所有实施的必要文件。

20.3 尽管有第 20.2 条，但不论什么原因，当总承包商计划停止生产相同的或完全兼容的备件和替换设备时，总承包商应至少提前一年时间通知买方，让买方从总承包商那里订购需要的备件和替换设备，并立即提供供应同等部件的详细安排。另外，按照合同第十九条（质量担保）规定，总承包商在保修期到期之前不能停止生产这些部件和设备。

20.4 如果总承包商没有满足合同第 20.2 条和第 20.3 条的规定，或本合同因违约终止，买方按照第二十六条（信息保护和技术保障）可要求总承包商向买方提供合同所需软件，向买方提供所有生产图纸和有关技术规范，以及相应部件或设备，包括软件的说明性物料清单、内部编号和/或代码编号，而且，如果有些部件或设备不是总承包商生产的，要提供生产商的名称、部件或设备的说明书、代码编号，对于同类部件或设备给出容许公差，最后，对匹配部件或设备，需要提供匹配参数和公差。易读的副本和缩微胶卷应该可以接受。

20.5 临时验收之后 5 年内的价格将依据合同第二部分（价格表）的价格调整，价格的 40%是固定价格，价格的 60%可按照总承包商提供的价格指数继续调整。调整的价格每年增长不超过 3%。

20.6　在上述所说的 5 年之后，一直到网络的寿命终结的长期支撑，可适用的价格不应高于之前的市场价格，并由双方协商一致。在上述期限到期后，总承包商应至少提前 1 年通知买方其计划停止生产的设备和项目的清单。

第二十一条　工程项目延误

21.1　依照合同第十二条（合同中止）、合同第十三条（总承包合同履行期间的合同变更）和第 21.2 条，总承包商应在临时验收日期之前完成网络的供应和安装。

21.2　如果不是由于总承包商违约或过失，而是由于不可抗力造成的工程延误，依照第 21.3 条，可以允许总承包商按照双方同意的时间延迟竣工，但是总承包商不能向买方提出任何财务索赔。

21.3　与第 21.2 条相关，如果总承包商证明在合同第六部分（工作计划）中的预留时间不足以弥补延误时间，则无论是在竣工日还是在工程进行的某个阶段，如果总承包商在延误开始之日就通知买方延误的原因，并提供满意的延误证明，买方则会考虑延长工期。

21.4　如果按照合同第六条（临时验收日期）或按照合同第十二条（合同中止）同意的延长日期，以及按照合同第十三条（总承包合同履行期间的合同变更）或第 21.2 条日期，网络仍没有竣工，总承包商应按照赔偿违约金的方式，而不是惩罚金的方式，向买方支付不超过合同总金额 10%的违约金，其计算方式如下：

自临时验收日期或按合同第十二条（合同中止），以及合同第十三条（总承包合同履行期间的合同变更）或第 21.2 条的日期算起，临时验收证书仍然没有签发时，每个日历日按合同总价的 0.2%（最多不超过 50 日）计算违约金。

21.5　如果按照第 18.5 条签发商业验收证书，则总承包商应以替代第 21.4 条的方式，每个日历日按照仍然没有竣工也没有投入商用的那部分网络（按照商业验收证书上明确的故障）价值的 0.2%的金额向买方支付赔偿违约金，而不是惩罚金，但是累计不超过合同总价的 10%。

21.6　对于合同第 21.4 条和第 21.5 条应支付的违约赔偿金，总承包商应在收到买方要求赔偿的书面通知之日起的 60 日内向买方支付。

21.7　如果总承包商未能按照本条款向买方支付产生的违约赔偿金，买方有权在应向总承包商支付或即将支付的款项中进行扣除，或者作为债务向总承包商收回款项，也可对履约担保函的部分金额或全部金额予以没收。

第二十二条　便利终止

22.1　本合同的工程可以由买方根据需要，在任何时候部分或全部终止。如果这样，买方应向总承包商发出书面“终止通知”，表明工程终止的程度和终止生效的日期。

22.2　在收到这种终止通知后，除非买方在通知中另有说明，否则总承包商应执行以下流程。

（a）按“终止通知”中确定的日期和程度终止合同的工程。

（b）除合同未要求终止的部分所需要的材料、服务或设备签订订单、签订合同外，不再进行新的订单签署和合同签署。

（c）采用一切合理的努力终止与“终止通知”有关的所有订单和合同。

（d）将现有订单或合同中总承包商的所有权利、货权、利益按照买方要求的时间和程度一律转让给买方。

（e）通过一切合理的努力，按照买方同意或认可（这种同意和认可对于本合同条款而言是最终的决定）的程度解决由于订单和合同的终止带来的所有责任和申诉。

（f）按照买方要求程度和时间将货权转让并移交至买方。

包括按照“终止通知”进行终止的工程，其有关的编制或非编制的部件、进展中的工程、已完成的工程、货物和其他有关材料；

包括已完成的或部分完成的计划、图纸、信息和其他财产（如果工程按计划完成，这些按要求需要提供给买方）。

（g）通过一切合理的努力，按照买方指示和授权的时间、方式、程度、价格出售任何上述有关财产，同时要求总承包商：

不再向任何买方延长信贷期限；

可以按照买方同意的价格和条件购买这些财产，此外，任何该等转让和收益处置应适用于根据本合同买方应向总承包商的付款中的扣减，或者按买方指示的其他方式支付。

（h）继续完成“终止通知”中没有涉及的其他部分的工程。

（i）采取必要的行动或按买方的指示，保护和保留这些合同有关财产，而这些财产处于总承包商的掌控之中或者买方存在利益。

22.3　在收到“终止通知”之后，总承包商应向买方提交一份书面终止索偿。这种索偿应立即提出，决不能晚于“终止通知”生效后的 90 个日历日。

22.4　在解决上述部分或全部终止申索时，买方向总承包商付款受限于以下几方面：

（a）根据合同第二部分（价格表）已完成的工程价格；

（b）对于部分完成的工程应尽可能切合实际，基于合同第二部分（价格表），按比例制定一个公正、合理的数额；

（c）为了本合同需要合理采购的物资和材料的成本并没有分摊到已经完成或部分完成的工程当中；

（d）由于上述所说的合同终止需要予以解决并支付成本，因此合同的终止部分应该合理收取相应成本；

（e）解决问题的合理成本，包括为准备解决申索和有关合同终止，以及终止其他合同所发生的会计、法律、秘书等其他合理费用，合理的存储费用、运输费用、有关本合同财产的保护和处置所产生的其他费用。

尽管有以上的规定，但根据本条款向总承包商支付的总额，连同其他向总承包商的付款，不应超过终止的工程或部分工程的合同价格。

22.5　根据本条款，在计算向总承包商应付款的金额时，已向总承包商支付的和应该向总承包商支付的金额应该预先扣除，任何总承包商对买方的债务及同意的价格或任何总承包商购买的材料、物质和其他物品的处置收益也应该预先扣除，仍没有被买方收回或是买方的信贷也要预先扣除。

22.6 如果仅仅是部分合同终止，在解决部分合同终止之前，总承包商应向买方提交一份有关“终止通知”中没有涉及的那部分合同的价格将依据合同第二部分（价格表）进行公平调整的书面请求，这种调整需经双方同意。

22.7 根据所规定的条款，如果由买方看来付款总额是在总承包商据此有权申索的数额之内，买方会同意向总承包商全部或部分支付与合同终止部分有关的总承包商所发生的费用。如果这种付款总额超过双方根据本条款同意或确定的金额，超过部分在买方要求下应由总承包商向买方支付或者由买方从履约担保函中予以回收。

22.8 在本合同最后决算完成的一年内，总承包商应保留并在合理的时间向买方展示因工程终止所产生的所有成本和费用的账簿、记录和文件，但是总承包商不得因此向买方收取费用。

第二十三条　因违约而终止合同

23.1 如果总承包商：

（a）未能完成合同第六部分（工作计划）；

（b）未能取得履约进展以至于严重影响合同的履行；

（c）实质上违反本合同的任何条款。

那么，买方可以书面提出要求总承包商在 30 日时间内纠正忽视或违约的行为。

23.2 如果总承包商在收到书面通知 30 日内未能满足通知要求，那么，买方可以根据本条款向总承包商发出书面终止合同或终止部分合同的通知。

23.3 如果未履行合同是由于不可抗力或由于买方的行为、不作为，总承包商不应被视作违约。

23.4 如果本合同按照第 23.3 条终止，则买方除本条款赋予的其他权利外，买方可以要求总承包商按照买方指定的方式和程度将已经完成的设备、材料或物品，部分完成的海缆和材料、部件、工具、夹模、模具、固定装置、计划、图纸、信息等货权，以及其他合同权利向买方转移，而这些合同权利是专门为履行这部分合同所取得的，如果这部分合同没有终止，则它们最终也要转移给买方。此外，总承包商在买方的要求下应保护和保存这些财产。按照合同第二部分（价格表）规定的价格和买方与总承包商同意的数额，买方将向总承包商支付已完成且交付的设备、材料、物资、服务，以及向买方交付的生产材料和为保护、保存买方财产所产生的费用。

23.5 如果本合同按照第 23.2 条终止，则买方可选择接管并完成工程项目。如果发生这种事件，在不损害买方任何其他权利和买方采取补救措施的情况下，总承包商应向买方支付超过合同价格之外所发生的全部费用，包括材料、设备、机器、工具和其他已采购物资的费用，以及已经用于或将要用于工程的物资费用。

23.6 如果合同按照第 23.2 条终止，则总承包商不应解除赔偿责任或由于合同违约而采取的其他补救措施的责任，这包括但不限于召回履约担保函和付款担保函的金额。

第二十四条　因不可抗力而终止合同

24.1　如果由于不可抗力事件，总承包商不能履行合同长达6个月以上，总承包商可以向买方申请终止合同。如果买方同意此申请，那么合同可以因此终止。

24.2　如果总承包商由于一件不可抗力事件延误或受阻，无法履行其合同义务，但不包括妨碍买方根据合同履行其合同责任的不可抗力事件，而且这种原因继续延误或阻止工程实施连续6个月或更长时间，买方可以终止合同。

24.3　按照上述第24.1条和第24.2条终止以后，买方可以自行决定要求总承包商及其分包商将其手中的任何设备或材料的货权转移给买方。

24.4　根据合同如果向总承包商支付的款项已经超过上述条款所述项目的价值，那么总承包商应自接到通知之日起60日内向买方返还这些超额款项，如果没有返还，此超额款项应成为总承包商对买方的债务。

第二十五条　知识产权保护与赔偿

25.1　总承包商应完全保护买方并使其不受由于使用了总承包商根据本合同销售或转让的任何专利、著作权或任何类似的知识产权保护而发生的侵权或涉嫌侵权所引起的所有诉讼、申诉、请求、成本、费用和开销等处罚。但是，这种保护不包括使用专利信息或材料用于合同之外的其他目的或根据本合同进行合理推断的其他目的的情况。

25.2　如果发生有关本条款事项引起的侵权或涉嫌侵权，以及任何申诉或诉讼控告买方：

（a）总承包商应尽快得到通知，并且：

自己承担费用，谈判解决上述争端或由此引起的诉讼；

按照买方要求不间断为买方提供合理的安全保障，并且足以涵盖可能向买方申诉的经查明、同意或估计的任何赔偿、损害、开销、成本的额度。

（b）在总承包商的要求下，买方应提供一切合理的协助以便于总承包商抗辩任何此类申诉或诉讼，其相关费用将由总承包商予以补偿。买方不应限制总承包商进行此类介入抗辩或应诉。从法律上讲总承包商也可以避免抗辩的介入限制。

（c）如果总承包商在接到通知后的30日内未能采取行动与之谈判解决或应诉，也没有按照本条款在买方的要求下向买方提供合理的安全保障，买方可以按照第25.2条采取行动与之谈判解决或应诉，之后的开销和款额应由总承包商予以补偿。

25.3　如果整个网络或其一部分被认为构成侵权，并面临法院限制使用的命令，或者面临诉讼认输或者自行停止使用，总承包商应立即自己承担费用：

（a）要么为买方购买保留和继续使用的权利；

（b）要么修改网络以便不再构成侵权。

第二十六条　信息保护和技术保障

26.1　总承包商向买方或者买方向总承包商提供的任何信息的所有权应归属提供信息的一方。

26.2　一方向另一方提供的信息应由接受方保密，而且只能用于网络的建设、维护和运行，或履行合同职责，而且在事先征得拥有信息一方书面同意之前不能用作其他目的，除非：

（a）这些信息接受方之前已经知悉且没有保密的义务；

（b）这些信息已经公开化而不是接受一方违反保密协议；

（c）这些信息按照法庭命令或书面法律要求需要公开。

26.3　在事先征得买方书面同意之前，总承包商不应泄露由于海底光缆路由调查得到的任何路由信息，除非泄露的目的是履行合同。

26.4　在事先征得总承包商书面同意之前，买方没有打算也不会（无论是直接或间接）泄露或转让如下产品：

（a）通过向总承包商获取信息而生产的任何中间产品（包括加工件、材料和服务）；

（b）任何由中间产品生产的商品（通过总承包商获得的信息而生产的中间产品是一种能够制造商品的设备，或者是这种设备的一个重要部件）。

第二十七条　申请许可证、海关清关及其他许可手续

27.1　总承包商的责任

27.1.1　总承包商应负责从有关当局获取必要的许可证、许可和授权，但不限于以下：

（a）与陆上部分有关的工程和光缆敷设许可；

（b）海底光缆敷设作业有关许可，以及其他海上作业活动的许可，包括但不限于环境研究，在买方国家的调查工作的许可，包括在买方国家的领水和专属经济区作业；

（c）为了网络建设所必需的对合同中设备的进口和安装作业许可。

27.1.2　总承包商应负责向每个买方国家进口设备和材料的海关清关工作。在履行合同期间，如果总承包商不能按照合同条款履行合同，总承包商应对买方可能承受的损害承担赔偿责任。

27.1.3　如果买方涉及进口材料和设备的入关和清关工作，这也不能解除总承包商的合同责任。

27.1.4　如果是临时进口，所有运作和有关活动应是总承包商的单独责任。当这些设备或材料停留在买方国家，以及它们准备再出口时，总承包商应承担这些设备或材料的维护责任。

27.1.5　总承包商应将其准备开展工作的意向至少提前 1 个月时间通知登陆点国家的买方。

27.1.6　此外，如果需要与第三方国家签署海底光缆敷设作业的协议和相关海事活动，在买方的协助下，总承包商负责与相关政府部门达成这种协议。

27.1.7　总承包商应至少提前 1 个月时间通知买方其运输和船运安排（无论是陆地、海运或空运），以及每次或每批发运的材料和设备的发票细节。

27.1.8　总承包商应通过航空挂号向相关买方邮寄以下内容：

（a）以相关买方的名义为抬头的原件提货单或航空提货单；

（b）发票副本；

（c）装箱单副本；

（d）原产地证书，或商品流通证书。

发票的形式应由买方和总承包商同意。

27.1.9　形式发票要详细载明每个货物的单价和价格表中的参考号码。

27.2　买方的责任

只有在当地法律和规章制度的要求下，买方应负责在网络登陆的国家获取相关政府当局的许可证和其他授权。

第二十八条　通知

28.1　根据本合同条款向一方发出的任何通知在不损害其他方式投送的情况下，通过挂号邮寄到以下地址将被视作正常投送，而且应至少提前 2 个工作日通过电传或传真告知此事项。通知投送在 10 个日历日内将被视作正式送达。

28.2　买方的通知地址如下：

美国公司

New Jersey

USA

Tel：1-201-301-××××

Fax：1-201-301-××××

中国公司

Beijing

Tel：86-10-6606××××

Fax：86-10-6606××××

其他买方：（略）

28.3　总承包商的通信地址如下：

（待填写）

28.4　如果上述地址发生变动，任何一方应发出书面通知。

第二十九条　合同条款题目

合同条款的题目只是为了方便，不能用来解释合同条款。

第三十条　责任范围

30.1　除了合同另有规定，在任何情况下，买方或者总承包商都不对另一方承担直接的、附带的或间接的损害责任。

30.2　总承包商的责任不应超过合同的总价，以下情况除外：

人员死亡或人身伤害；

由于总承包商的工作造成的环境破坏；

总承包商故意不履行合同义务。

第三十一条　合同条款的可分割性

如果合同的任何条款无效或不可实施，整个合同不应视作无效或不可实施，而且，整个合同将视作不包括这些无效或不可实施的条款。各方的权利和义务应相应解释和执行。

第三十二条　总承包商应遵纪守法

32.1　总承包商应遵守本合同工程所在国家和地区所有法律和规章制度，所有工程作业要完全按照当地法律、规则、规章、规定、办法、命令等，以及当地市政府和其他当局的法律要求和地方要求执行。

32.2　买方对于总承包商在实施工程期间的任何违反法律法规、章程、制度、命令或判决的行为、违约、忽视或遗漏等行为不负任何责任。

32.3　总承包商应被视作同意并已经获得与本合同有关的所有必要信息，包括但不限于以下事项：

（a）向港口当局应支付的费用、领航员费用和其他费用；

（b）影响劳动力，包括工作许可证的各种条件；

（c）政府和/或港口当局的规章制度；

（d）在领海、经济专属区或其他必须通过的有争议水域、必须经过的陆上路由敷设网络设施的许可证或通行证；

（e）与海底光缆敷设和埋设作业有关的环境影响的许可证。

32.4　总承包商应被视作完全检查并独立验证了合同第二条（总承包合同的相关文件）提及的文件，以及本合同的条款、所有图纸、技术规范、表格、与本合同相关的规定和其他信息，而且完全理解与风险有关的所有信息，无论是政治风险或其他风险，还是影响合同的突发事件和其他情况，特别是海底光缆的敷设工作。买方及其服务人员、代理人等对所有这些信息、风险、突发事件或其他情况，以及与之相关的侵权或行为，不负有任何法律责任。

第三十三条　争端解决

33.1　总承包商和买方应尽力友好协商解决在执行合同期间可能发生的不同意见。

33.2　由于合同条款的实施和解释可能产生的不同观点及可能存在的争端，应按照国际商会调解和仲裁规则，由按照其规则指定的位于日内瓦的一名或多名仲裁员予以解决。

33.3　仲裁使用的语言应为英语。

33.4　所采用的应用法律应是相关买方国家/地区（如果争议只是涉及一个买方）的法律。如果涉及一个以上的买方，应用法律应是英国法律。

第三十四条　保存账簿

34.1　对于合同第二部分（价格表）中所列项目，总承包商应制作并保存 7 年（自临时验收之日起）。

34.2　对于随时发生的项目的开单，总承包商应制作并保存 7 年（自临时验收之日起），包括这些项目的设计、供应和安装费用的账簿、记录、凭证和账户。

34.3 在合理要求下，总承包商应从其分包商获取不同于本合同第 34.2 条所述的固定项目费用的记录，并保存 7 年（自临时验收之日起）。

34.4 根据本条款，总承包商应向买方提供审议上述所有需要保存和维护的费用账簿、记录、凭证和账户。

第三十五条 整体协议和修订补充

35.1 本合同将替代买方和总承包商之间就本合同主题有关之前的所有口头和书面理解。本合同及其任何条款只能通过合同各方正式授权代表书面签署的协议修改或另外增加的协议予以补充。

35.2 各方承认并同意如下：

（a）他们没有被任何未写进合同的陈述、担保或其他保证所引诱而签署本合同；

（b）与本合同有关，欺诈除外，就有关上述任何陈述、担保或其他保证而言，对其采取任何补救措施应是违背本合同条款，但是，其他权利和补救措施除外。

第三十六条 各方之间的关系

36.1 买方任何一方与另一方相互之间的关系不是也不应该是伙伴关系，在此所包含的任何内容都不应视作相互之间构成伙伴关系。买方之间的共同事业应是局限于本合同条款的明确表达，不应以其他任何方式存在。

36.2 各方同意在买方和总承包商的分包商、供应商或代理人之间不产生任何合同关系。

36.3 总承包商和买方之间的关系不应视作是代理人和委托人之间的关系。

36.4 买方的责任不应是联合责任，而应是分别责任。

第三十七条 买方的代理人和代表

买方可以按自己的意愿任命代理人或代表去履行本合同的责任或行使本合同的权利。买方应书面通知总承包商这些任命。

第三十八条 继承人约束

本合同应对总承包商和每个买方及他们的继承人、许可的受让人具有约束力。

第三十九条 总承包合同生效

39.1 买方和总承包商达成的合同在签署之后和完成下列条件之后生效：

（a）买方已收到合同第七条（履约担保函）提及的履约担保函；

（b）买方已收到其各自政府下发的关于可以开始网络建设工作的所有必需的许可证。

39.2 当上述全部条件满足之后，买方应立即通知总承包商，而且本合同应自上述通知收到之日起开始生效。

39.3 如果合同自签署之日起 90 日仍未生效，买方应告知总承包商买方为获取相关政府许可所做的努力情况，为了延展上述期限各方将努力达成一致。

第四十条　信息公开性

40.1　在事先征得买方书面同意之前，总承包商不应在任何报纸、杂志、期刊或其他媒介公开发布与本合同相关的信息。

40.2　在不违背之前有关保密义务的情况下，总承包商应确保在事先征得买方书面同意之前不公开发布与本合同有关的任何信息。

40.3　本条款的有效期一直持续到合同执行结束或合同终止。

第四十一条　克服“千年虫”（2000）问题

总承包商应确保工程中使用的所有软件、产品和设备的设计在网络的运行和维护过渡方面到下一个世纪不会受到影响，即应符合以下要求：

（a）在2000年之前不会引起网络运行的中断；

（b）以日期为基础的功能在2000年之前、期间及之后一定要保持连续性；

（c）所有的接口和数据存储，日期的千年记录必须是清晰的。

第四十二条　软件

42.1　总承包商应给予买方不可撤销的、非独家的免版税许可，用于使用、复制和使用所有复制的软件，包括本合同中提供的有关文件。这一许可应限于网络的运营和维护而使用的软件，使用期始自每一项软件向买方交付的日期或相关文件向买方交付的日期。

42.2　总承包商应完全向买方公开、提供并保持秘密提供所有软件，包括相关文件的最新版本，以及版本发行状态的相关信息。

42.3　总承包商应采取合适的预防措施保护文件和相关源代码，以防任何种类的损失。最新文件版本和相关源代码的副本应由总承包商存放在远离正常工作场地的安全和有保障的地点，保存期限为网络的设计寿命期限。

42.4　除上述规定外，总承包商应向买方提供一套源代码的副本，而且当每次发布软件新版本时，要向买方不断提供更新版本，如果有要求，不仅人员可读而且机器也应可读。还要提供详细的主机资料和充足的文件，包括修改软件的软件工具。如果这种免版税的许可仅限于如下环境：总承包商在合同第十九条（质量担保）规定的担保期限到期后，拒绝或不能满足买方以合理价格对软件修改的要求，则总承包商应向买方提供不可撤销的、非专有的、不可转让的（除非买方在公司合并或重组时转让）免版税的软件许可、使用源代码修改，并按修改过的使用。这种拒绝或不能提供的情况总承包商应以书面方式通知买方。为消除疑虑，买方将无权对原版软件或修改后的软件转让使用许可。

42.5　最后的版本应是在五年保修期结束时（或买方选择的其他延展的保修期限）由总承包商签发维护使用的版本。

第四十三条　合同签字

本合同将签署××份原件。

以昭守信，由各方分别签署或由各自正式授权的官员以其名义签署本合同。

买方

谨代表美国公司：

由　　　　签署

买方

谨代表中国公司：

由　　　　签署

总承包商：

谨代表________：

由　　　　签署

附件 1

履约担保函（样本）

先生们：

我们所指的合同是你们与____________（以下称为“总承包商”）共同签署的中美海底光缆网络合同。

按照上述合同条款规定，总承包商必须向___________为代表的买方提供一份中美海底光缆网络合同的履约担保函，担保函的金额为签署合同时合同总价的10%，作为其正确履行合同义务的担保。

因此，作为担保人，我们（公司总部位于____________________）在此声明，我们自________开始无条件地和不可撤销地保证向________________为代表的买方支付最多________金额。

在本担保函有效期间，你方有权向我们提交书面通知，无须提供总承包商未能履约的证据，以你方为受益人，声明没收上述部分或全部担保金。在收到你方上述通知后，我们将立即以现款方式向你方支付如下没收金额：

（待定）

本契约在最终验收证书签发之日起将自动失效。到期后，本担保函必须退还给我们，以便从我们的档案中注销。

您真诚的，

×××

附件 2

付款担保函（样本）

预付款担保函，发票号码：______________________________________

货币（币种）__________

我们，以下签署人（银行名称）（注册办公室位于______________________________）已经注意到买方（名单）与总承包商（其公司总部位于________________）就中美海底光缆网络签署了总价为____________（货币名称）的合同。

考虑到上述情况，我们（银行名称）作为担保人，在此无条件和不可撤销地代表总承包商向买方担保，在收到买方给我们的书面请求之后，我们将向买方支付发票（日期为_________）所代表的百分之百的任何数额或全额___________（货币单位），该付款将在要求提出的第一时间毫无保留、毫无条件且没有追索权的情况下予以支付，无论总承包商存在何种异议。

本担保函在买方按照合同规定签发临时验收证书之日之前将保持有效。

您真诚的，

（银行名称）代表

签署
（授权签署）

附件 3

中美海底光缆网络结构图

略。

附件 4

主要分包商名单

待定。

阅读参考 3.3 《2010 年国际贸易术语解释通则》

《2010 年国际贸易术语解释通则》参考中、英文版可扫描二维码阅读。

第4章 Chapter 4 国际商事争端解决机制

主要内容：本章主要介绍国际商事争端解决方式；和解的含义及特点；国际商事调解的含义及特点；国际商事仲裁的含义及特点；国际商事诉讼的含义及特点；国际工程争端解决方式等。

4.1 争端解决方式

随着国际经济贸易的不断发展，国际间的商事争端也日益增多，因此，了解并熟悉国际商事争端解决机制十分重要。

我国倡导的“一带一路”是弘扬古代丝绸之路精神的合作共赢之路，也是推动构建人类命运共同体的创新实践之路。

截至目前，“一带一路”倡议已经得到140多个国家和地区的积极响应，有力推动了世界贸易和投资的自由化、便利化。

随着“一带一路”基础设施联通、贸易畅通和资金融通的深化，我国人民法院受理的国际贸易、国际工程承包、国际物流等跨境商事纠纷不断增加。据不完全统计，2013年至2017年5年间中国各级人民法院共审执结涉外商事案件20余万件，较过去5年增长一倍以上。我国人民法院充分发挥审判职能作用，不断提高司法水平，增强司法透明度，中外当事人对我国司法环境及投资保护水平的信任度不断提高。

坚持共商、共建、共享原则，与世界各国开展司法交流合作，是推动国际法治发展的时代潮流。在经济全球化大潮中，各国为了应对国际商事纠纷解决需求，纷纷建立国际商事法庭。例如，阿联酋于 2004 年设立迪拜国际金融中心法院，新加坡于 2015 年设立新加坡国际商事法庭，哈萨克斯坦、荷兰等国也相继通过立法设立国际商事法庭。

为了优化“一带一路”法治化营商环境和加强国际法治合作，逐步建立和形成一套公平公正、专业高效、透明便利且低成本的国际商事争端解决机制，中国在深圳设立第一国际商事法庭，在西安设立第二国际商事法庭。

国际商事法庭主要受理平等商事主体之间在贸易、投资等领域产生的争端，不受理国家与国家之间的投资、贸易争端，投资者与东道国之间的国际投资争端。后两种类型的争端按照现有国际规则解决。国际商事法庭的设立意义在于，通过坚持共商、共建、共享原则，充分发挥专业化争端解决优势，更好应对共建“一带一路”新形势下的国际商事纠纷，公正、高效、便利且低成本地解决包括“一带一路”建设纠纷在内的各类国际商事纠纷，平等保护中外当事人的合法权益，努力营造稳定、公平、透明、可预期的法治化营商环境。

因此，建立一套公平、公正、合理的国际商事争端解决机制和机构，将为国际商事纠纷的解决提供更加高效、便利、快捷、低成本的方案。

国际商事争端解决方式一般有四种：和解、国际商事调解、国际商事仲裁和国际商事诉讼。目前，选择性争端解决方式（Alternative Dispute Resolution，ADR）等多元纠纷解决机制已经取得令人瞩目的重要性进展，我国司法实践中对于和解和调解的重视程度也很高。但是，商业实践中对纠纷替代解决机制的引入尚待加强。

中国传统文化互谅互让、以和为贵的思想，逐步被中外司法界普遍认同。我国鼓励和支持有条件的律师事务所积极参与国际商事调解，充分发挥律师在国际商事调解中的作用，畅通调解服务渠道。

1. 和解

和解是指在国际商事争端中，双方当事人在平等、自愿的基础上，直接通过磋商沟通的方式，自行解决双方之间的争端。一般情况下，通过和解解决争端可以有第三方的参与也可以没有第三方参与。在不损害双方关系的基础上，互谅互让地解决纠纷是被广泛采用的解决国际商事争端的方式。

和解解决国际商事争端具有以下特点：①自愿性。争端双方可以在自愿互谅的基础上解决争端，有助于当事人和解并达成协议。②程序简便。协商不受固定的法定程序约束，简便易操作，更经济快捷，节约人力、物力和财力。③保密性。协商一般不对外公开，有助于当事人放弃对抗，在小范围内平和地解决争端，保护当事人的经营秘密。④前瞻性。商事争端双方当事人出于商业关系考虑，既要考虑当前的争端又要继续维系和保持合作关系，通过协商的方式，可以达到互利共赢。

2. 国际商事调解

国际商事调解是指发生国际商事争端的当事人在第三方的主持下，通过调解说服，促使当事人双方达成谅解协议，解决争端。

调解与和解不同，最明显的区别就是，和解解决中一般只有当事人双方，即使有第三方也不直接发挥关键作用，而调解中通常是有第三方积极介入的。第三方通常是当事人双方都认同的具有一定公信力的组织，在中国，行政机关、仲裁机构、人民法院均可进行调解。调解达成协议并经当事人签名后，便具有法律约束力。双方当事人必须履行，若一方当事人无正当理由拒绝履行，对方当事人可以向法院申请强制执行。调解只能在双方当事人自愿的基础上进行。

国际商事调解本质上具有以下特点：①自愿性。自愿是调解的核心要素之一，促使当事人通过合意解决其争端是调解的一个重要特征。调解的启动、调解规则的适用、调解员的选定、调解程序的进行和终止都以当事人自愿为准。调解成功后，调解协议由当事人自愿履行，一般无强制执行力。调解不成功，或者调解协议未得到履行，不影响当事人采用其他方式解决相关争端。②介入性。与和解谈判相比，调解最大的特点在于第三人的介入和协助。争端较大难以形成共识的情况下，借助第三人的协助容易达成和解，解决争端。第三人在调解过程中应该是中立的。③灵活性。调解具有程序上的灵活性，解决争端更便捷、合理。同时，调解过程往往是非对抗性的，争端双方可以阐述自己的意见，根据自身利益达成双方都可以接受的协议。调解的成功与否常常取决于调解员的经验、学识、技巧及当事人解决纠纷的理性。此外，除非当事人另有协议，国际商事调解一般都不公开进行，调解员或调解机构及全体当事人、其他参与人均应遵守保密原则，不对外界透露调解的过程及内容。④契约性。契约性也是调解的本质属性之一，贯穿于调解的整个过程，如调解程序的启动、规则的使用、和解协议的达成等事项，当事人都可以通过合意的方式达成契约来处理。当事人达成的和解协议属于当事人自治性权利处分行为[①]。⑤效力性。经人民法院或仲裁机构等制作的调解书具有法律效力，可强制执行。

① 尹力. 国际商事调解法律问题研究[M]. 武汉：武汉大学出版社，2007：40.

3. 国际商事仲裁

国际商事仲裁是指如果当事人双方不愿协商、调解，或者协商、调解不成的，可以根据双方当事人在合同中的仲裁条款或者事后达成的书面仲裁协议，提交常设仲裁机构或临时仲裁庭，以解决双方的争端。国际商事仲裁在国际商事争端中较为常用。一般在国际商事争端、纠纷的仲裁中，仲裁的裁决是最终结果，对争端双方具有约束力。

此外，如果合同中写明了仲裁条款，绝大多数国家的法律规定法院对于由该合同产生的争端无管辖权。我国民事诉讼法规定：涉外经济贸易、运输和海事中发生的争端，当事人在合同中订有仲裁条款或者事后达成书面仲裁协议，提交中华人民共和国涉外仲裁机构或者其他仲裁机构仲裁的，当事人不得向人民法院起诉。

国际商事仲裁主要有以下几个特点：①国际商事仲裁机构一般是民间机构，不具有强制管辖权。“仲裁”是一个基于当事人协议的合意性程序[①]。因此，仲裁庭管辖权来自于双方当事人达成的仲裁协议，是双方合意的结果，更能体现双方当事人意志。为保证仲裁裁决的专业性和公正性，当事人可协议选定仲裁员。②仲裁程序灵活、简便迅速，收费较低。③裁决具有终局性，仲裁裁决具有必要的强制性。相比于判决，仲裁裁决更易于在国外承认与执行。④仲裁审理以不公开为原则，保密性强，更利于保护商业秘密。

4. 国际商事诉讼

国际商事诉讼是指国际商事争端中的一方当事人直接向法院提起诉讼，由具有管辖权的法院通过审判程序解决当事人的争端。我国民事诉讼法规定：当事人在合同中没有订立仲裁条款或者事后没达成书面仲裁协议的，可以向人民法院起诉。

与国际商事仲裁相比，国际商事诉讼主要有以下特点：①管辖权。作为国际商事诉讼的审理机构，法院是由官方设立的国家机构，是国家的审判机关，代表国家行使审判权。法院对案件的管辖主要分为法定管辖和协议管辖。当事人协议选择管辖法院的权利要受到许多限制。在法定管辖范围内，法院可以审判法定范围内的任何事项，无须当事人的协议。在协议管辖范围内，各国法律允许当事人以协议约定管辖法院。②审判人员。法院的审判人员是由国家任命或选举产生的，

① 博恩. 国际仲裁：法律与实践[M]. 白麟，等译. 北京：商务印书馆，2015：7.

审理具体案件的法官由法院任命，当事人无权指派或选择法官，但可以申请法官回避。③审理的程序和效力。在诉讼中，当事人不能选择程序法，法院只能按照法院所在地的程序法审理案件。有些国家实行二审终审制，有些国家实行三审终审制。若当事人对一审法院的判决不服，可以在法定的期限内向上级法院上诉，只有终审裁判文书送达，才发生效力。

4.2 和解

和解是当事人在自愿互谅的基础上，就已经发生的争端进行协商并达成协议，自行解决争端的一种方式。和解是国际商事争端最常见、最有效的解决方式，也是应该首选的最基本方式。双方依据法律与合同，通过友好磋商和谈判，互相让步，折中解决商事争端。协商解决方式对合同当事人都有利，按合同原则达成和解，为继续履行合同及为将来进一步友好合作创造了良好条件。正如法谚所云："瘦的和解胜过胖的诉讼"，和解不仅能有效降低解决纠纷的成本，还能够较好地维系原有的关系与秩序，符合当事人的利益考量。

4.2.1 和解概述

1. 和解的特点

第一，和解是当事人的自觉行动，当事人进行磋商符合自己的意愿，是当事人真实的意思表示。第二，和解无须第三方介入，"解纷于无形"简便易行，能够及时解决争端，有利于解决分歧较小的争端，但对于复杂性较强、分歧较大的争端有一定局限性。第三，和解成本最低，当事人投入的时间或者费用都较少，能够经济、及时地解决纠纷。第四，关系友好性，有利于维护合同双方的友好合作关系，使合同能更好地得到履行。第五，和解是争端解决的首要途径，和解不成，当事人会寻求其他解决方式，和解也是最古老的纠纷解决方式，贯穿于纠纷解决的整个过程，既包括争端发生时的和解，还包括调解中的和解、仲裁中的和解，诉讼和解、诉讼外和解及执行和解等。

和解要遵循当事人意思自治原则。所谓意思自治原则，是指在商事活动中，商事主体的意志是独立的、自由的，不受任何国家权力和其他当事人的非法干预。也就是说，商事主体在没有非法的外力强迫的情况下，完全根据自己的主观判断来决定民事法律关系的设立、变更和终止。商事主体的任何一方不得以欺诈、胁迫的手段或者乘人之危，使对方在违背真实意思的情况下所为的民事行为无效，因为欺诈、胁迫或乘人之危将会给当事人意思表示的自由造成一定的限制与侵害，违犯了意思自治原则。

在国际工程争端解决方式中，和解得到了广泛推行。例如，FIDIC 合同 1987 年版《土木工程施工合同条件》第 67 条将协商（友好解决）规定为争端提交仲裁前的必经程序，强调了协商解决的重要性，明确规定：争端双方应首先设法友好解决争端，否则不应该对这一争端开始仲裁。FIDIC 合同 1987 年版的指南中提出：双方可以考虑在产生任何争端之前，在合同问题的早期达成友好解决争端的程序是不无益处的。友好解决实际上是留给业主和承包商的一个解决问题的程序①。正所谓“最糟糕的友好解决，也胜过最好的仲裁结果”②。

国际法律界也大力推行和解方式解决争端。在国际统一私法协会颁布的《跨国民事诉讼规则》第 24 条规定：法院在尊重当事人继续诉讼的机会的同时，如果合理可能，应尽可能鼓励当事人和解。在诉讼开始之前和之后，当事人都应在合理的和解努力中进行合作。法院可对无正当理由不合作的当事人或恶意参与和解努力的当事人进行费用制裁③。

2. 和解的分类

合同争端发生后，当事人在任何时候都可以进行和解，包括在诉讼、仲裁和调解过程中。一般学界按照与诉讼的关系分为诉讼前和解、诉讼中和解和诉讼外和解。另外在调解、仲裁和执行过程中还会发生调解中和解、仲裁中和解、执行中和解等。以下主要介绍诉讼前和解、诉讼中和解、诉讼外和解和执行中和解。

（1）诉讼前和解

发生诉讼以前，双方当事人互相协商达成协议，解决双方的争执。和解成立后，当事人所争执的权利即可确定，所抛弃的权利随即消失。和解一经成立，当事人不得任意反悔要求撤销。但是，和解所依据的文件，事后发现是伪造或涂改的，或和解事件已为法院判决所确定，而当事人于和解时不知情的，又或是当事人对重要的争执有重大误解而达成协议的，当事人都可以要求撤销和解。

---

① 徐铱. 论工程施工合同范本及其更新[M]. 成都：西南交通大学出版社，2015：58.

② 张水波，何伯森. FIDIC 新版合同条件导读与解析[M]. 北京：中国建筑工业出版社，2003：264.

③ 李双元，欧福永. 国际民商事诉讼程序研究[M]. 武汉：武汉大学出版社，2016：297.

（2）诉讼中和解

指当事人在诉讼进行中互相协商，达成协议，解决双方的争执。这种和解不问诉讼程序如何进行，凡在法院判决前，当事人都可进行和解。可以就整个诉讼标的达成协议，也可就诉讼上的个别问题达成协议。诉讼中的和解协议经法院审查批准，当事人签名盖章，即发生效力，结束诉讼程序的全部或一部分。结束全部程序的，即视为当事人撤销诉讼。

（3）诉讼外和解

指在诉讼进行的整个过程中，当事人双方可以自动地或在法庭建议下进行和解。

（4）执行中和解

指当事人在执行程序中，可以自行和解达成协议，由执行员将协议内容记入笔录，由双方当事人签名或者盖章，以确定和解协议效力。

4.2.2 和解程序

1. 和解争端通知

和解程序的启动，首先是当事人之间发生了争端，所谓“争端”，指当事人对于某种法律关系之存否、内容、效力等何为对立或相反之主张，可以是针对具体权益的行为上的对立或者意见的分歧。例如，建筑工程项目发生了对方违约、合同错误、合同变更、迟延履行、迟延付款等事项，承包商或者业主在合同规定的时间内及时将争端事项向对方发出通知，声明己方权利，表明愿望。争端意向通知要简明扼要地说明争端事项发生的时间、地点、事实情况和发展动态，以及解决依据和理由、造成的不利影响和后果等。

2. 和解谈判

和解的过程是一个复杂的谈判过程。首先，要判断争端事项是否成立，诉求赔偿或补偿的金额是否合理，计算是否正确，证据是否确实充分等。其次，争端各方要进行信息交流、沟通和磋商。通过信息交流，明确阐释自己的意愿和所追求的目标，陈述自己的观点，同时通过倾听对方的要求，接受对方的信息，了解对方的期望、要求、观点和态度，充分发表各方关于应当承担和享有的责、权、利等看法，分辨是非、曲直，通过磋商和让步，讨价和还价，协调解决双方的利益和冲突，最终达成双方都能够接受的协议。

3. 达成和解协议

谈判结果分为双方成功达成和解协议或者以失败告终。协商达成一致，当事人应当采用书面形式签订书面和解协议，但当事人即时履行完毕的除外。以书面形式签订协议，可以督促当事人诚信履约，一旦原纠纷或和解协议发生纠纷，便于举证[①]。和解协议应明确和解的事项，对原有法律关系的变更予以确认。和解协议不得违反法律的强制规定或公序良俗。

4. 履行和解协议

和解协议是当事人解决争端达成的契约，对当事人双方均有约束力。双方应诚恳履行，不得以和解事项的错误为由擅自主张撤销和解协议，但和解协议确实存在错误的除外。如果当事人认为和解协议有重大瑕疵，可以依法向仲裁机构或法院提起确认和解协议无效或者撤销和解协议之诉，并对争端事项进行重新审理。

4.2.3 和解协议

1. 和解协议的性质

和解协议是经过和解程序形成的结果，是双方当事人之间自愿相互让步，以终止争端或者防止争端发生的合同。和解的过程是一种特殊的博弈过程，也是一种重新确定权利义务、对权益进行再分配的过程。和解之后任何一方所承受的不利后果均属其自愿让步的结果。让步构成了对价，相互让步体现了双方对解决纠纷的诚意，避免单向度地抑制权利人的正当利益诉求，力求平衡双方之利益，与契约自由、平等的精神相契合[①]。

2. 和解协议的效力

和解协议相当于当事人双方签署的一份合约，按照合约必守的法律理念，当事人应自觉遵守并诚实履行。和解协议是当事人通过相互让步达成的协议，具有契约上的法律效力。和解协议是当事人私权处分的行为，其效力具有一定的局限性。首先，和解协议所处分的权利如果根据法律规定或权利性质不属于当事人可处分的范畴，则和解协议无效，和解协议不能违反公序良俗及法律的强制性规定，

① 于锐. 和解合同研究[M]. 北京：法律出版社，2016：240.

不能欠缺和解能力和和解权利，否则当事人不具有自由处分的能力。

3. 和解协议的执行

可以通过提起民事诉讼、共同申请司法确认、申请公证和申请支付令等多种形式得以实现，通过执行和解协议，实现商事活动中的主体平等、意思自治等精神实质，以促进社会和谐和经济稳步发展。

4.3 国际商事调解

随着多元纠纷解决机制在全世界范围的蓬勃发展，国际商事争端的当事人也越来越多地使用调解这一手段解决争端。国际商事争端调解主要有三类：法院调解、仲裁机构调解和调解机构调解。

法院调解一般不受理当事人直接请求调解的案件，但对受理的诉讼案件会在诉讼过程中进行调解。法院调解可以由审判员一人主持，也可以由合议庭主持。调解时，法院只是促进而不强迫当事人达成和解。如果能达成和解并签订和解协议，法院即根据和解协议的内容做出调解书，并由审判员、书记员署名加盖法院印章后送达当事人。调解书送达当事人前，一方当事人反悔的，和解无效。调解书经当事人签收后，即具有法律效力。

仲裁机构调解是在仲裁庭做出裁决前，可先行调解，当事人自愿调解的，仲裁庭应当调解。调解达成协议的，仲裁庭应当制作调解书或者根据协议结果制作裁决书。调解书具有法律效力。调解书由仲裁员签名、加盖仲裁委员盖章，送达双方当事人。经双方当事人签收后，发生法律效力。

调解机构调解是指争端双方当事人将争端提交独立的非营利性的民间调解的机构，由该机构调解员主持调解，属于独立的民间调解。任何一方当事人认为调解没有必要或不成功的，可随时要求终止调解，继续进行诉讼或者仲裁，调解程序终止。

4.3.1 中国国际贸易促进委员会争端调解中心

中国国际贸易促进委员会（CCPIT）/中国国际商会（CCOIC）调解中心及其各分会的调解中心，是以调解的方式，独立公正地帮助当事人解决商事争端的常设调解机构。中国国际贸易促进委员会调解中心成立于 1987 年，总部设在北京。

目前，在全国各省、区、市设立了 42 家分会调解中心，形成了庞大的调解网络。各调解中心使用统一的调解规则，在业务上受总会调解中心的指导。

（1）调解条款

调解条款是指当事人之间达成的以调解方式解决争端的约定。调解中心根据当事人之间订立的调解条款，以及一方当事人的申请或各方当事人的共同申请，受理调解案件。

当事人之间没有订立调解条款的，调解中心也可受理当事人的调解申请，由调解中心征求其他当事人同意后，启动调解程序。

示范合同调解条款

双方同意遵守现行有效的中国国际贸易促进委员会调解中心调解规则。调解须由调解中心按其规定执行。

Model Mediation Clause

The parties agree to be bound by the Rules and Procedures of Mediation Center of China Council for the Promotion of International Trade，as amended from time to time. The Mediation shall be administered by the Mediation Center pursuant to its Rules.

（2）受理范围

中心受案范围：中国国际商会调解中心以调解的方式，解决发生在商事、海事等领域的争端。包括当事人在贸易、投资、知识产权、房地产、物流、金融证券、保险等领域争端的调解。

调解中心受理下列争端案件：①国际的或涉外的争端案件；②国内争端案件（包括中国香港、中国澳门和中国台湾的争端案件）。

（3）调解程序

中心调解程序如下。

① 申请人提交调解申请。

双方当事人应向调解中心提交调解申请，内容应包括当事人姓名、地址、联系方式及争端事实和调解请求。此外，还应该提供适当的证据材料、身份证明文件。如果有委托代理人参与的，应提交书面授权委托书。

② 调解中心审查材料。

调解中心根据当事人之间订立的调解条款（当事人之间达成的，以调解方式解决争端的约定），以及一方当事人的申请或各方当事人的共同申请，受理调解案件。当事人之间没有订立调解条款的，调解中心也可受理当事人的调解申请，由调解中心征求其他当事人同意后，开始调解程序。

③ 缴纳费用。

经审查符合条件的，调解中心受理案件，申请人应缴纳案件注册费。在双方同意调解后，应分别预交调解费。收费标准如表 4.1 所示。

表 4.1 收费标准

争端金额（人民币）	案件调解费
50,000 元以下	争端金额的 6%，最低不少于 2000 元
50,001 至 100,000 元	5000 元加争端金额 5 万元以上部分的 5%
100,001 至 200,000 元	8,000 元加争端金额 10 万元以上部分的 4%
200,001 至 500,000 元	12,000 元加争端金额 20 万元以上部分的 2.5%
500,001 至 1,000,000 元	20,000 元加争端金额 50 万元以上部分的 2%
1,000,001 至 2,000,000 元	32,000 元加争端金额 100 万元以上部分的 1.8%
2,000,001 至 5,000,000 元	50,000 元加争端金额 200 万元以上部分的 1.6%
5,000,001 至 10,000,000 元	100,000 元加争端金额 500 万元以上部分的 1.5%
10,000,001 至 20,000,000 元	176,000 元加争端金额 1000 万元以上部分的 1%
20,000,001 至 50,000,000 元	280,000 元加争端金额 2000 万元以上部分的 0.8%
50,000,001 以上	420,000 元加争端金额 5000 万元以上部分的 0.75%

如果调解员认为确有必要到外地察看、调查的，调解人员的食宿、交通费用等实际开支，按合理的费用标准向当事人收取。如调解程序因故终止，调解中心可根据调解工作的进展情况和实际开支，适当返还当事人预交的部分调解费。

④ 选定调解员，召开调解会议。

调解由一名调解员进行，当事人另有约定的除外。当事人可以在调解中心的调解员名册中选择调解员，也可以在名册之外选择调解员。

在调解员名册之外选择调解员的，当事人应征得调解中心的确认，并提交该调解员的基本情况及与其联系的方式。

各方当事人应在收到收费通知之日起 10 日内共同选定或共同委托调解中心指定一名调解员。逾期未共同选定或共同委托指定的，由调解中心代为指定。

⑤ 达成和解，签署和解协议。

经过调解达成调解协议的，由各方当事人和调解员及调解中心在调解协议上签字及/或盖章。调解协议对各方当事人有约束力。当事人就部分调解请求达成和解的，可据此签署部分调解协议。

4.3.2 香港国际仲裁中心

中国香港十分注重国际商事争端调解，其仲裁法就有关于调解的规定。目前，中国香港主要的调解机构是香港国际仲裁中心。

香港国际仲裁中心成立于 1985 年，旨在协助涉及争端的当事人通过仲裁、诉讼外争端处理方案及调解等方式解决争端。香港调解会是香港国际仲裁中心下属的一个处理调解的部门，成立于 1994 年，负责安排调解员的培训及推广通过调解解决争端的方法。仲裁中心可认可具备适当资格的人士为调解员。

（1）合同调解条款

凡因本合同产生或与本合同有关的任何争端或歧见，均应先行提交香港国际仲裁中心，并按其当时所奉行的调解规则调解。如调解员放弃调解或调解后有关争端或歧见仍未解决时，则应将该争端或歧见提交香港国际仲裁中心，并按其本地仲裁规则通过仲裁解决。

对应英文参考如下：

Suggested Mediation Clause①

Any dispute or difference arising out of or in connection with this contract shall first be referred to mediation at Hong Kong International Arbitration Centre（HKIAC）and in accordance with its then current Mediation Rules. If the mediation is abandoned by the mediator or is otherwise concluded without the dispute or difference being resolved，then such dispute or difference shall be referred to and determined by arbitration at HKIAC and in accordance with its Domestic Arbitration Rules.

（2）调解程序

① 提请调解。

一方当事人可以向另一方或各方送达一份提请调解的书面要求，并将副本送交香港国际仲裁中心。提请调解应包括争端陈述、争端数额、调解请求及提名一位或多位认为适合的调解员。

此外，争端双方当事人及其代表须互相交换姓名、联系方式，并送交香港国际仲裁中心。

① 香港国际仲裁中心. 香港国际仲裁中心调解规则[R/OL]. http://www.hkiac.org/mediation/rules/hkiac-mediation-rules.

② 对提请调解要求的响应。

争端一方或其他各当事人在收到提请调解要求后的 14 日内须通知其他各方当事人及香港国际仲裁中心是否接受任何提名的调解员，如未能于 14 日内响应，视为拒绝调解。

③ 委派调解员。

争端各方如同意提名的调解员，而该调解员也愿意接受委任，有关各方须通知香港国际仲裁中心，调解便可进行。如争端各方未在规定的时限内达成协议，须通知香港国际仲裁中心，由仲裁中心委派一名调解员担当调解工作。

④ 调解程序。

调解员获委派后，一般应在 42 日内结束有关调解。除非得到争端各当事人的书面同意，其任期不可延续超过 3 个月。

⑤ 调解的终结。

调解在下列任一情况时，即告终结：双方当事人签订和解协议；调解员经与双方当事人协商后以书面知会当事人，表示已无充分理由继续进行调解；任何一方当事人在任何期间以书面方式通知调解员及对方当事人调解已终止。

⑥ 费用。

除另有约定外，不论调解结果或其后任何仲裁或司法程序之结果如何，各方当事人须各自承担其本身的费用。一切其他费用及支出须由双方当事人平均分担，双方当事人必须就此承担共同及个别责任，向调解员支付费用，包括：调解员的费用及开支；在双方当事人同意的情况下由调解员要求的任何证人、专家的咨询费用；任何其他支持调解程序之行政费用，包括香港国际仲裁中心的费用。

调解员可以在调解过程中的任何时间，要求当事人提交保证金以支付任何额外预期费用及开支，并可中断调解直至该保证金缴纳为止。任何预缴款项的余额，应在调解终结时退还给当事人。

4.3.3 国际商会调解规则

1. 国际商会调解规则

国际商会（International Chamber of Commerce，ICC）成立于 1919 年，总部设在巴黎。国际商会分别制定了《国际商会仲裁规则》（2017 年）和《国际商会调解规则》（2014 年），对仲裁员和调解员的职能进行了划分，原则上仲裁员不担任案件的调解员。但是仲裁员可以根据当事人达成的和解协议的内容做出和解裁决书。

《国际商会仲裁规则》和《国际商会调解规则》两者并行，不存在矛盾。在《国际商会调解规则》的前言中载明，调解程序独立于仲裁程序。该规定是选择性的，除非当事人有相反的约定。国际商会仲裁规则不要求在仲裁之前必须进行调解，调解规则也不要求调解失败后必须进行仲裁。

《国际商会调解规则》于 2014 年 1 月 1 日正式生效。该规则将取代自 2001 年发布、被全球广泛应用的《国际商会友好争端解决规则》，更迅速、可靠地帮助当事人解决复杂的跨境争端，帮助争端双方采用调解方式有效解决争端，并简化争端调解的程序。

当事人应自愿按照《国际商会调解规则》，以调解的方式解决争端，并可以约定对《国际商会调解规则》中的规定进行修改，但是，国际商会国际 ADR 中心（以下简称“中心”）依其自由裁量权认为任何该等修改不符合调解规则精神的除外。

示范条款

条款 A　有权选择适用国际商会调解规则

在不影响任何其他程序的前提下，当事人可随时选择按照国际商会调解规则解决产生于本合同或与本合同有关的一切争端。

对应英文参考如下：

Clause A　Option to Use the ICC Mediation Rules①

The parties may at any time，without prejudice to any other proceedings，seek to settle any dispute arising out of or in connection with the present contract in accordance with the ICC Mediation Rules.

条款 B　有义务考虑国际商会调解规则

对于产生于本合同或与本合同有关的一切争端，当事人同意首先进行商讨并考虑适用国际商会调解规则解决争端。

对应英文参考如下：

Clause B　Obligation to Consider the ICC Mediation Rules①

In the event of any dispute arising out of or in connection with the present contract，the parties agree in the first instance to discuss and consider referring the dispute to the ICC Mediation Rules.

① 国际商会. 国际商会调解规则[R/OL]. https://iccwbo.org/publication/arbitration-rules-and-mediation-rules.

条款 C　有义务适用国际商会调解规则解决争端，需要时允许同时进行仲裁程序

（x）对于产生于本合同或与本合同有关的一切争端，当事人应首先使用国际商会调解规则下的程序解决争端。开始进行国际商会调解规则下的程序不应阻碍任何一方当事人根据以下 y 条款开始仲裁。

（y）凡产生于本合同或与本合同有关的一切争端均应按照国际商会仲裁规则，由依据该规则指定的一名或数名仲裁员终局解决。

对应英文参考如下：

Clause C　Obligation to Refer Dispute to the ICC Mediation Rules While Permitting Parallel Arbitration Proceedings if Required①

（x）In the event of any dispute arising out of or in connection with the present contract, the parties shall first refer the dispute to proceedings under the ICC Mediation Rules. The commencement of proceedings under the ICC Mediation Rules shall not prevent any party from commencing arbitration in accordance with sub-clause y below.

（y）All disputes arising out of or in connection with the present contract shall be finally settled under the Rules of Arbitration of the International Chamber of Commerce by one or more arbitrators appointed in accordance with the said Rules.

条款 D　有义务适用国际商会调解规则解决争端，之后按需要提交国际商会仲裁

对于产生于本合同或与本合同有关的一切争端，当事人应首先使用国际商会调解规则下的程序解决争端。如果在提交调解申请书后的 45 日内，或在当事人书面约定的其他期限内，该争端未能根据该规则解决，则该争端应按照国际商会仲裁规则，由依据该仲裁规则指定的一名或数名仲裁员终局解决。

对应英文参考如下：

Clause D　Obligation to Refer Dispute to the ICC Mediation Rules，Followed by Arbitration if Required①

In the event of any dispute arising out of or in connection with the present contract, the parties shall first refer the dispute to proceedings under the ICC Mediation Rules. If the dispute has not been settled pursuant to the said Rules within 45 days following the filing of a Request for Mediation or within such other period as the

---

① 国际商会. 国际商会调解规则[R/OL]. https://iccwbo.org/publication/arbitration-rules-and-mediation-rules.

parties may agree in writing，such dispute shall thereafter be finally settled under the Rules of Arbitration of the International Chamber of Commerce by one or more arbitrators appointed in accordance with the said Rules of Arbitration.

2. 国际商会调解程序

调解程序如下。

（1）提交申请书

争端一方或多方当事人应向中心提交书面的调解申请书。申请书应包含以下内容：当事人及其代表的姓名及联系方式；争端事项说明；采用其他争端解决程序的约定或建议；调解期限的约定或建议；调解语言的约定或建议；现场会面地点的约定或建议；对调解人的提名或建议；提交申请书所基于的书面协议。

提交申请书时应一并支付申请费。中心收到申请书和申请费后会向当事人书面确认。一般来说，中心收到申请书当日视为程序开始的日期。

（2）选择调解地点、语言、调解员

当事人可以约定调解现场会面地点和语言，无约定，中心可决定调解地点和语言。

当事人可共同提名一名调解人，由中心确认。如果当事人未达成合意，中心可以与当事人协商后任命一名调解人，或向当事人提供一份调解人的建议名单，如当事人未能从名单中共同提名一名调解人，则由中心任命一名调解人。

如当事人反对中心任命的调解人，应在收到任命通知后的 15 日内书面通知中心及其他当事人，并说明反对理由，由中心另行任命一名调解人。经全体当事人同意，可以选择 1 名以上的调解人。

（3）调解流程执行

调解人及当事人应及时商讨调解应采用的方法。每一方当事人均应在调解过程中善意行事，调解人应尊重当事人的意愿，并应给予当事人公平和公正的对待。

（4）调解的终止

一般情况下，当事人完成调解，签署和解协议，并向中心确认终止后，调解终止。但是，如果一方当事人书面决定不再继续进行调解、调解人书面通知当事人调解完毕、调解人认为无法调解、调解程序届满、当事人未按照要求支付费用等情况下，调解程序也会终止。

3. 国际商会调解费用

调解费用如下。

（1）申请费

当事人提交每份申请书时须同时支付申请费 3,000 美元。申请费不予退回，且应计入提交申请书的一方或多方当事人的保证金中。

（2）管理费用

管理费用由中心基于其所开展的工作予以确定，限额如表 4.2 所示。

表 4.2　限额

争端金额	管理费
不超过（包含）200,000 美元	不超过 5,000 美元
200,001 美元至 2,000,000 美元	不超过 10,000 美元
2,000,001 美元至 10,000,000 美元	不超过 15,000 美元
10,000,001 美元至 50,000,000 美元	不超过 20,000 美元
50,000,001 美元至 100,000,000 美元	不超过 25,000 美元
高于 100,000,000 美元	不超过 30,000 美元

没有载明争端金额的，中心可自主确定管理费用，但一般不超过 20,000 美元。

（3）调解人的收费和开支

调解人的收费一般基于该调解人在程序中合理支出的时间。调解人合理开支的金额应由中心确定。

4.3.4　斯德哥尔摩商会仲裁院调解规则

斯德哥尔摩商会仲裁院（SCC）成立于 1917 年，是世界领先的争端解决机构之一。1999 年，斯德哥尔摩商会仲裁院建立了一个调解机构——斯德哥尔摩商会调解庭。调解庭也颁布了调解规则，由调解庭具体实施。

1. 合同调解条款

仅在当事人达成仲裁合意的前提下，方可将纠纷提交仲裁。斯德哥尔摩商会仲裁院建议在合同中添加纠纷调解条款，写明一旦当事人之间产生纠纷，该以何种方式来解决。

示范调解条款

除非一方反对，任何因本合同而产生的或与本合同有关的争端、纠纷、索赔，或者有关违约、终止合同、合同无效的争端，均应当根据斯德哥尔摩商会仲裁院调解规则进行调解。

对应英文参考如下：

Model Mediation Clause[①]

Any dispute，controversy or claim arising out of or in connection with this contract，or the breach，termination or invalidity thereof，shall be referred to Mediation in accordance with the Mediation Rules of the Arbitration Institute of the Stockholm Chamber of Commerce，unless one of the parties objects.

示范调解条款——混合条款

除非一方反对，任何因本合同而产生的或与本合同有关的争端、纠纷、索赔，或者有关违约、终止合同、合同无效的争端，均应当首先根据斯德哥尔摩商会仲裁院调解规则进行调解。

如果一方反对进行调解或调解终止，争端应当……最终予以解决。

对应英文参考如下：

Model Mediation Clause – Combined Clause[①]

Any dispute，controversy or claim arising out of or in connection with this contract，or the breach，termination or invalidity thereof，shall first be referred to Mediation in accordance with the Mediation Rules of the Arbitration Institute of the Stockholm Chamber of Commerce，unless one of the parties objects.

If one of the parties objects to Mediation or if the Mediation is terminated，the dispute shall be finally resolved...

2. 调解程序

调解程序如下。

（1）申请调解

斯德哥尔摩商会仲裁院收到调解申请后视为调解程序开始。调解申请包括当事人、代表人的姓名和详细联系方式，争端概要和关于约定调解的声明。提出申请时，还应按照要求提交注册费。

（2）指定调解员

调解一般由斯德哥尔摩商会仲裁院指定一位调解员。如果双方当事人共同指定了一位调解员，斯德哥尔摩商会仲裁院应该进行确认。每方当事人都可以指定一名调解员，但调解员数量应该为单数。多个调解员的情况下，由斯德哥尔摩商会仲裁院指定一位作为主席。

① 斯德哥尔摩商会仲裁院. 斯德哥尔摩商会仲裁院调解规则[R/OL]. http://sccinstitute.com/dispute-resolution/modelclauses/English.

调解员应公平、独立，除非当事人同意，调解员一般不得再作为之后可能发生的仲裁中的仲裁员。

（3）调解流程

调解员应积极开展调解工作，确保调解不延误。同时，调解员应保证各方当事人都应该有充分的表达机会，在各方当事人不反对的前提下，调解员可以与当事人私下单独沟通。

（4）调解终止

出现以下情况时，调解终止：当事人之间达成和解协议；当事人宣布继续调解无法达成结果；当事人书面告知调解员终止调解。

达成和解协议后，经各方当事人确认，可以指定一位调解员作为仲裁员以仲裁裁决的方式对和解协议进行确认。

3. 调解费用

调解费用包括调解员酬金、斯德哥尔摩商会仲裁院管理费用及发生的其他相关费用。斯德哥尔摩商会仲裁院根据争端标的金额决定费用，争端标的金额包含了所有请求、反请求及抵消请求的金额。此外，申请人在提出仲裁或调解请求时须支付注册费。

4.4 国际商事仲裁

随着国际投资及基础设施建设规模的不断扩大，国际投资争端也会随之而来。争端解决机制是法治建设中必不可少的重要环节。国际商事仲裁作为解决国际投资争端的常用手段，为国际争端提供了一个高效的解决方式。

4.4.1 国际商事仲裁机构

国际商事仲裁分为临时仲裁和机构仲裁，两者在理论和时间上都存在显著区别。机构仲裁由专业化的仲裁机构管理。目前，世界上主要的国际商事仲裁机构分别是国际商会、伦敦国际仲裁院、美国仲裁协会/国际争端解决中心、新加坡国际仲裁中心、国际投资争端解决中心、常设仲裁法院等。

1. 国际商会

国际商会作为国际领先的仲裁机构，在世界上享有较高声誉，其总部设在巴黎，在中国香港有分支机构。国际商会制定了《国际商会仲裁规则》、《国际商会调解规则》、《国际商会专家意见规则》。国际商会通过其国际仲裁院（国际商会仲裁院）广泛参与仲裁案件的管理。国际商会仲裁院不行使仲裁员的职权，而是作为一个行政机构，行使管理和指定仲裁员的职能，即国际商会仲裁院负责指定仲裁员而非负责仲裁案件。

根据《国际商会仲裁规则》，国际商会仲裁院及其秘书处负责提供以下服务：启动仲裁申请、确定仲裁费预付金、确认当事人对仲裁员的委任、在当事人无法就首席仲裁员或独任仲裁员达成合意时指定仲裁员、审查要求仲裁员回避的申请、批准“审理范围书”、审阅仲裁庭起草的裁决和确定仲裁员的费用。

《国际商会仲裁规则》为仲裁程序提供了广泛的程序性框架。与大多数机构仲裁规则一样，其仅提供了提纲性的程序框架。当事人和仲裁员有充分的自由去针对特定争端决定采用或不采用程序。2012 年，《国际商会仲裁规则》进行了较大改动，旨在提高仲裁程序效率。根据修订后的《国际商会仲裁规则》，仲裁庭须召开案件管理会议并且明确被授权，以有效进行仲裁。同时，精简了仲裁庭组成程序并且建立了“紧急仲裁员”制度，使当事人在仲裁庭组成前获得来自仲裁程序中的临时性救济成为可能。

在 20 世纪 90 年代，国际商会的案件量约为每年 300 件，此后逐年增加，到 2010 年案件量约为每年 793 件。大部分案件为国际争端，标的金额巨大。国际商会仲裁在全球各地进行，没有仲裁员名单，是由其秘书处在不同国家（通常是仲裁地）当地的“国家委员会”的协助下指定仲裁员。国际商会的管理费和仲裁员的费用主要根据当事人之间的争端金额确定。《国际商会仲裁规则》尽管被批评涉及费用昂贵并烦琐，但是依然是高端商业人士的优先选择[①]。

2. 伦敦国际仲裁院

伦敦国际仲裁院成立于 1892 年，从多方面而言均被认为是第二受欢迎的欧洲国际商事仲裁机构。近年来，伦敦国际仲裁院的年案件量超过 200 件，2010 年为 246 件。伦敦国际仲裁院近年来不断提高国际影响力，改善大众将其作为英国机构的刻板印象，受理的涉及英国当事人的案件持续低于 20%，2010 年降至了 17%。

伦敦国际仲裁院制定了一套仲裁规则，即《伦敦国际仲裁院仲裁规则》，该规则为国际争端解决提供了有力的保障，尤其是在当事人希望适用普通法程序时。

① 博恩. 国际仲裁：法律与实践[M]. 白麟，等译. 北京：商务印书馆，2015：41.

伦敦国际仲裁院仲裁的许多案件的仲裁地都在伦敦。除非当事人有相反约定，否则根据《伦敦国际仲裁院仲裁规则》第16条第1款规定，伦敦即为仲裁地。《伦敦国际仲裁院仲裁规则》的程序优势在于快速组庭的规则。在特定条件下，《伦敦国际仲裁院仲裁规则》允许第三人参与仲裁。另外，伦敦国际仲裁院公开其对于仲裁员回避的决定，增强了仲裁员回避的可预见性。

伦敦仲裁院与国际商会一样，没有常设的仲裁员名单。伦敦国际仲裁院选任的仲裁员主要是源于英格兰大律师及退休法官，这也是由于伦敦国际仲裁院的许多案件涉及英格兰法管辖的合同。伦敦国际仲裁院根据仲裁员花费小时数及公布的仲裁员小时费率来计算仲裁员费用，并经由仲裁员与伦敦国际仲裁院之间的协议确定。

3. 美国仲裁协会/国际争端解决中心

美国仲裁协会是美国主要的仲裁机构，是处理全球仲裁争端最多的机构之一。美国仲裁协会的主要仲裁规则是《美国仲裁协会国际商事仲裁规则》，该规则适用于大量美国国内仲裁。

近年来，美国仲裁协会致力于提升其作为国际商事仲裁机构的地位。1996年，美国仲裁协会成立了国际争端解决中心（ICDR），负责管理国际商事仲裁案件。《国际争端解决中心国际争端解决程序》（国际争端解决规则）适用于当事人同意适用该规则或者同意通过美国仲裁协会仲裁解决国际争端，但未指明特定的美国仲裁协会规则的情况。如当事人约定适用另外的美国仲裁协会规则，则当事人约定的规则优先。

近十几年来，美国仲裁协会的案件量有显著增长。1997年，其年案件量为11130件，到2007年增长到20711件。过急案件方面也有同样的增长，从1999年的453件增长到2010年的888件新增国际案件。

《美国仲裁协会国际商事仲裁规则》以《联合国国际贸易法委员会仲裁规则》为范本而制定。相较于国际商会秘书处，美国仲裁协会/国际争端解决中心的管理人员在监管方面发挥的作用较小。其中，美国仲裁协会/国际争端解决中心不接受亦不传送首次仲裁申请，不要求“审理范围书”，在设定仲裁员费用方面发挥作用也很小。

在实践中，大多数国际争端解决中心案件指定的仲裁员会从仲裁员名册中选出，国际争端解决中心的仲裁员名册上有500多人可供当事人选择。

4. 新加坡国际仲裁中心

新加坡国际仲裁中心（SIAC）成立于 1990 年，最初主要处理建筑工程、船运、银行和保险类纠纷。近年来，新加坡国际仲裁中心积极提升国际声誉，已成为亚洲主要的国际仲裁机构。新加坡国际仲裁中心的案件量在过去的几十年内有显著增长，从 2000 年的 58 件到 2010 年的 198 件。《新加坡国际仲裁中心仲裁规则》在很大程度上是基于《联合国国际贸易法委员会仲裁规则》制定的。

5. 国际投资争端解决中心

国际投资争端解决中心根据 1965 年的《关于解决国家和他国国民之间投资争端公约》（也称《华盛顿公约》）进行仲裁和调解。国际投资争端解决中心的管辖权一般认为是投资争端，涉及外国投资者针对东道国而提起的主张。投资争端通常产生于有国际投资争端解决中心仲裁条款的合同或双方投资协定。国际投资争端解决中心的案件量在过去的数十年中有明显增长，从 20 世纪 70 年代的每年约 1 起案件增长到 2011 年的每年约 30 起案件。

6. 常设仲裁法院

海牙常设仲裁法院根据 1899 年第一次海牙和会通过的《关于和平解决国际争端的公约》设立，最初是管理国家与国家之间的仲裁，常设仲裁法院基于《联合国国际贸易法委员会仲裁规则》制定了多套规则，适用于处理国家和私人主体之间的纠纷。常设仲裁法院管理的国家仲裁数量非常有限。如果当事人无法确定仲裁员或选任机构，常设仲裁法院也被指定为《联合国国际贸易法委员会仲裁规则》中确定的默认机构。

7. 其他国际商事仲裁机构

除上述主要国际商事仲裁机构外，还有其他一些具备一定地区性或者行业性的国际商事仲裁机构。地区性机构包括斯德哥尔摩商会仲裁院、日本商事仲裁协会、（中国）香港国际仲裁中心、瑞士商会仲裁院、德国仲裁院、维也纳国际仲裁中心、中国国际经济贸易仲裁委员会（详见“4.4.2 中国仲裁机构”）、开罗国际商事仲裁区域中心、澳大利亚国际商事仲裁中心、吉隆坡区域仲裁中心和印度仲裁委员会。

此外，还有许多特别仲裁委员会处理行业相关的争端，如知识产权、海事、大宗商品、保险和劳动争端等。这类机构包括世界知识产权组织、伦敦海事仲裁协会、美国谷物与饲料协会、美国再保险和保险仲裁协会及其他类似组织。

4.4.2 中国仲裁机构

如今，跨国交易当事各方愿意选择国际商事仲裁方式解决彼此之间可能发生的纠纷争端，而仲裁裁决需要被执行人所在国法院承认与执行。中国的仲裁机构分为国内仲裁委员会和国际仲裁委员会。国内仲裁委员会可以受理涉外纠纷，需要争端各方明确表示接受相关仲裁委员会的管辖。但是在实践中，国际争端的当事人基本不会选择接受国内仲裁委员会管辖。

传统意义上负责涉外经济纠纷的中国仲裁机构是中国国际经济贸易仲裁委员会和专门解决海事纠纷的中国海事仲裁委员会。

1. 中国国际经济贸易仲裁委员会

中国国际经济贸易仲裁委员会（英文简称 CIETAC，以下简称“贸仲委”）是世界上主要的常设商事仲裁机构之一，成立于 1956 年。贸仲委设在北京，并主要在深圳、上海、天津、重庆、杭州、武汉、福州和香港分别设有华南分会、上海分会、天津国际经济金融仲裁中心（天津分会）、西南分会、浙江分会、湖北分会、福建分会和香港仲裁中心。

贸仲委以其仲裁实践和理论活动为中国仲裁法的制定和中国仲裁事业的发展做出了贡献，其以独立、公正和高效在国内外享有盛誉。贸仲委主要有以下几个特点。

（1）受案范围宽，程序国际化

自 1956 年成立以来，贸仲委共受理了近三万件国内外仲裁案件。贸仲委既可受理涉外案件，也可受理国内案件；同时，其受理案件的范围也不受当事人行业和国籍的限制。近些年来，贸仲委平均每年受案数量近千件，始终位居世界知名仲裁机构前列。

从仲裁规则和仲裁员的角度而言，贸仲委也实现了国际化。贸仲委第一套仲裁规则制定于 1956 年，之后八次修改，其现行有效的仲裁规则自 2015 年 1 月 1 日起施行。贸仲委现行的仲裁规则与国际上主要仲裁机构的仲裁规则基本相同，在现行仲裁法允许的范围内最大限度地尊重了当事人意思自治。此外，贸仲委的仲裁员名册中有近千名仲裁员，均为国内外仲裁员或其他行业的知名专家。其中，外籍及中国香港、中国澳门、中国台湾仲裁员有 300 多名，分别来自 41 个国家或地区。

（2）独立公正

作为国际上主要的仲裁机构，贸仲委独立于行政机关，其办案不受任何行政机关的干涉。贸仲委的仲裁员，包括当事人选定的仲裁员，均不代表任何当事人，必须保持独立和公正。在仲裁程序中，各方当事人均有平等的机会陈述自己的意见。在过去几十年中，贸仲委的独立、公正、廉洁及裁决的质量得到了国内外当事人的广泛赞誉。

（3）仲裁程序快捷高效

在贸仲委的仲裁中，当事人可以约定仲裁程序如何进行。对于当事人提交的证据和陈述，贸仲委将以书面形式在当事人之间进行充分的交换，贸仲委的开庭审理一般只需 1 至 3 日。因此，贸仲委的仲裁程序具有快捷高效的特点，其受理的仲裁案件绝大多数均在仲裁庭组成之后 6 个月内结案。

（4）仲裁费用相对低廉

作为国际商事仲裁机构，贸仲委的仲裁收费标准比其他国家的主要国际商事仲裁机构要低。与国内其他仲裁机构相比，同等条件下收费基本相同。与诉讼相比，由于仲裁有一裁终局、程序快捷等特点，因此采用仲裁对当事人而言更为经济。

（5）仲裁与调解相结合

仲裁与调解相结合是贸仲委仲裁的显著特点。该做法将仲裁和调解的优点紧密结合起来，不仅有助于解决当事人之间的争端，而且有助于保持当事人的友好合作关系。

仲裁和调解相结合可以在仲裁程序中进行。即经当事人请求或在征得当事人同意后，仲裁庭在仲裁程序进行过程中担任调解员的角色，对其审理的案件进行调解，以解决当事人之间的争端。如果任何一方当事人认为调解没有必要或者不会成功，可以随时要求终止调解，恢复仲裁程序。

此外，当事人在贸仲委之外通过调解达成和解协议的，可以凭当事人达成的由贸仲委仲裁的仲裁协议和他们的和解协议，请求贸仲委主任指定一名独任仲裁员，按照和解协议的内容做出仲裁裁决。此时，贸仲委可以视工作量的大小和实际开支的多少，减少仲裁收费。

（6）专业的仲裁管理服务

贸仲委及其分会/仲裁中心仲裁院拥有众多高素质的专业人员，对贸仲委受理的案件进行管理。在每个仲裁案件中，仲裁院向当事人发出仲裁通知后，即会指定一名工作人员负责该案件的程序管理工作。贸仲委的工作人员大多具有法学硕士、博士学位，精通英语、法语或俄语等外语，并以积极向上的态度和勤勉尽责的工作作风为仲裁员和当事人提供优质的服务。

2. 中国海事仲裁委员会

中国海事仲裁委员会（China Maritime Arbitration Commission，CMAC）是国内唯一受理海事争端案件的专业仲裁机构。中国海事仲裁委员会成立于1959年，是中国国际贸易促进委员会内专门受理国内外海事争端的常设仲裁机构。中国海事仲裁委员会分会可以受理并处理案件。中国海事仲裁委员会及其分会设有秘书处，秘书处设有秘书长，分别领导仲裁委员会秘书处和分会秘书处处理日常事务。中国海事仲裁委员会下设渔业争端解决中心、海事调解中心和物流争端解决中心。

在建设国际海事仲裁中心目标的大环境、大背景、大战略下，中国海事仲裁事业的发展面临前所未有的历史机遇。在海事仲裁领域，虽然中国在海商法制建设、仲裁规则、人才储备等方面初步完成了与国际接轨，但是依然面临严峻的挑战。由于国际航运发展历史所形成的惯例等因素，导致中国是世界海运大国却不是海运强国。目前，伦敦、新加坡被公认是国际航运中心和国际海事纠纷解决中心，中国海事仲裁事业机遇与挑战并存，希望与困难同在。

中国海事仲裁委员会（以下简称“海仲委”）主要有以下几个特点。

（1）独立公正

海仲委是我国唯一的专门受理海事争端的独立、专业的仲裁机构。海仲委不隶属于任何行政机关，完全排除外界干扰，依法独立、公正地断案，得到当事人的高度信任。自成立以来的几十年里，海仲委独立、公正地解决了大量的海事争端，有力地维护了中外当事人的正当权益，在国内外的航运、保险、贸易、法律等各界赢得了极高的信誉。

（2）完善的仲裁规则

海仲委于2015年1月1日正式实施的海仲委2015年版的仲裁规则，在总结海仲委自身仲裁实践的基础上，吸纳了国际商事、海事仲裁机构的最新发展成果。新版仲裁规则高度重视当事人意思自治。仲裁程序可依当事人选择的仲裁规则进行。当事人还可以选择仲裁的语言、仲裁地、开庭地点及仲裁适用的实体法等。同时，更多地赋予仲裁庭对程序的管理权，进一步强调仲裁员公正、勤勉地履行职责义务，体现了海仲委专业性、国际性的定位。

（3）高水平的人才队伍

海仲委拥有高水平的仲裁员队伍和经办秘书队伍。海仲委仲裁员全部从具有航运、保险、法律等方面专业知识和实践经验的中外专家中聘任，理论素养高、业务水平精湛。海仲委通过定期组织学习、培训等活动，使经办秘书服务意识和业务水平不断提高。

（4）完善的网络布局

为给业界提供更加便捷的仲裁服务，海仲委在上海、天津、重庆、福州、深圳和香港设有六个分会，在主要沿海城市，如大连、广州、青岛、宁波、舟山设有办事处，形成覆盖全国的服务网络。其中，分会可以独立受理案件和审理案件，极大方便了分会所在地及其周边地区的当事人进行仲裁；办事处可提供仲裁咨询服务，方便当事人就近参加开庭审理活动。

（5）推动制定行业标准格式合同

海仲委连续两年在业界发布《中国海事仲裁年度报告》，为提高我国海事仲裁竞争力水平提供借鉴，为大力发展我国航运服务业软实力提供参考；同时，海仲委利用专家资源，推动行业制定标准格式合同，规范企业经营，防范法律风险。海仲委与行业协会合作相继制定并发布了《中国拆船协会拆解废船买卖标准合同》、《期货交割用运输合同》、《国际货运代理协议示范条款》等。

涉外案件已成为中国海事仲裁委员会受理海仲案件的主要类型。中国海事仲裁委员会裁决的独立性、公正性、专业性和权威性逐步得到国内外的普遍认可，已成为世界主要海事仲裁机构之一。当前，中国正从“海洋大国”向“海洋强国”迈进，中国海洋经济将在更深的层次上与世界经济融为一体，取得更为广阔的发展空间。大力发展海事仲裁，将进一步整合我国已有的海事产业资源及配套法律服务体系，创新海事争端解决形式，重塑海事法律服务软环境，提升中国海事仲裁的国际影响力及公信力，为“海洋强国”建设保驾护航。

4.4.3 国际投资仲裁

随着经济全球化的深入，国际投资随之蓬勃发展，国际投资争端案件的数量也急剧增加。国际投资仲裁，是依据国际投资条约解决投资者与东道国间管制性争端的机制。国际投资仲裁作为解决国际投资争端的方式之一，正在为越来越多的国家和投资者所接受。国际投资争端解决中心在国际投资仲裁实务中处于核心地位。

1. 国际投资仲裁概述

国际投资仲裁是指解决东道国与在其境内投资的外国投资者之间有关投资争

端的国际仲裁。与一般的国际商事仲裁相比，国际投资仲裁解决的是国家与投资者之间的争端，而国际商事仲裁解决的一般是公司和个人等平等主体之间产生的争端。近几十年来，随着国际投资争端的不断涌现，出现了许多处理国际投资仲裁的专门机构，如国际投资争端解决中心（ICSID）、北美自由贸易协定（NAFTA）仲裁机构、能源宪章条约（ECT）仲裁机构等。

ICSID 是依据 1966 年 10 月签订的《解决国家与他国国民间投资争端公约》而建立的世界上第一个专门解决国际投资争端的仲裁机构。目前，公约的签字国多达 150 个以上，中国于 1993 年正式成为公约的缔约国。

NAFTA 仲裁机构是根据美国、加拿大、墨西哥三国于 1994 年 1 月 1 日签订的《北美自由贸易协定》而设立的仲裁机构。目前，NAFTA 仲裁机构已经处理了大量美、加、墨三国投资者与国家之间的投资纠纷，其做出的裁决是国际投资仲裁领域重要的判例依据之一。

ECT 仲裁机构是依据 1991 年 12 月 17 日订立于荷兰海牙的《能源宪章条约》而设立的仲裁机构。《能源宪章条约》提供的强制性仲裁争端解决机制为从事国际能源投资活动的投资者提供了保护其合法权益的有效途径。目前，已有 51 个国家和地区签署了条约。中国于 2001 年成为能源宪章代表大会的观察国。

此外，国际商会仲裁院、英国伦敦国际仲裁院、斯德哥尔摩商会仲裁院、新加坡国际仲裁中心、（中国）香港国际仲裁中心等处理国际商事仲裁的专门机构，也可以进行国际投资仲裁。

2. 国际投资仲裁的特点

与国际商事仲裁相比，国际投资仲裁具有许多与众不同的特点，下面从几方面探讨国际投资仲裁中的一些特点。

（1）法律制度的特点

国际投资仲裁在法律制度上的体现是其具有适用国际公法较多的特点。在国际商事仲裁中，唯一适用的国际公法是 1958 年 6 月 10 日签署的《联合国承认及执行外国仲裁裁决公约》。与国际商事仲裁不同，国际投资仲裁中适用的法律大多都是国际公约及国与国之间签订的投资保护协定。以国际公约为例，国际投资仲裁中普遍适用的有 1966 年签订的 ICSID 公约、1991 年签订的 ECT、1992 年签订的 NAFTA、2007 年签订的里斯本条约等。此外，国际商事仲裁中，仲裁庭做出裁决时应当考虑仲裁地法律的适用；而国际投资仲裁中，由于仲裁庭是由 ICSID 等专门机构所设立，一般不适用仲裁地的法律。

（2）适用法律的特点

普通国际商事仲裁中，一般遵循当事人双方的约定而选择法律的适用。如果当事人双方没有对适用法律进行约定，则将通过国际私法冲突规范确定应当适用的国内法或国际公约。与国际商事仲裁不同，国际投资仲裁适用的法律较为复杂。ICSID公约第42条规定：仲裁庭应依照双方可能同意的法律规则对争端做出裁决。如无此种协议，仲裁庭应适用作为争端一方的缔约国的法律（包括其冲突法规则）以及可能适用的国际法规则。从上述条文内容来看，缔约国的国内法在当事人没有约定时可以予以适用，但是，在实际操作中，投资者与东道国之间的投资争端本身就涉及东道国所颁布法律的有效性及合法性问题。

有关缔约国的国内法是否合法、有效的问题，在国际投资仲裁中十分常见。甚至有学者认为仲裁庭推进国际投资法律体系多变化可被视为“造法”①。虽然各国有权依据自身的实际情况制定和颁布法律，但是各国颁布法律的方式、内容等应当有所限制。如果一国颁布的法律从法律措施、实际效果等方面综合判断，构成了歧视、不合理征收等一些违反投资保护协定的行为，则应当认定其违反了条约义务，继而应对投资者进行赔偿。

此外，投资者可以在与东道国签订的投资协议中加入“稳定条款”，以保障其自身权利。所谓“稳定条款”，是指东道国做出承诺，保证投资者的合法权益不因该国法律或政策的改变而受到不利影响的条款。尽管国际仲裁庭对“稳定条款”的效力看法不一，但此类“稳定条款”无疑为投资者在投资争端发生后进行违约索赔提供了依据。因此，在投资协议中加入此类“稳定条款”是保护投资者利益的一种可取的尝试。

（3）管辖权的特点

国际投资仲裁的另一特点是管辖权争端较多。在普通国际商事仲裁中，当事人依据所签订合同中的仲裁协议进行仲裁，一般涉及仲裁庭管辖权的问题较少，即使有所涉及，相关争端焦点也集中在仲裁条款的非签字方是否受仲裁协议管辖等问题上。如在债务转移的情况下，新的债务人是否受原合同仲裁条款的约束；又如在同一公司集团内部的非签字方公司如果在其他成员公司所签合同中进行了实质性的参与，是否可以导致仲裁条款的管辖权范围扩大；再如与合同履行有关联或有利益关系的第三方是否可以参加仲裁程序等。然而，在国际投资仲裁中，涉及的管辖权争端则较多，主要涉及的问题有国家是否同意仲裁，以及投资者是

① 丁夏. 国际投资仲裁中的裁判法理研究[M]. 北京：中国政法大学出版社，2016：18.

否构成投资保护协定或条约中规定的合格“投资者”等问题。

有关国家是否同意仲裁的问题，普遍认为一国同意进行投资仲裁的意思表示体现在其签订的投资保护协定中，尤其是双边投资保护协定（BIT）中。在国际投资仲裁的实践中，往往会遇到 BIT 规定不明确、BIT 中无管辖权条款、东道国与投资国之间没有 BIT 等问题。在这种情况下，仲裁庭会依据《维也纳条约法公约》对 BIT 进行解释，或分析相关其他法律法规，试图从立法目的、条约上下文等角度探寻一国是否有同意进行投资仲裁的意思表示。

有关投资者是否构成投资保护协定或条约中规定的合格“投资者”的问题，在国际投资仲裁中，往往需要进行个案分析。一般而言，各条约或 BIT 中有关合格“投资者”的定义虽基本相同，但也有些许差异。因此，应当依据案件的实际情况判断投资者是否符合条约或 BIT 的相关规定。

（4）仲裁庭组成的特点

国际投资仲裁中，仲裁庭的组成也与普通国际商事仲裁存在显著差异。由于国际商事仲裁的存在时间较长，案件数量较多，因此在国际商事仲裁中，各大仲裁机构均有许多经验丰富、精通不同专业领域的仲裁员。这为国际商事仲裁的当事人提供了许多选择的空间。与之不同的是，国际投资仲裁存在以下几个特点：首先，其存在时间较短，具有经验的仲裁员较少；其次，国际投资仲裁中，各案件的政治考虑因素较多；最后，国际投资仲裁主要涉及的是国际公法领域，而对该领域有研究的学者较少。因此，国际投资仲裁中，仲裁员以国际公法领域的教授居多，仲裁员总数也相对较少，当事人在选择仲裁员时具有一定的局限性。

国际投资仲裁中仲裁员较少的现象也为国际投资仲裁带来了一定的问题。其中，仲裁员回避的问题便是其中之一。由于国际投资仲裁的被告国有一定的特定性，大都以南美洲、非洲的一些特定国家为主，基于仲裁员的选择较少，在仲裁庭组成时，难免会遇到“反复指定”的问题，即某一仲裁员重复担任以某一特定国家为被告的多起不同的国际投资仲裁的仲裁员的情况。在这种情况下，该仲裁员是否需要回避是值得探讨的。一方面，“反复指定”的情况会对仲裁庭的公正性产生影响。正因为如此，《国际律师协会国际仲裁利益冲突指引》第 3.1.5 条将“仲裁员目前担任或曾在过去的三年中担任一方当事人或一方当事人的关联公司参涉其中的相关事宜的另一仲裁案的仲裁员”列入橙色清单，要求仲裁员必须披露相关事项，并在符合特定条件下必须予以回避；但另一方面，由于国际投资仲裁中仲裁员选择的局限性，如果要求符合该条件的所有仲裁员回避，将很有可能出现没有符合要求的仲裁员的尴尬情形。如何权衡仲裁员的公正性与仲裁员选择的局限性两者的关系，是当前国际投资仲裁领域需要迫切解决的问题。随着国际投资的不断增加，国际投资仲裁的不断增多，越来越多的律师、学者将会涉足于国际投资仲裁中。届时，国际投资仲裁的仲裁员数量将会不断扩大，仲裁员选择的局限性问题将会得到有效解决。

（5）案件管理的特点

国际投资仲裁的案件管理与普通国际商事仲裁相比，也有很大的不同。首先，国际商事仲裁的仲裁形式较为自由，而国际投资仲裁较为正式。其次，国际商事仲裁案件审理时间较短，而国际投资仲裁的审理时间相对较长。国际投资仲裁的形式较为正式和审理时间较长的特点是由其自身的案件性质所决定的。由于国际投资仲裁的一方主体为国家，基于保密性等原因，国家一般不愿意将案件委托给律师处理，而是由国家外交部等政府机构直接参与国际投资仲裁。国家机构对于案件的直接参与使得国际投资仲裁的时间跨度变长，同时也增加了国际投资仲裁的正式性。与专业律师不同，国家机构人员对于法律及仲裁程序并不熟悉，因此，在一些国际投资仲裁中，国家机构人员不够专业、不遵守仲裁程序的现象时有发生。这也在一定程度上阻碍了国际投资仲裁的正常进行。但是，也存在一些国家机构的人员由于经常参与国际投资仲裁，对国际投资仲裁的程序、相关法律等十分熟悉的情况。在这种情况下，国家机构人员的直接参与反而会促进国际投资仲裁的进行。

此外，取证难也是国际投资仲裁的问题之一。在国际商事仲裁中，由于当事人双方是平等主体，双方取证的障碍较少。而在国际投资仲裁中，国家往往会以证据是国家机密为由，拒绝出示或提供。对于国际仲裁的证据取得，《国际律师协会证据规则》进行了详细规定。例如，根据规则第 9 条第 f 款，被国家政府归类为机密的证据可以被排除在证据出示范围之外。许多国家正是基于这一条，声称某项证据是国家机密或正在被用作刑事调查，从而拒绝提供证据。国家拒绝提供证据使投资者在国际投资仲裁中处于明显的不利地位。

（6）透明的特点

国际投资仲裁案件的保密性也与国际商事仲裁截然不同。一般而言，国际商事仲裁追求的是对于当事人双方主体资格、案件事实的高度保密；而国际投资仲裁则更关注公开、透明。国际投资仲裁中，保持一定的公开、透明有显著的积极意义。首先，国际投资仲裁的公开、透明将会给东道国政府施加巨大威慑力。由于仲裁程序的公开，各国政府不得不对其在国际社会尤其是投资市场的信用程度加以考量，国家保护主义也可能因此而避免。其次，国际投资仲裁程序的透明、公开将使得海外投资风险的可预测性得到加强。为了提升国际投资仲裁程序的透明度，平衡东道国政府与投资者各方利益，加强国际社会对仲裁程序和裁决的监督，联合国国际贸易法委员会（UNCITRAL）于 2013 年 7 月 11 日通过了《透明度规则》，并已于 2014 年 4 月 1 日起生效。该规则共 8 条，提供了一套全面的程序规则，对于促进国际投资仲裁的发展具有十分积极的意义。

3. 总结

国际投资仲裁与普通国际商事仲裁相比，具有许多与众不同的特点。目前，中国企业和律师对于国际投资仲裁的了解较少。中国投资者在 ICSID 提起的国际投资仲裁也仅有为数不多的几起。鉴于中国投资者提起的国际投资仲裁案件较少，国际投资仲裁的许多方面又较为独特，因此，对于国际投资仲裁，中国企业尤其是中国律师还需要不断探索和学习，以应对国际投资环境的现状和变化。

目前，中国已经与 130 多个国家签署了 BIT。在这些 BIT 中，均规定了多条权利救济条款，赋予投资者可因东道国政府实行间接征收或其他违约行为等向东道国政府主张赔偿的权利。中国投资者在处理国际投资争端时，要充分利用这些 BIT，行使自己应有的权利，以保护自己的合法利益。

4.4.4 国际工程仲裁

国际工程项目的参与方在工程实施过程中的争端时常发生，对其处理不当会对工程的顺利完工和各参与方之间的关系造成不良影响。

国际工程领域出现的解决争端的途径可分为争端解决替代方式（Alternative Disputes Resolution，ADR）及仲裁和诉讼两类。ADR 是非强制性的，以中间方调解为特点，对于较为激烈的争端，合同双方很难通过此种方式达成一致，因此具有法律强制力的仲裁和诉讼有着广泛的应用，是国际工程争端最终解决的有效方式。而仲裁具有的优势，如保密性，由《纽约公约》保障裁决的顺利执行等，使越来越多的国家倾向于用仲裁解决工程争端。

1. 国际工程仲裁的特点

国际工程仲裁主要有以下 4 个特点。

（1）赋予工程参与方广泛的选择权

仲裁最大程度上符合当事人的意思自治，程序和实体各方面的内容在不违反大原则的前提下都可由当事人自行决定，从而使国际工程争端的解决具有很强的灵活性和便利性，工程参与方可以自主选择对其有利的仲裁机构、仲裁员、仲裁程序等。这是以程序严格为特点的诉讼制度无法实现的。

（2）有效降低工程争端解决的成本

经济性是仲裁被提及较多的一项优势。仲裁员的收费通常低于诉讼中的律师，其专业性更可以减少在争端解决过程中因工程技术等问题向专家取证的费用，此外，程序的灵活性和自主性本身就可以降低费用成本。同时，较好的争端解决气氛有利于工程各方今后的合作，也可以视为是降低成本的体现。

（3）有效处理工程方面的专业问题

国际工程争端往往涉及众多技术性问题。仲裁员多是各行业的专家，对于争端事实的认定更加准确，所做的最终裁判更有信服力。而法官群体多为非技术专业人士，即使在诉讼程序中就国际工程争端的技术问题听取专家意见，也存在是否接受专家的意见和能否正确理解的问题，因此在效果上会大打折扣。

（4）缩短争端解决时间

仲裁实行一裁终局，相比诉讼在各国的多审终审制更有利于国际工程争端的迅速解决。而程序的灵活性也有助于仲裁整体效率的提高，例如，在取证和证据保留上，仲裁程序没有过多的证据规则限制，可以节省时间。仲裁庭还可以根据实际情况做出临时或部分的裁决，使得复杂的国际工程争端得以逐步解决。

2. 国际工程仲裁涉及的法律适用分析

国际工程仲裁处于国际环境下，通常会受到多国法律的约束与管辖。最简单的国际工程仲裁也可能会涉及以下 4 种国家的法律制度或法律规则：一是管辖承认和执行仲裁协议的法律，即仲裁协议准据法；二是适用或规范仲裁程序本身的法律，即仲裁程序法或仲裁法；三是仲裁庭适用于争端实体事项的法律或规则，即仲裁实体法或合同准据法；四是承认和执行仲裁裁决所适用的法律。

国际工程仲裁的法律适用，即指运用何种规则选择何种法律来判定国际工程仲裁协议的有效性，确定国际工程仲裁的程序，以及仲裁当事人的实体权利义务。法律适用关系到仲裁协议的效力，对仲裁程序的监督，对证据和财产保全的支持，更是工程争端实体权利义务的依据。法律选择的恰当与否对于国际工程仲裁的最终结果十分重要，但是工程参与方往往关注仲裁机构和仲裁规则的选择，忽视了与仲裁紧密联系的法律的适用问题，导致了不必要的法律风险。

由于仲裁裁决的承认和执行遵照《纽约公约》，在国际上具有较为统一的规则，下面主要对另外三种国际工程仲裁中的法律适用问题进行分析。

（1）仲裁协议准据法的法律适用

在国际工程实践中，仲裁协议准据法主要涉及仲裁协议自身效力的判定，关系到仲裁庭管辖权的确定，其法律适用的选择规则如下。

① 适用工程参与方自主选择的法律。

由于仲裁协议条款相对于国际工程主合同具有独立性已经成为理论和实践中的共识，因此两者在适用的法律上可以有不同的选择。当事人的自主选择是仲裁协议法律适用的首选，此种思路在《纽约公约》等国际公约及各国仲裁立法中都得到了认可。然而，在具体的国际工程仲裁案例中，业主或承包商对仲裁协议单独约定准据法，或将仲裁协议与国际工程主合同分别注明准据法的情况都较少出现。

② 适用仲裁地国家的法律。

在业主和承包商未做出明确选择时，确定权将交由仲裁庭或法院。在国际工程实践中，通行做法是以双方选定的仲裁地国家的法律作为仲裁协议的准据法。而在裁决的承认和执行阶段，《纽约公约》规定，只要是依仲裁地国家的法律做出的裁决，各国在承认和执行阶段就不可以用自己国内的法律否定其有效性，从而不予执行。这使得仲裁地国家的法律在仲裁协议准据法适用上有着特殊的意义。

③ 仲裁协议法律适用的其他选择规则。

当业主和承包商未明确选择仲裁地时，由于仲裁协议具有合同性质，按照大多数国家关于合同的冲突规范，选择适用与仲裁协议有最密切联系的法律。有些国家的法院会依法院地冲突规范确定仲裁协议准据法，也存在依据一般法律原则或国际工程惯例确定国际工程仲裁协议的效力的情况，但在实践中此种方式应用较少。

从上述分析可以看出，参与方自主选择的法律具有最优先的效力，但很少应用；由仲裁庭适用仲裁地国家的法律是国际上的通行做法；而一般法律原则、国际工程惯例也可作为补充性法律适用。

（2）仲裁程序法的法律适用

国际工程仲裁程序是指从业主或承包商将争端提交仲裁，直至最终做出仲裁裁决并执行的全过程中应采取的步骤和方式的总和，包括仲裁庭的组成、案件的申请和受理、审理程序、裁决的做出等。所包括的法律适用的具体内容如下。

① 适用仲裁地国家的法律。

仲裁程序适用仲裁地国家的法律的优势在于其可以为仲裁提供明确的程序上的规则。国际工程仲裁的过程需要法院的各类协助，例如，财产保全等临时措施，只有通过仲裁地国家的法律才更有可能实现。但由于国际工程仲裁中仲裁地的选择更多是基于仲裁机构而非对该地法律的了解和信任，且很多情况下仲裁地与国际工程争端本身并无联系，所以适用仲裁地国家的法律也并非是唯一的选择。

② 适用工程参与方自主选择的法律。

由于各国仲裁程序法对仲裁的支持程度和操作规定存在差异，使用仲裁地国家的法律增加了仲裁员和工程参与方查明仲裁地程序法的负担。随着当事人意思自治原则的日益贯彻，只要所选法律不违背仲裁地国家的法律的强制性规定和公共秩序，多数国家允许工程仲裁参与方自由选择所适用的仲裁程序法。

③ 适用通用规则或裁决执行地的法律。

理论上，工程参与方和仲裁庭可以不依赖任何国家的程序法，而适用位于国家和地区之上的通用程序，但由于此类程序尚未完善，实践中选择具体的仲裁程序适用法律更具有可操作性。由于仲裁裁决的最终执行与执行地的法律密切相关，为避免因“公共秩序保留”造成国际工程争端裁决无法执行，仲裁程序进行中考虑裁决执行地法律也是十分重要的。通过上述分析可知，仲裁地国家的法律仍在国际工程仲裁实践中广泛应用；而由工程参与方自主选择也获得了越来越多的支持；适用超越国家的通用程序规则虽具有其独特的优点，但与实际应用仍有一定的距离。

（3）仲裁实体法的法律适用

国际工程仲裁所适用的实体法关系到工程中具体的权利义务，是最终争端责任认定和裁决做出的依据，也是工程参与方最为习惯关注的法律内容。其法律适用问题涉及如下几方面。

① 工程参与方的自主选择权。

在国际工程仲裁领域，通常由参与方自主选择工程争端实体权利义务的法律依据，且此种选择的限制很小，可以较少考虑法律选择与工程争端本身是否具有领域上的联系，也排除了反致等传统上的约束。在实践中仲裁庭大多会尊重工程参与方的实体法律选择。

② 仲裁庭选择法律的规则。

工程参与方未进行适用法律的选择时，普遍做法是将选择权交给仲裁庭。传统上仲裁庭依据应当适用的冲突规范选择实体法，近年来有所简化，仲裁庭可以选择恰当的冲突规范，或运用最密切联系原则，甚至会直接选择有利于该项具体国际工程争端解决的法律。如 1998 年《国际商会仲裁规则》第 17 条规定：当事人可自由约定仲裁庭处理案件实体问题所应适用的法律规则。当事人没有约定的，仲裁庭适用其认为恰当的法律规则。

③ 选择适用的法律具有多种类型。

从某部具体的法律到一般法律原则和国际惯例，工程参与方或仲裁庭选择法律的范围十分广泛。在国际工程合同中约定适用某国的法律制度而不是某一部法律更为合理，因为这种制度是法律法规和条例等相互联系的较为完善的集合体，基本上可以对各类法律问题提供答案。国际惯例在工程仲裁实践中也有较多应用，国际民间学术机构或协会在编写国际工程惯例方面做了很多有效的工作，如标准合同文本等，经常作为解决国际工程争端的依据。

因此，工程参与方的自主选择是仲裁实体法律适用最广泛的选择规则；仲裁庭的选择也不再拘泥于冲突规范，可以直接从有利于当事人利益的角度进行；而法律选择的内容涵盖了从具体某部法律到参考一般法律原则或国际惯例等多种类型。国际工程仲裁主要涉及仲裁协议准据法、仲裁程序法、仲裁实体法三类法律的选择，每一类都有不同的选择规则。

3. 国际工程仲裁法律适用的建议

（1）培养正确的法律意识

国际工程参与方通常会因强调仲裁灵活性而忽视了法律对仲裁活动的重要影响。在仲裁活动中，法律通过自身的强制力可以对仲裁进行监督和支持。工程参与方应当意识到法律对仲裁活动的重要作用，逐渐培养自身的法律意识，从法律的角度对工程争端的解决进行思考。

（2）熟悉国际工程仲裁法律适用的规则与内容

国际工程仲裁的法律适用存在多种规则，不同的法律规定对于工程参与方利益的支持程度有所区别。对于国际工程仲裁，各参与方在了解各种法律适用的选择规则的基础上，可以在工程实践中巧妙利用规则，使争端解决适用有利于自身的法律。同时，要意识到仲裁地的程序法律和强制性规定对于仲裁活动会有较大影响，在选择仲裁地时要关注其相应的法律规定。

（3）积极行使自主选择权

当事人意思自治原则是仲裁活动中最具优先效力的选择规则，获得了越来越广泛的支持和应用。工程参与方应当充分利用自主选择的权利，平时注重积累法律方面的知识和经验，了解各类可选法律对己方利益的侧重情况，在明确不同类别法律选择的不同限制条件下，选择最能保护自身利益的法律，使争端得到满意解决。

总之，仲裁在具有法律强制力的同时，其自主性、专业性和节约成本等特点使其适合作为国际工程争端的最终解决方式。而法律选择恰当与否是仲裁能否取得良好效果的关键。国际工程仲裁主要涉及仲裁协议准据法、仲裁程序法、仲裁实体法的三方面法律适用问题，各自有着不同的适用规则。在此基础上，对于各个国家具体仲裁法律规定的细微差别，比较著名的仲裁机构所在地的法律制度的具体研究，是仲裁实践操作中需要重视的问题。

4.5 国际商事诉讼

国际商事诉讼是指具有涉外因素的民商案件。所谓“涉外因素”一般指以下三种情况：一是商事案件主体涉外，即发生争端的当事人至少有一方是外国人、无国籍人、外国企业或组织；二是商事案件的内容涉外，即引起当事人之间争端的商事关系的产生、变更、消灭的法律事实发生在一国的领域之外；三是商事案件的标的物涉外。

国际商事诉讼一般关系到国家主权，即在诉讼过程中，在案件管辖、取证、执行等方面可能涉及外国。在起诉、应诉答辩、送达、传唤、调查取证、上诉等方面需要较长时间，甚至需要司法协助。国际商事诉讼还涉及外国法的适用问题，主要包括程序法的适用和实体法的适用。

国际商事诉讼的原则主要有：一是国家主权原则，即在国际商事诉讼中要保持国家的司法独立，国家享有独立而完整的司法管辖权；二是平等和对等原则，即外国人在商事法律地位上享有国民待遇，所在国应给予外国当事人与国内当事人同等的商事诉讼权利和义务；三是信守国际条约原则，即根据国际法上的“条约必须信守”原则，有关条约的缔结国和参加国必须遵守相关的国际商事诉讼方面的双边或多边国际条约；四是便利当事人诉讼和便利法院司法原则。

4.5.1 国际商事诉讼程序

国际商事诉讼程序，是指一国法院受理、审理和执行涉外商事案件的程序。对涉外的或国际商事案件的审理，除有关法律根据涉外案件的特点做了特别的规定以外，大多数国家均适用与国内案件审理相同的程序。从各国立法实践看，有的国家在《民事诉讼法》之外另行制定涉外民事诉讼法，少数国家在《民事诉讼法》和国际私法中分别进行相应规定，还有的国家则在《民事诉讼法》中对涉外商事诉讼程序专门加以规定。严格地说，涉外商事诉讼程序不是独立的程序，而是特别规定，这种特别规定和国内的商事诉讼程序规定及某些国际条约的规定共同构成审理涉外商事案件的诉讼程序。

无论是大陆法系国家还是英美法系国家，其商事诉讼程序大体如下。

1. 起诉和受理

起诉是当事人就商事纠纷向法院提起诉讼请求，请求法院依照法定程序给予确认和保护的行为。即请求法院通过审判，使被告人承担某种法律上的责任和义务。起诉须有明确的被告人、具体的诉讼请求和事实根据，还须属于受诉法院管辖范围。受理是指法院对起诉进行审查后，对符合法律规定的起诉条件决定立案审理，从而使诉讼程序开始的诉讼行为。

原告在诉状中应陈述诉讼请求所依据的事实、支持诉讼请求的法律依据及根据本规则提起诉讼的理由。事实陈述应尽可能切实可行，具体列明时间、地点、人物及事件。原告应陈述请求法院做出判决的内容，包括主张损害赔偿的金额及请求是确认性还是禁止性救济。如果诉讼请求属于禁止性或确认性救济，则须指定所寻求救济的性质和条件。被告不应诉的，法院裁决的金额不得超过原告在诉状中所主张的金额，以便被告能够在信息充分进行计算的基础上确定对诉讼请求是否提出争端[①]。

① 李双元，欧福永. 国际民商事诉讼程序研究[M]. 武汉：武汉大学出版社，2016：298.

按照各国法律的规定，法院受理案件之后，应及时将起诉通知和诉状副本送达被告，并要求被告限期提出答辩状。

2. 开庭之前

按照英美法系国家的诉讼程序，开庭之前双方当事人都有权多次向对方提出问题，要求对方做出答复，从而使每一方当事人都有机会了解对方的证据和材料，并对此展开辩论，明确争端的范围和焦点，法院在开庭审理时由陪审团或者法官来判定。在开庭之前，法院将组织庭前会议，安排诉讼程序进程时间表，提出应在早期注意的事项，如管辖权、临时措施和时效问题。提出证据的有效性、可采纳性、开示和证据交换，并责令提交证据。

当事人有权提出有关的事实和法律争辩，并提交支持性证据。当事人应有公平的机会和合理的时间对他方当事人提出的法律和事实进行争辩，对提交的证据及法院的命令和建议进行答辩。被告进行答辩时须针对诉状的事实主张进行陈述，否认或自认，并解释争端的原告主张。未提出如此争端的主张，则为该诉讼中的自认。积极抗辩是主张其他的事实和辩论，以使原告提出的事实和主张归于无效，而非与原告提出的事实和主张针锋相对，比如，对原告主张偿还债务的诉讼请求提出已偿还之抗辩。消极抗辩最突出的例了就是否认。答辩一般为 30 日，但如被告距离遥远，需更长时间进行答辩的，也应许可。

3. 开庭审理

按照英美国家法律，争端案件可分为事实问题和法律问题两方面。事实问题由陪审团断定，法官主要确定所适用的法律。陪审团一般由 12 名陪审员组成，陪审员由法院从社会各界人士中临时挑选参加案件审理。采用陪审制的案件，一般集中一次审理，由陪审团听取证言并做出判断。

英美国家案件庭审以双方当事人对抗形式进行，采用辩论制或对质制，法官只是中立的裁判者。证据必须在当事人在场的情况下提出，否则无效。庭审时，先由双方当事人的律师做首轮陈述。首轮陈述的目的是让各方当事人陈述他们对提供的证据的看法。首轮陈述后开始提出证据。首先，由政府或原告的律师询问其提供的证人，即所谓的直接询问。在政府或原告的律师直接询问后，被告律师可以向证人发问，即交叉询问。如果交叉询问后，原告律师想问其他问题，可以再次进行直接询问，然后被告律师获得再一次交叉询问的机会。所有原告提供的证人询问完毕后，辩方会让其证人出庭，重复以上程序。律师通常会提交如银行记录等文件材料，作为补充证据，这个程序称为证据展示。法院通过建立庭审规则以查明事实。

大陆法系国家的案件庭审一般采用审问或者讯问制，法官通过讯问当事人，根据所查明的事实做出判决。在开庭审理的过程中，法官居于主要的地位，发言需要经过法官的许可，有关证据在当事人不在场的情况下可以提出。开庭审判是以准备好的案卷材料为线索进行的，法官审理案件首先考虑的是成文法典是如何规定的。开庭时，由双方当事人进行辩论，一般先由原告或其委托律师发言，陈述自己的诉讼请求，证明自己的诉讼权利，指出被告的侵权行为或违约责任的事实，提出诉讼请求的范围等。然后由被告或其委托律师发言，对原告的指控进行答辩，或提出反诉，主要从事实和法律方面反驳对方的理由，并对证据进行分析。通过辩论，明晰事实，最后由法官做出判断。

4. 判决

英美法系采用陪审团时，法官的判决不必说明理由，只援引陪审团的决定即可。在没有采用陪审团时，法官的判决除应做出决定外，还应包括判决的推理过程，做出该判决的事实根据和法律依据，允许在判决中包括持不同意见法官的观点。大陆法系国家，法院判决书一般只简略叙述案件事实，以及判决结论，不允许出现不同意见法官的观点。

被告不进行答辩、不提出实质性答辩、答辩后不参与诉讼程序的，应对其做出缺席判决。法院做出缺席判决前应确保应诉通知书的送达符合法定程序。核实原告诉讼请求的有关法律责任、司法救济，包括损害赔偿金额方面皆理由充分。缺席判决所裁决的法律救济须与原告主张一致，且不得超越原告在诉状中请求做出的判决范围。超过本规则规定的诉讼期，但在缺席判决做出前应诉的当事人，法院许可其出庭说明延迟的正当理由。如未应诉当事人在缺席判决做出前出庭的，法院不得做出缺席判决，但可责令其赔偿因未应诉给他方当事人造成的损失。

裁决诉讼请求在法律上是否正当，并不要求对案件的是非曲直进行全面调查。法官只需确保缺席判决不与案卷中的证据相抵触，不违背法官的良心。在有关证据尚不充分的案件中，法官可要求当事人提供更充分的证据，甚至可安排对证据进行庭审。不提出实质性答辩视为不答辩。被做出缺席判决的当事人在上诉中不得提出证据，证明原告的诉讼请求在法律上不正当或者应诉通知未适当送达的情形除外。

5. 上诉

上诉是指当事人对一审未生效的判决、裁定在法定期限内明示不服，要求上一级法院对案件进行审理，并撤销、变更原判决或裁定的诉讼行为。世界各国的审级制度不同，一般有两审终审制和三审终审制，其目的在于通过上诉程序纠正下级法院在个案审理中可能做出的错误判决，从而最终实现审判的公正和权威。

英国法院从层次上可分为高级法院（分为上议院、枢密院司法委员会和最高法院）、低级法院；从审理案件的性质上可分为民事法院、刑事法院。其中上议院由大法官、前任大法官和法律贵族组成，是实际上的最高法院，但可上诉到上议院的案件极少。美国有两套法院组织系统：联邦法院组织系统与州法院组织系统。前者包括联邦最高法院、联邦上诉法院和联邦地区法院，联邦最高法院的判决对全国一切法院均有约束力。州法院的组织系统不统一。

英美国家的上诉法院一般只审查下级法院的书面记录，不接受新的证据。上诉一般限于审查法律问题，对于陪审团断定的事实一般不予审查，但对于没有陪审团参加而只有法官断定的事实，则可以进行复查。

大陆法系上诉法院的审理程序一般与下级法院审理程序相同，即对案件的事实和法律两个方面都进行审理，当事人可以提出新的证据，但是不能提出新的诉讼请求，审理的范围以当事人上诉的理由为限。

4.5.2 国际商事诉讼注意事项

1. 诉讼管辖权

国际商事诉讼管辖权是指一国法院依国际条约、国内法受理和审判涉外商事案件的权限。其核心问题在于一国法院依据什么原则或标准取得涉外商事案件管辖权。确定国际商事案件管辖权的法律依据是国际条约和国内立法。各国对国际商事案件的管辖理论和立法差异较大，大体上依据地域管辖、特别管辖、专属管辖和合意管辖 4 个主要原则。

（1）地域管辖

地域管辖也称“普通管辖”或“一般管辖”，即根据诉讼主体与管辖国领土的联系来确定管辖权。依大陆法系多数国家法律，无论是内外国人间或外国人间的诉讼，除有特别规定外，一般由被告住所地国法院管辖。

（2）特别管辖

特别管辖即根据诉讼标的同管辖国的关系来确定管辖权。例如，财产权的诉讼得由诉讼标的所在地国或被告可供扣押的财产所在地国法院管辖，侵权行为产生的诉讼得由侵权行为地国法院管辖。许多国家规定特别管辖以补充地域管辖的不足，使原告除在地域管辖国外也可向有特别管辖权的国家提起诉讼。

（3）专属管辖

专属管辖也称“排他管辖”，即根据诉讼的特殊性质同管辖国具有很密切的关系，从而确定该诉讼只能由该国的法院行使管辖权。专属管辖有排除地域管辖的效力，而且不允许当事人合意变更。一般国家都有专属管辖权的规定，如不动产诉讼专属不动产所在地国管辖。身份、家庭、继承诉讼分别专属关于身份、家庭、继承所适用的准据法的国家管辖。

（4）合意管辖

合意管辖包括协议管辖，即当事人明白表示或默示同意将涉外商事案件交由某国法院审判，从而可使本属外国法院管辖的案件归内国法院审判，或本属内国法院管辖的案件归外国法院审判。

在国际商事诉讼中，确定管辖权问题十分重要，它关系到维护国家的主权，关系到本国公民、法人乃至国家的商事权益能否得到及时、有效的保护。正确解决国际商事管辖权，不但有利于当事人双方进行诉讼活动和法院的审判活动，也有利于判决的域外承认和执行。

实践中，在选择商事案件的管辖法院时需要注意以下几方面。

首先，要分析案件能够受理起诉的法院情况，即有哪些法院可以管辖该诉讼案件。例如，合同签订地、合同履行地、诉讼标的物所在地、可供扣押财产所在地或者代表机构住所地，以及被告所在地、营业地法院等。各国法律不同，对法律管辖权有不同的规定。

其次，要分析各国或地区司法环境的优劣，包括分析是否能够秉公执法，诉讼的效率与程序的复杂性，到当地起诉是否能够维护当事人的权益等。

再次，分析案件判决的可执行性，主要包括诉讼所在地民众对法律的信仰，有无地方保护主义行为，以往案件执行的难易与执行效果等。

最后，分析诉讼成本。一般来说，在国外进行诉讼律师费用昂贵，且需要聘用当地律师，以当地语言与法院和律师进行沟通，并需要提供很多的文件，这些文件一般都要翻译成当地语言，非常烦琐。另外，诉讼时间长，有些案件需要5～6年甚至更长时间才能结案，差旅费用高昂，导致诉讼成本剧增。因此，要统筹选择诉讼管辖法院，以维护自身合法权益。

2. 司法协助

所谓司法协助是指不同国家之间，根据自己国家缔结或者参加的国际条约或互惠原则，彼此之间相互协作，为对方代为一定的诉讼行为。当今各国法律多数都有司法协助的规定。但由于各方面的原因，每个国家关于司法协助的规定又不尽一致。有的司法协助范围广泛，有的稍显狭窄。司法协助分为一般司法协助与特殊司法协助。

一般司法协助也叫普通司法协助，是指一国法院按一定根据为他国法院完成一定诉讼行为的制度。“一定诉讼行为”内容包括：代为送达诉讼文书，如送达起诉状、答辩状、上诉状、传票、判决书等；代为调查取证，如代为询问证人、当事人，代为调取证据，代为现场勘验等；提供有关法律资料。一般司法协助内容的实现和完成取决于两个方面：一是委托方提出请求，二是受托方实施协助。受托方实施协助即完成诉讼行为时，一般应适用本国法律。例如，代为询问证人，本国法律明令证人必须宣誓，获取证言前应该让证人宣誓，但条约有特殊规定的除外。

特殊司法协助相对于一般司法协助而言是指两国法院在一定的前提下相互承认并执行对方法院制作的生效裁决和涉外仲裁机构制作的生效裁决的制度。特殊司法协助包含两方面的内容：一是对外国法院和涉外仲裁机构裁决的承认和执行，二是内国法院和涉外仲裁机构裁决在国外的承认和执行。

司法协助涉及国家间的关系，尊重他国主权和法律的基本原则，不违反他国社会公共利益是司法协助不可动摇的原则。在涉外商事诉讼中，国家主权主要体现在案件管辖、语言文字、律师制度、法律适用等方面。因此，请求他国协助事项不得是他国法院专属管辖范畴；委托他国完成的文件须附有该国通用的语言文字文本或国际条约规定的其他文字文本；委托事项不得有碍他国安全和社会公共利益。否则，他国有权拒绝协助。司法协助所适用的法律一般是依被委托国本国法，但也可以在不违背自己本国法基本原则的前提下，应对方要求适用对方法律或依对方指定的特定方式进行。

司法协助应当坚持平等、互惠原则。当事各国地位平等、相互尊重，不得将本国意志强加他国或以此为借口制裁、攻击他国。国与国之间没有司法协助条约时，应坚持互惠对等，彼此遵循国际惯例。

3. 判决的承认和执行

所谓外国法院的判决一般是指非内国法院根据查明的案件事实和有关法律规定，对当事人之间有关商事权利义务的争端，或者申请人提出的申请，做出的具有强制约束力的裁判。承认外国法院判决，意味着外国法院判决取得了与内国法院判决同等的法律效力，而执行外国法院判决，则不仅承认了外国法院判决在内国的法律效力，而且就其应该执行的部分，应通过适当程序予以执行①。

综观各国国内立法及有关国际条约的规定，承认与执行别国法院的判决，通常应具备以下条件：一是原判决国法院必须具有合格的管辖权；二是外国法院判决已经生效或具有执行力；三是外国法院进行的诉讼程序是公正的；四是外国法院判决必须合法取得；五是不存在“平行诉讼”，即外国法院判决与内国法院就同一当事人之间的同一争端所做的判决或内国法院已经承认的第三国法院就同一当事人之间的同一争端所做的判决相冲突，内国法院可以拒绝承认和执行；六是承认和执行外国判决不违背内国公共秩序；七是存在互惠关系。

4.5.3 国际商事诉讼发展趋势

国际商事诉讼处理的主要是国际商事争端，解决的是当事人私人利益的再分配问题。对于国际商事案件的当事人来说，一个国家的国际商事诉讼制度是当事人可供选择的化解争端的服务。如果此种服务不具有一定的优势，很难对当事人产生吸引力，也有可能阻止当事人在该国从事更多的跨国商事活动。因此，现代国际商事诉讼的程序改革无不突出对当事人权利保护的便利，并设置专业化的审判机构，以增强国际商事诉讼的吸引力，吸引更多的国际商事争端当事人前往诉讼。

国际商事诉讼主要是用来解决私人争端的制度，强调主权与国家利益是完全正确的，但过度的主权因素和国家利益的保护，在一定程度上会使外国人对该国的司法制度望而却步。国际商事案件主要是不同国家间私人或者经济实体利益的相互博弈。具体个案也大多体现为个体利益间的冲突，很少体现为个体利益与国家利益的冲突。即使发生冲突，国际商事诉讼中的公共政策制度也能够维护该国的根本利益。例如，律师域外取证、特派员取证、当事人及其诉讼代理人取证虽然是西方制度，但未必就应全盘否定。因此，在维护国家利益的前提下，应突显

① 李双元，谢石松，欧福永. 国际民事诉讼法概论[M]. 武汉：武汉大学出版社，2016.

对当事人权利保护的便利，尤其是程序上的服务功能。在维护国家根本社会公共利益的情形下，提升诉讼效率和便利当事人的诉讼，才能真正地实现“司法为民”的目的。

4.6 国际工程争端解决方式

4.6.1 国际工程非诉讼解决方式

国际工程合同是指一个国家的政府部门、公司、企业或项目所有人（一般称工程业主或发包人）委托国外的工程承包人按规定的条件承担完成某项工程任务的合同。国际工程合同具有如下特点：一是合同的主体具有国际性。合同的当事人不是同一个国家的法人，而是分属于两个或两个以上不同国家的企业、法人或经济实体。二是合同的风险较大。受国际市场影响较大，包括汇率、材料价格等方面，合同履行中存在较多的政治、经济、自然等风险。三是合同模式差别较大。不同的行业、不同的业主会结合所在国情况选择不同的合同模式和范本。四是市场竞争激烈。国际工程合同的签署一般采用公开招标形式，面向国际市场招标，参与投标人多，市场竞争激烈。

由于国际工程合同履行过程中面临着工程所在国政治环境、经济环境、法律环境和自然环境等各种外部风险，同时也面临着承（分）包商管理能力不足、施工技术落后、经营状况恶化等内部风险，内外部风险往往导致工期滞后、超投资，甚至项目难以实施或按期完工，给工程相关方造成较大的经济损失和社会影响，产生诸多的矛盾和争端。由于合同当事人拥有不同的文化背景、不同的利益诉求，加上交流沟通上的障碍，往往导致矛盾激化，国际工程争端相当复杂。

选择适当的争端解决方式，及时解决合同争端，不仅关系到合同当事人的自身利益，也关系着项目能否顺利实施。从实践上看，目前国际工程争端解决方式一般包括和解、调解、仲裁或诉讼等。国际工程合同发生纠纷后，当事人可以通过和解或者调解解决合同争端。当事人不愿和解、调解或者和解、调解不成的，可以根据仲裁协议向仲裁机构申请仲裁。当事人没有订立仲裁协议或者仲裁协议无效的，可以向法院起诉。当事人应当履行发生法律效力的法院判决或者裁定、仲裁裁决、法院或仲裁调解书；拒不履行的，对方当事人可以请求法院强制执行。

由于诉讼在一国法院进行，必然受诉讼所在地法律管辖，合同当事人的意思自治权利受到拘束，业主往往利用本国的司法环境使自己处于有利地位，承包商一般不熟悉当地法律风险，需要聘请当地律师以弥补自己对当地法律知识缺乏的不足。但聘用律师费用高昂，再加上法律诉讼程序漫长、不同法院判决的不确定性等不利因素，因此，在国际工程合同谈判中，合同当事人往往选择调解、仲裁等非诉讼争端解决方式。

基于国际工程业务特点和国际工程界的丰富实践，除日常的争端解决方式外，国际工程领域不断地研究和改进争端解决的方法，由此产生了一系列独具特点的争端解决替代方式（Alternative Dispute Resolution，ADR），如工程师决定方式、争端委员会（Dispute Board，DB）决定方式、争端评审委员会（Dispute Review Board，DRB）决定方式、争端裁决委员会（Dispute Adjudication Board，DAB）决定方式、争端避免与裁决委员会（Dispute Avoidance/Adjudication Board，DAAB）决定方式等。

1. 工程师决定方式

即由业主任命的工程师来初步解决合同双方的纠纷或争端。1969 年版和 1977 年版 FIDIC 合同争端解决赋予了工程师的临时裁判权利，如 1977 年版 FIDIC 合同第 67 条规定合同中业主、工程师和承包商发生的所有争端必须书面提交工程师，并在 90 日内予以裁决。

原文如下：

67.If any dispute or difference of any kind whatsoever shall arise between the Employer or the Engineer and the Contractor in connection with or arising out of the Contractor or the carrying out of the Works （whether during the progress of the Works or after their completion and whether before or after the termination abandonment or breach of the Contract）it shall in the first place be referred to and settled by the Engineer who within a period of 90 days after being requested by either party to do so shall give written notice of his decision to the Employer and the Contractor.

工程师作为业主管理合同的具体执行者，必须接受委托，履行其职责和权利，当合同出现争端时，应根据合同，结合实际情况，公平处理，将自己的决定通知双方，并说明如此处理的理由。如果一方对此决定有异议，可按照索赔、争端与仲裁条款予以处理，但在最终解决之前，双方应遵照执行工程师的指令。FIDIC 合同 1977 年版明确工程师是独立的一方，但 1987 年版 FIDIC 合同改变了独立的措辞，只是规定“工程师应行为无偏”。1999 年版 FIDIC 合同淡化了工程师的独立地位，仅规定工程师在决定时应公平，其“准仲裁员”的角色被新出现的争端裁决委员会所取代。这是因为工程师受雇于业主，属于业主方的人员，其独立公正的地位既难以实现，也难以为合同双方所接受。

2. DB 决定方式

1995 年版 FIDIC 合同引入了 DB 概念，主要是为了适应社会对争端解决机制的需要。DB 由合同双方协议任命，从工程开始就参与工程，有机会取得大量有关工程的一手材料，对项目更加清晰和客观，能对与进度相关的问题及任何潜在的冲突进行讨论，避免产生争端，从而使合同双方更愿意保持良好的工作关系。使用 DB 决定方式被证明是一个经济的、高效的而且快捷的争端解决方法[①]。

3. DRB 决定方式

DRB 最早起源于 20 世纪 60 年代末的美国，有记载华盛顿的邦德瑞大坝建设曾使用此种方式。随着实际应用的成功，后被广泛应用于建筑行业。世界银行在 1995 年 1 月发布了标准招标文件，修改了 FIDIC 合同第 4 版第 67 条争端解决条款，首次提出将工程争端提交 DRB 解决而不再提交工程师解决，改变了工程师在争端解决中的作用。我国 20 世纪末的二滩水电站项目、山西万家寨引水工程项目就采用了 DRB 决定方式，先后解决了工程海运风险责任、设备进场延误、外币预付款等争端，取得了良好效果[②]。通常 DRB 由 3 名成员组成，分别由业主方与承包商各指定 1 名成员，再由该两名成员聘请第 3 名成员。如双方决定采用 DRB 决定方式，则应在合同正式开始制作之前组成 DRB，并在合同签订之后参与工程建设全过程。当发生争端时，合同任一方不满意工程师决定时可以提交 DRB 进行评审，DRB 通过现场调查、分析后提交一份争端解决建议，该建议不具有终局性和约束力，争端任一方不满意或不接受该建议，仍然可以再诉诸仲裁或诉讼。

4. DAB 决定方式

1999 年版 FIDIC 合同引入了 DAB。DAB 决定方式一般由 3 名成员组成，先由业主和承包商各提名 1 名 DAB 委员，由对方批准后，合同双方再与这两名成

---

① 巴尼. FIDIC 系列工程合同范本——编制原理与应用指南[M]. 张水波，王佳伟，等译. 北京：中国建筑工业出版社，2008：438.

② 徐铱. 论工程施工合同范本及其更新[M]. 成都：西南交通大学出版社, 2015：272.

员协商确定第 3 名委员作为主席，共同组成 DAB。DAB 成员的报酬由双方平均支付。当发生合同争端时，由 DAB 对争端做出决定。若合同双方在收到决定后的 28 日内，均未提出异议，则该决定即是最终的，对双方均具有约束力。

采用 DAB 决定方式解决争端具有以下优点：DAB 成员在项目开始时就介入项目，了解项目管理情况及其存在的问题；DAB 成员具有较高的业务素质和实践经验，特别是项目施工方面的丰富经验，有助于解决工程项目复杂的技术和法律问题；DAB 成员公正性、中立性的规定有助于保证他们的裁决不带有任何主观倾向或偏见；DAB 决定方式费用低廉，可以及时解决争端，消除争端；DAB 裁决容易被合同双方接受；DAB 裁决不是强制性的，不具有终局效力，合同双方对裁决不满意，可以在一定时限内提请仲裁或诉讼。

DAB 同 DRB 的最大区别主要体现在“决定”的效力上，DAB 的“决定”一经做出，就直接约束争端双方当事人，除非 DAB 做出的“决定”被改变。DRB 的“建议”做出后，争端双方当事人有任何一方不接受（不满意或有异议），该建议对争端双方当事人就没有约束力。

5. DAAB 决定方式

FIDIC 在 2017 年 12 月发布了 2017 年版合同文本，引入了 DAAB，主要目的是强化和突出DAAB在避免争端方面的作用，最大限度防止索赔转变为纠纷。2017 年版 FIDIC 合同的第 21.3 条和 DAAB 程序规则第 2 条“避免争端”规定：合同双方在任何时候都可以请求 DAAB 提供协助和非正式讨论与建议，DAAB 意识到在工程履行中将出现争端，也会主动邀请合同双方进行讨论解决，不论是书面的还是口头的，在开会时还是在考察现场时，或者其他场合。但 DAAB 建议不能作为候选争端解决的依据而具有约束力。明确 DAAB 作为常设机构，从项目启动开始就组成 DAAB，可对项目进行早期控制和早期预警，及时解决出现的问题，避免和减少争端发生。DAAB 与 DAB 相比，增加了“避免争端”职能，特别强调要把争端纠纷消灭在萌芽状态中。

由此可见，FIDIC 合同有关争端解决的规定是一个“多层次争端解决条款”或者“升级争端解决条款”，以适应社会经济的发展，并逐步得到完善。

4.6.2 国际工程合同争端解决惯例

国际工程合同按照不同的标准，可以有不同的分类。一般按照工作内容分为咨询服务合同、工程施工合同、物资采购合同和设备安装合同等；按照承包范围分为设计建造合同、工程施工合同、交钥匙（EPC）合同和分包合同（包括专业工程分包合同、施工劳务分包合同）等；按照计价方式分为总价合同（包括固定总价合同、变动总价合同）、单价合同（包括固定单价合同、变动单价合同）、成本加酬金合同（包括成本加固定费用合同、成本加固定比例费用合同、成本加奖金合同、最大成本加费用合同）等。

国际工程承包是一种跨越国境的经济活动，为了降低交易成本、提高管理效率、促进国际经济发展，国际工程相关参与方通过长期的工程实践，制定并采用了一系列的工程标准合同条件文本，在全球范围内推广适用。目前，国际著名的工程合同文本主要有 FIDIC 合同、NEC 合同、ICE 合同、JCT 合同和 AIA 合同等。在国际工程建设中，采用标准化的合同文本成为通行惯例，这些文本是国际工程界专家实践智慧的结晶，具有体系完整、内容严密、责任明确、风险划分公正等特点。这些著名的合同文本在争端解决方式方面又有不同的特点。

1. FIDIC 合同争端解决方式

（1）FIDIC 合同概述

FIDIC 合同是由国际咨询工程师联合会编制的，该协会成立于 1913 年，是国际上权威的咨询工程师组织之一，目前成员来自全球各地 70 多个国家和地区。FIDIC 合同主要是针对投标人竞争国际性施工工程而制定的，但也适用于国内工程，目前被广泛适用于国际工程承包项目，也是目前国际上通行的工程合同文本，是世界银行、亚洲开发银行等金融机构推荐的国际工程合同文本。FIDIC 合同自 1957 年颁布第 1 版《土木工程施工合同条件》以来，先后于 1969 年、1977 年、1987 年、1999 年、2017 年分别进行了 5 次修改，文本的修改是不断完善进步的过程，也是国际工程界专家实践经验的总结。

（2）FIDIC 合同争端解决方式演变

在争端解决方式方面，FIDIC 合同发生了很大的变化，主要分为 4 个阶段。

第 1 阶段，工程师决定。主要指 FIDIC 合同前 3 版的内容规定，其争端解决方式几乎没有发生任何变化，解决的路径可表述为：争端解决—工程师决定—仲裁。其中工程师决定作为准仲裁，有其独特性，工程发生争端后，提交工程师，必须在 90 日内做出决定，对工程师决定不满的可直接提交国际商事仲裁机构进行仲裁[①]。

---

① 邱闯. 国际工程合同原理与实务[M]. 北京：中国建筑工业出版社，2002：295.

第 2 阶段，DRB 建议。主要指 FIDIC 合同第 4 版的内容变化。20 世纪 80 年代后期，随着全球经济的迅速发展，争端纠纷急剧上升，特别是仲裁案件逐渐增多，对 FIDIC 争端解决方式也提出了挑战。1988 年，FIDIC 合同第 4 版增加了友好解决程序，即：争端解决—工程师决定—友好解决—仲裁。友好解决要求业主和承包商在 56 日内友好协商，非正式地交换意见，避免正式仲裁对抗态度，力争谈判协商解决争端。

FIDIC 对第 4 版进行了修订，引入了 DRB 这一独特方式，提出用 DRB 来替代工程师解决争端的作用，使争端解决方式路径变为：争端解决—工程师决定—DRB—友好解决—仲裁。

当争端发生后，双方当事人可提请工程师，工程师应立即分析，听证调研，解决争端，在 42 日内做出决定，通知业主和承包商，如果业主和承包商对工程师决定不满意，或者工程师未能在 42 日内做出决定，则不满方可将自己的意向通知对方并将争端提交已成立的 DRB，DRB 收到通知后，应在下一次访问现场时召开听证会，并现场调研，DRB 应在 56 日内或双方认可的期限内做出决定。如果业主或承包商在收到决定报告后的 14 日内没有提出异议，则 DRB 建议具有约束力。反之，则提交仲裁，在提交仲裁之前，双方仍可进行友好协商，若仲裁意向发出 56 日后，友好协商没有达成一致，则按国际商会仲裁规则进行仲裁。

第 3 阶段，DAB 裁决。主要指 1999 年 FIDIC 新版合同系列对争端解决方式的规定。1999 年 FIDIC 合同在总结前 4 版的基础上，又制定了新版 FIDIC 条件，在争端解决方式方面有了新变化，即将 DRB 改为 DAB，并在合同后面附上“争端裁决协议书的适用条件”和“程序规程”等文件，使争端解决路径变为：争端解决—工程师决定—DAB—友好解决—仲裁。

DRB 变为 DAB，主要有三个方面的不同：一是法律效力的变化。DRB 仅是一个争端解决建议书，其本身没有法律效力，除非建议书通知双方 14 日后没有提出异议，则产生法律约束力，即相当于为争端双方提供了一个新合同，新合同对双方有约束力。而 DAB 不同，其已经做出即对争端双方具有法律约束力，除非双方在 28 日内对此提出异议，使其失去法律约束力。二是时限要求的变化。DRB 要求在 56 日内提出解决争端的建议书，而 DAB 则应在 84 日内做出书面决定。DAB 做出决定后要求 28 日内提出异议，否则要遵照执行，DRB 做出建议后要求 14 日内提出异议，可见 DAB 处理问题的时限比 DRB 长。三是适用范围的变化。DRB 在 1995 年出版的《设计-建造与交钥匙工程合同条件》及 1996 年对《土木工程合同条件》的增补中首次提出，而 DAB 在 1999 年的 FIDIC 新版《施工合同条件》、《设备与设计–建造合同》、《EPC/交钥匙项目合同条件》中均得以采用，可见DAB比DRB的适用范围广。

第4阶段，主要是指2017年版FIDIC合同对争端解决方式的规定。第一，此版引入了DAAB，增加了“避免争端”条款，使争端解决路径变为：争端解决—工程师决定—DAAB—友好解决—仲裁。第二，在1999年版的FIDIC合同中，除了《施工合同条件》（红皮书）中采用常任DAB，《设备与设计–建造合同》（黄皮书）和《EPC/交钥匙项目合同条件》（银皮书）中都采用了临时DAB。2017年版的FIDIC红皮书、黄皮书和银皮书三大合同文本均把DAAB作为常任机构，从项目启动时即设立DAAB。常任DAAB可以通过现场考察等日常工作对工程进行监控，对争端苗头进行早日警告，有利于减少争端的产生，防止争端的恶化。第三，规定当事人和工程师必须遵守DAAB的决定，如果任何一方当事人不遵守DAAB决定（不论是否为终局决定），另一方当事人可直接将该行为（即不遵守DAAB决定的行为）提交仲裁。任何一方当事人均可以在28日内发出异议通知，使DAAB的决定不具有终局性。如果在异议通知发出后的182日内仍未开始仲裁，则该异议通知应视为已过期并失去效力。第四，增加了DAAB决定的“纠错期”，规定在DAAB决定做出后的14日内，对于决定中包含的错误，DAAB可自行更正，业主和承包商也可要求DAB对决定中有歧义的内容进行澄清，可通过补遗的方式对决定进行修改，DAAB决定将成为最终决定。2017年版的FIDIC合同更加重视避免争端，着力推动双方进行协商解决。设定时间限制，确保双方快速推进协商及进入工程师决定阶段，并对工程师在协商中所起的作用及工程师需对哪些事项做出确定做出了更加明确的规定，避免让争端拖延解决或者进入下一环节进行仲裁或诉讼。

总结上述变化，可以看出，FIDIC争端解决方式始终围绕寻求双方的友好解决，避免耗时费钱的国际商事仲裁，同时在公正、合理、及时地解决争端方面进行了不断探索，逐步得到国际工程界的认可和推广，并取得了较好效果。争端解决方式的变化与演进，是社会经济不断进步的结果，也适应国际工程项目发展的需要，充分体现了现代合同管理公平、高效的理念和当事人意思自治的思想。

（3）DAB决定方式程序

FIDIC合同自1955年颁布以来，先后经过4次修改，尤其在争端解决方式方面发生了很大变化。先后经过工程师决定、DRB建议和DAB裁决等阶段，目前最常用的是DAB决定方式。FIDIC合同对DAB决定方式的程序、内容及要求做出如下规定。

① DAB 的任命。

DAB 决定方式由工程项目合同双方在投标书中规定的开工日期前 28 日内，联合任命一个 DAB，三方签订争端裁决协议书。DAB 由具有相应资格的 1 名或 3 名人员组成，如果人数没有规定且双方没有另行协议，应由 3 名人员组成。双方均应推荐 1 人，报他方认可，同时商定第 3 名成员，此人应被任命为 DAB 主席。DAB 成员不论是 1 名还是 3 名，所有成员都必须得到合同双方当事人的认可，每名成员必须独立于各当事人，以保证其行为公正。DAB 成员的报酬由双方平均支付。DAB 成立后，业主和承包商不能单独终止任命，除非双方具有协议或者 DAB 任期届满。

② 提交争端。

提交 DAB 前，争端双方应在规定时间内将争端通知或索赔报告向工程师报告，并附所有证据与资料，工程师应在 42 日内做出决定，争端任何一方若不满意决定，可以以书面报告书形式提交 DAB，委托 DAB 做出裁决，并将副本送交另一方和工程师。

③ 现场调查、召开听证会。

DAB 在收到报告书及证据材料后，到施工现场开展调查研究，召开争端双方意见听证会。意见听证会后，DAB 内部召开会议，研究争端解决方案。

④ 做出决定。

DAB 应在 84 日内或双方认可的期限内提出决定，业主或承包商任何一方不满意裁决决定，可在 28 日内将不满决定通知另一方，否则任一方无权着手争端的仲裁。28 日内未发出不满通知，该决定则成为最终的，对双方均具有拘束力的解决方案。

⑤ 决定执行与仲裁。

对决定不满的任何一方可在规定日期内通知对方并将争端提交仲裁。对于双方均表示同意，但之后又有一方不执行的，另一方可根据未遵从 DAB 决定条款，就对方当事人的违约行为申请仲裁，DAB 决定应作为仲裁的依据。

（4）FIDIC 争端解决方式的科学合理性

现代社会中的纠纷类型复杂多变，这就要求针对不同类型的纠纷提出适当的争端解决方式。一方面可以使国家和社会合理地分配和利用资源，特别是司法资源，另一方面也为纠纷当事人寻求适宜的纠纷解决方式提供更多的选项。工程合同争端解决方式的选择体现了民事程序的选择权。所谓民事程序选择权是当事人在法律规定的范围内，选择解决纠纷的方式。在诉讼过程中选择有关程序及与程序有关事项的权利。在现代社会，随着社会经济情势的急速变迁，民事纠纷的质与量多异于以前，且在形态、内容上趋于多样化、复杂化。因此，应就关系人利益、地位、责任或权利义务的程序利用及程序进行，赋予相当的程序选择权，借以实现、保障程序关系人的实体利益与程序利益。民事程序选择权必须以存在两种以上的，功能相当的程序机制为前提，尊重当事人的意思自由，对当事人进行程序上的关怀，鼓励当事人选择对自己有利的程序，实现利益的最大化。每一种争端解决方式都有其优缺点，适合于不同的环境要求。行使民事程序选择权也就成为一个科学决策的过程。

在各种争端解决方式中，虽然目前仲裁和诉讼仍是主导中国工程建设合同纠纷解决的主要方式，但在国外已经发生了很大变化。

首先，诉讼方式已经越来越缺乏吸引力。据美国一项对 400 家大型公司的调查显示，70%以上的受访者认为诉讼时间过长，40%的受访者认为诉讼费用太高①。甚至有人认为，“如果你走上法庭，就不是胜利者。高额的法律费用还仅仅是其中的一部分。诉讼是漫长且反反复复的。法律体系是深不可测的，没有任何效率可言”②。这些看法虽然有失偏颇，但诉讼的迟延和高昂的费用已使诉讼方式在工程合同争端解决中失去其主导地位。加之合同当事人分处不同国家或地区，政治、经济、文化背景各不相同，有的国家或地区的司法人员对本国或地区的当事人具有保护倾向，致使工程合同当事人越来越不愿意将纠纷提交给一个他们并不熟悉的法院或法官来审理。

其次，仲裁方式已经不再被认为是一种廉价、高效的解决争端手段。传统工程合同争端解决方式主要是仲裁，被视为“不存在不良声誉”的争端解决方法，但近几年，由于仲裁被过度地司法化，以及当事人在仲裁过程中的紧张、对抗态度，使得当事人经常处于尴尬的境地，严重伤害了合同双方的合作关系。仲裁既伤和气又消耗精力，还要支付高昂的仲裁费和律师费，有时两败俱伤，风险很大，这与当事人追求经济利益最大化的目标相距甚远，也无法满足当事人的最大利益。

最后，和解与调解方式很难使争端当事人达成协议。虽然理论上讲，最糟糕的友好解决，也胜过最好的仲裁和诉讼，但工程合同争端索赔涉及双方的经济利益。有数据统计，由于国际市场的激烈竞争，工程建设的利润率仅有 3%～4%，而索赔给承包商带来的利润可达 10%左右。可见，索赔是工程项目获得利润的最大空间。利益的驱使使得合同双方往往各不相让，很难达成一致，因此，和解争

① Herbert Smith. Survey by the law firm[J]. The Times，1995.

② 彼得·希伯德，保尔·纽曼. 工程争端替代解决方法与裁决[M]. 路晓村，王自青，译. 北京：中国建筑工业出版社，2004：26.

端的成功率很低。而在调解方式中，作为第三方介入争端的调解人往往由于对争端问题的把握不全面、不深刻，使其难以提出适当的解决方式。由于调解与和解协议缺乏法律约束力，当事人常常以此作为拖延战术，致使矛盾日益激化，不能得到根本性解决，甚至妨碍工程项目的正常竣工。

基于上述分析，在选择争端解决方式时必须进行改革和创新，这个改革和创新需要围绕以下几方面开展：一是明显减少费用开支；二是减少最终解决争端的延误；三是保护现有商业关系和市场信誉；四是比诉讼应用更广泛的解决方法；五是有效地利用司法资源和社会资源。

上述改革要求在FIDIC争端解决方式中，尤其是在DAB、DRRB决定方式中得到了充分体现。DAB、DRRB决定方式在工程契约签订时，即组成委员会，当时双方关系良好，对于委员之人选不致产生争端，从而不致造成程序上的迟延。DAB、DRRB决定方式具有防微杜渐，消弭争端于无形，减轻财务负担，加强工程专业性等优点。由于它高效、低廉、及时、公正且有约束力，在国际工程项目纠纷解决中被作为明智的选择得以推广使用，并取得巨大成功。

2. NEC合同争端解决方式

（1）NEC合同概述

NEC合同是由英国土木工程师学会（ICE）于1993年编制出版的新工程合同（NEC1），1995年出版了第2版，2005年出版NEC3合同家族，至2010年NEC3合同家族文件数量达30个，具有系列化、系统化与集成化的特点。该合同系列摆脱了多数标准合同文本的编写思路，提出了合同的一般形式，即核心条款，让合同当事人针对6种不同的计价方式进行选择，具有灵活、清晰、简洁等特点[①]。标准合同的合同条件由核心条款、主要选择条款和次要选择条款三部分组成。

① 核心条款。是所有合同必备的条款，共9项条款，具有普遍适用性，可以不考虑项目的具体特点而直接适用。主要内容包括：总则、承包商的主要责任、工期、付款、测试和缺陷、补偿事件、所有权、风险和保险、争端和合同终止。

② 主要选择条款。有以下6个选项供当事人选择，必须且只能选择其一：

A．带分项工程表的标价合同（Priced Contract with Activity Schedule）

B．带工程量清单的标价合同（Priced Contract with Bill of Quantities）

C．带分项工程表的目标合同（Target Contract with Activity Schedule）

D．带工程量清单的目标合同（Target Contract with Bill of Quantities）

---

① 李启明，朱树英，黄文杰. 工程建设合同与索赔管理[M]. 北京：科学出版社，2001：259.

E．成本补偿合同（Cost Reimbursable Contract）

F．管理合同（Management Contract）

6 个选项代表了 4 种合同价格模式：标价合同、目标合同、成本补偿合同和管理合同。标价合同相当于总价合同，承包商承担大部分风险，只是确定总价的方式不同，A 是按照分项工作量计价，B 是根据工程量清单计价。C 和 D 相当于激励式合同，承包商的投标价将成为合同的“目标成本”，如果发生费用超支或节约，业主与承包商将按照合同规定的方式进行分摊，有利于合同双方降低项目成本。E 是成本补偿合同，工程最终合同价格按照工程的实际成本再加上一定酬金计算，业主承担了大部分风险。

根据项目不同的风险分配模式和工程款支付方式，以及不同的激励机制，合同双方可以根据自身的管理能力和项目的具体情况协商选择不同的合同计价模式。

③ 次要选项条款。有 20 项，以 X 标示，内容包括：价格波动、法律变更、多币种结算、母公司担保、部分完工、提前完工奖励、误期损害赔偿、伙伴关系协议、履约保证、工程预付款、设计责任、保留金、有限责任等。

NEC3 系列合同为业主和承包商达成预期目标提供了一条有效途径，合同当事人可以根据项目性质、合同双方责任、风险分摊及工程款支付方式等选择使用的合同条款，完成一份较为完善的标准合同。NEC 合同是符合国际发展的范式合同，目前在英国 90%以上的基础设施工程都在使用 NEC 合同，英国也致力于在世界范围内的建筑工程项目中大力推广使用 NEC 合同[①]。

（2）NEC 合同争端解决方式

NEC 合同包括工程施工合同、工程施工分包合同、专业服务合同和裁决人合同等，其中裁决人合同用于指定裁判者解决任何 NEC 合同项下的争端，具有独特性。

NEC 合同在指导说明中指出：“施工合同中的争端经常发生，标准合同文本中最终解决方法是仲裁，近些年来这种方法也变得费时、费钱，在 NEC 中，在裁决方式中推出了一种中间阶段的争端解决方法，其目的是要求所有争端都应该通过裁决人解决”[②]。在 NEC 合同第 9 部分规定了处理争端的程序与相关内容，主要如下。

---

① 江涌鑫，秦占飞. 国际工程合同及其管理实务[M]. 北京：中国石化出版社，2014：92.

② 彼得·希伯德，保尔·纽曼. 工程争端替代解决方法与裁决[M]. 路晓村，王自青，译. 北京：中国建筑工业出版社，2004：261.

① 争端的提出。在一方当事人对于合同中的某些事项不满意时，他们应该通知对方当事人，并在通知发出后的 2 周内寻求问题解决，若未解决则转化为争端，任何争端应该提交给裁决人。但对不同的争端有不同的时限要求，若涉及工程师的问题，承包商必须把采取行动或不采取行动的决定在 4 周内通知工程师，然后在通知发出后的 2～4 周将争端提交给裁决人，这就给工程师提供一个机会，以便直接和承包商解决这个争端。对不涉及工程师的争端，则受到损害的当事人必须通知对方当事人和工程师，然后在通知发出之后的 2～4 周内将事件提交给裁决人，这 2 周时间内同样也是给当事人提供一个机会，必须在裁决人介入之前解决争端。

② 裁决人。裁决人是合同条款中规定的专业人士。业主在向承包商提出邀请投标文件时就提供了裁决人名单，供承包商选择，若承包商不接受，在进行投标时应该指出这个问题，并挑选一名合适人选。已经指定或命名为裁决人的人员也可以以各种理由拒绝承担这个角色，在这种情况下，当事人可以有 4 周的时间选择其他裁决人，该人选必须得到双方当事人的同意。

裁决人是独立的，与当事人无任何利益关系。合同第 90.8 条要求裁决人应该公正行事，在确定事实和法律的时候应该有主动精神，裁决人享有豁免权，除非他的行为违背了诚信原则。

③ 裁决。当争端通知下达时，应该提交涉及裁决有关信息并尽量全面，裁决人有权审核或修改工程师在这个争端过程中的任何决定或建议。在总包合同产生的争端涉及分包合同工程时，分包商可以成为一方当事人参与裁决，并有权提出反对意见，承包商可以要求分包商提供有关信息，但除非分包合同已经规定，分包商一般不愿意参与争端事件。

裁决人的决定（包括决定的理由）应该在提供信息阶段结束后的 4 周之内或在达成协议的延长期内提交给当事人和工程师。这个决定是最终且有约束力的，除非后来被仲裁或诉讼修改，或者当事人通过协议改变。在决定做出之前，项目应该继续进行，并且其进度不应该受到任何形式的阻碍。

裁决人的决定在当事人之间应该是强制性的某种合同义务，而不是一种仲裁性质的判决，当事人不执行这个决定应该视为违约行为。裁决人的决定和任何有关裁决的信息都是保密的，只能被涉及适当利益的人士使用。

④ 审判庭审核。审判庭应该在合同中预先规定，可能是仲裁、诉讼、专家决定、DAB 或其他形式的团体。在实际工作中，仲裁和诉讼是大多数的选

择。当事人不满意裁决人的决定可以在 4 周内向审判庭提出裁判该事项的通知。审判庭可以审核或修改裁决人的任何决定或工程师等涉及争端的任何建议或行为。

为有效地实施 NEC 合同争端解决的相关条款，NEC 合同特别制定了 NEC 裁决人合同，该合同包括基本事项、裁决过程和决定、裁决人费用支付、风险赔偿，以及裁决人指定的终止等方面的内容，同时附带指导说明和流程图。NEC 合同作为近年来新出现的工程合同标准文本对争端解决方式进行详细规定，其目的是减少争端[①]。

（3）NEC 合同争端解决方式特点

一是裁决人前置条款。合同明确在争端提交仲裁或诉讼之前，必须提交裁决人进行裁决；裁决后 4 周内，如果不反对，则裁决有效，不能再对该事项进行仲裁或诉讼，即该争端事项丧失了请求权。

二是早期预警机制。NEC 合同第 16 条专门规定了早期预警（Early Warning），为此还专门明确了风险管理事项，包括风险识别、风险分析、风险控制等方面。明确对于可能增加合同价款总额或承包商的成本、造成延误、削弱合同工程的使用功能及实施工程不当等情况，承包商或项目经理任一方应立即向对方发出早期预警，以寻求对各方有利的解决方法，试图让当事人尽快解决争端，或者尽快提交裁决人快速裁决解决争端，而不是等争端局面变得恶化才采取行动，这有利于把争端解决在萌芽状态[②]。

三是对争端事项分类处理。如涉及项目经理或工程师事宜，应该由承包商先向项目经理或工程师提出，争端提交后的 2～4 周内，如果项目经理或工程师作为或不作为，后 4 周内可以将争端提交裁决人。其他原因的争端，任何一方可以在向另一方和项目经理提出后的 2～4 周内提交裁决人。这样规定的目的是给双方协商解决留出一定时间。

四是积极倡导“伙伴关系”。NEC 合同原则规定合同参与方应相互信任并合作，这给争端解决赋予了“伙伴关系”的理念，强调团队精神，通过在合同双方之间合理分摊风险来鼓励合同当事人共同预测和防范、控制风险，通过明确项目决策的客观依据来减少项目决策的主观性等。

---

① Kelvin Hughes. Understanding the NEC3 ECC Contract A Practical Handbook[M]. London：Routledge，2013：220.

② Steven C Evans. The contractor’s NEC3 ECC Handbook[M]. Hoboken：John Wiley&Sons Ltd，2017：52.

3. AIA 合同争端解决方式

（1）AIA 合同概述

AIA 合同是由美国建筑师学会（The American Institute of Architects，AIA）制定并发布的一系列标准化合同文件。AIA 始创于 1857 年，是美国主要的建筑师专业社团，目前有会员 8000 多名，该社团主要致力于提高建筑师的专业水平，促进其事业成功并通过改善居住环境提高大众的生活标准①。AIA 合同文件最早出版于 1888 年，当时该文件只是业主和承包商之间的协议书。1911 年首次出版《建筑施工一般条件》（*General Conditions for Construction*）。为适应不断变化的科技与建筑业发展趋势，AIA 定期对部分文件进行修订或编写。目前，AIA 合同已形成了由 200 多个独立文件组成的复杂文件体系，适用于不同的工程建设管理模式、项目类型等。AIA 合同在美国影响很大，主要用于私营的房屋建筑工程，是美国及美洲一些国家应用广泛的合同文件之一②。

根据文件的不同性质，AIA 合同包括 A、B、C、D、E、F、G 等系列文本，业主、建筑师和总承包商可以自由搭配使用，非常方便。

A 系列主要适用于业主与总承包商、CM 经理、供应商之间，总承包商与分承包商之间的标准合同文件。主要合同文本有 A101—2007 业主与承包商协议书标准格式、A132—2009 业主与 CM 经理协议书标准格式、A201—2007 施工合同一般条件等。

B 系列适用于业主和建筑师之间的合同文件，主要合同文本有 B101—2007 业主与建筑师协议书标准格式、B200 系列确定建筑师服务范围的标准文件等。

C 系列主要适用于建筑师与专业咨询人员之间的标准合同文件，主要合同文本有 C132—2009 业主与项目管理咨询机构协议书标准格式、C401—2007 建筑师与咨询机构协议书标准格式等。

D 系列主要适用于建筑师行业内部使用，主要合同文本有 D101—1995 计量范围和计量方法、D200—1995 项目检查用表。

E 系列主要为电子文件协议报表。

G 系列主要为合同和项目管理中使用的文件，包括 G601—1994 建议书、

---

① 何伯森，张水波. 国际工程合同管理[M]. 北京：中国建筑工业出版社，2016：301.

② 江涌鑫，秦占飞. 国际工程合同及其管理实务[M]. 北京：中国石化出版社，2014：78.

G701—1992 变更令等。

（2）AIA 合同争端解决

1997 年 AIA 合同条件规定，在通过仲裁或诉讼解决索赔之前，业主与承包商之间在最终付款之前发生的所有索赔必须首先提交建筑师做出决定①。认为建筑师是业主与承包商的联系纽带，是工程期间业主的代表，有权在合同规定范围内代表业主行使权利。例如，检查工程进度和质量，有权拒绝不符合合同的工程；审查、评价和批准承包商的施工进度款；审查批准施工图、文件资料和样品等。尽管合同规定建筑师在做出决定时要对业主和承包商公平对待，但建筑师的“业主代表”身份更强调亲业主的一面，相应淡化了为承包商着想的一面。业主方很难接受建筑师对自己不利的决定，而承包商更是认为建筑师不可能完全做到公平公正，建筑师更是不愿意卷入业主和承包商的纠纷中去。因此，2007 年新版 A201 施工合同通用条件颁发，改变了建筑师作为“独立第三方”负责解决业主和承包商之间的争端的规定，在新版 A201—2007 合同引入了“初始裁定人”（Initial Decision Maker）的角色来解决业主和承包商之间的争端。A201—2007 合同第 15 条规定，当争端发生时，必须先由初始裁定人进行初步决定，如对初步决定不满意或初始裁定者不做决定，则进行调解，调解仍无法解决争端，按照规定提交仲裁。如果合同中没有明确设定初始裁定人，则由建筑师担任。

AIA 合同的争端解决方式主要有协商、初步决定、调解、仲裁和诉讼等，鼓励争端双方采用协商、调解等非诉讼争端解决方式。

① 协商。

出现争端后，首先通过有权解决争端的双方代表的直接磋商来努力解决争端。若双方代表不能迅速解决争端，有权解决争端的双方高级管理人员应于争端发生的 21 日内会晤。若争端提交高级管理人员后的 7 日内仍未解决，则将争端提请初始裁决人。

② 初步决定。

A201 合同第 15.2 条规定除危险材料、紧急情况和保险赔偿所发生的争端外，索赔应由初始裁决人进行初步决定。初始裁决人应于收到索赔通知后的 30 日内做出初步决定，初步决定为调解的前提条件。初步决定对双方有终局约束力，对初步决定不满意时，任何一方均应在接到初步决定后的 30 日内申请调解。如果双方

① 何伯森. 工程项目管理的国际惯例[M]. 北京：中国建筑工业出版社，2007：249.

在30日内未申请调解，则视为双方放弃了就初步决定申请调解或寻求其他争端解决方式的权利。

③ 调解。

AIA 合同 A201—2007 规定，调解为终局争端解决机制的前置程序。在争端付诸其他解决程序之前双方应按照美国仲裁协会的《施工行业调解规则》努力调解争端。一旦一方向对方和美国仲裁协会提出调解要求，双方应在提出要求后的60日内解决。如果提交争端后60日的调解期内还未能解决问题，则可以开展仲裁或诉讼。调解应在工程所在地办理，由双方共同分担调解费用，调解达成协议具有法律效力。

美国在工程争端解决实践中积累了丰富的经验，有多种中间调解方式，如小型审理、中间审理、DRB 决定等。

④ 仲裁。

AIA 合同就终局争端机制亦采用选择方式，双方在合同中可选择仲裁、诉讼或其他方式。如果双方当事人选择仲裁，则任何调解未解决的争端，可以提交距工地现场最近的美国仲裁协会（AAA），依据美国仲裁协会的建筑业仲裁规则（Construction Industry Arbitration Rules）解决，由仲裁协会做出有约束力的裁决，该裁决应是终局的[①]。

⑤ 诉讼。

向位于项目所在地管辖权之内相应的州或联邦法庭提出诉讼。

AIA 合同文本争端解决方式有4个突出特点：一是大力实践非诉讼纠纷解决方式，这与美国积极鼓励采用非诉讼纠纷解决方式相对应。1998年通过了《替代性纠纷解决法》，对非诉讼纠纷解决方式有充分的认识和广泛采用的基础，在工程建设合同争端中体现显著。二是围绕友好合作的理念进行运作，强调业主和承包商的合作工作关系，在争端解决中的合作双方的思想逐步取代了传统管理中的风险转嫁、利益争端的做法。三是随着项目管理模式的发展，不断对合同范本进行修订完善，从最初的传统模式（设计—投标—建造模式）发展到CM模式、设计—建造模式、集成化项目管理模式和项目集中管理模式，以适应国际建筑业发展需要。四是广泛应用信息技术，大力推行电子文件与数据的使用，制定了大量电子文件和表格，方便用户使用，提高工作效率，有效适应

① 古嘉淳，陈希佳，吴诗敏. 工程法律实务研析[M]. 北京：北京大学出版社，2011：305.

了近年来 BIM 的普及与应用给建筑业带来的革命性变化。

对比以上国际工程合同文本与国内合同文本的规定，可以看出目前国际通行的工程合同文本模式在争端解决方式方面各具特色，并不断发展变化，这些变化与特点给我们带来了重要启示。

一是改革单一救济模式，树立多元化争端理念。国际标准合同在争端解决方式方面逐步呈现出系统化、集成化等特点，合同文本相互借鉴，相互融合，各具特色，根据各自的文本体系建立了适应社会发展需要的争端解决模式。

二是改革传统管理方式，建立争端预防机制。传统工程管理方法主要体现在项目规模小、参与方少、施工技术简单等方面，而现代管理项目理论、方法和手段的引入使得施工技术复杂，涉及面广，需要在管理和技术方面进行创新和改革，争端的预防和控制遵循系统论、控制论的要求，将争端的事后解决变为事先预防控制，采取预警措施适应管理发展要求。

三是改革传统对抗思维，倡导合作双赢观念。传统工程解决方式建立在竞争对抗式、辩论式的基础上，其一方利益的索取建立在另一方的损失或让步上。而现代工程管理方式从合同公平、效率出发，提倡合作信用，不仅强调竞争公平，更注重效率和双赢。工程合同文本也逐步摒弃了工程师担任准仲裁者的制度，引进了 DRB、DAB、裁决人等独立于工程的第三方担任准仲裁者的角色，这一变化体现了现代合同管理理念和私法自治思想，侧重于双方的友好解决，体现了合同双方相互信任、相互合作的精神。

四是改革合同结构，以用户需要为中心。合同文本的发展逐步简洁、明了、周全，对争端解决方式的规定内容清晰、明确，充分体现了为用户着想的思想，既规定了处理争端的一般程序，还提供了争端裁决协议书模式和程序规则等文件，这与国内工程合同内容简单、缺失形成对照，吸取现代管理精华，树立为用户服务思想，是今后施工合同文本的发展方向，也是国内标准合同同国际标准合同接轨的需要。

4.7 合同争端解决机制分解图

合同争端解决机制分解图如图 4.1 所示。

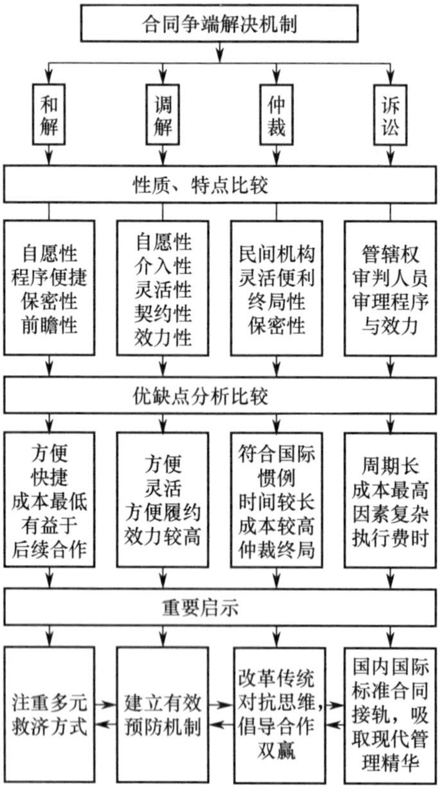

图 4.1　合同争端解决机制分解图